山东省优秀班主任工作室成果

育人实践探究在行动

◎刘建华 著

吉林文史出版社

JILIN WENSHI CHUBANSHE

图书在版编目（ＣＩＰ）数据

育人实践探究在行动 / 刘建华著. -- 长春：吉林
文史出版社, 2025. 1. -- ISBN 978-7-5752-0919-9

Ⅰ. G632.0

中国国家版本馆 CIP 数据核字第 202532H9Y0 号

YU REN SHIJIAN TANJIU ZAI XINGDONG

育 人 实 践 探 究 在 行 动

著　　者	刘建华
责任编辑	高冰若
出版发行	吉林文史出版社
地　　址	长春市福祉大路 5788 号
邮　　编	130117
印　　刷	潍坊新天地印务有限公司
开　　本	700mm × 1000mm　　1/16
印　　张	20
字　　数	220 千字
版　　次	2025 年 1 月第 1 版
印　　次	2025 年 1 月第 1 次印刷
书　　号	ISBN 978-7-5752-0919-9
定　　价	68.00 元

自 序

　　我叫刘建华,山东省安丘市东埠中学教师,潍坊市优秀班主任,"刘建华省优秀班主任工作室"主持人,学校"三赋教育"的主要实践者。

　　从教37年,始终一线且任班主任。

　　我最大的爱好:勤于学习,善于钻研,热衷教改,教育教学大胆探索,求实创新。

　　先后承担多项省级、国家级课题,其中"初中英语预习——合作——表演法"是我独立承担的山东省教科所"十二五"创新课题;"点读技术在英语听说能力方面的研究"是教育部"十二五"重点子课题,已结题并获优秀成果奖。

　　都说好者不恶,说实话我喜欢孩子,更喜欢研究如何教育孩子,觉得教书育人乐趣无穷。自己近四十年从教过程就是育人实践探究的过程,且从未间断。我是从一个研究者的角度把日常所见,遇到的问题,观察、分析、归纳、体验、探究,觉得很有现实意义,也十分必要。久之,不知不觉这已成为一种教育情怀、一种习惯融入我的生活。

　　自己身为一名英语教师,也是"国家基础教育实验中心外语教育研究中心研究员",怀着对学生高度负责的态度,2010年作为"教育部第25批优秀教师"去英国布莱顿大学留学,学成归来专心从教,用自己的学识惠及更多学生。

　　教育应与时俱进。"苟日新,日日新,又日新。"我认为无论课堂教学还是育人应不断革新,加强思想创新。"改则昌,不改则亡。改则充满活力,墨守成规则死水一潭。"尤其我校被山东省教育厅评为"山东省优秀班主任工作室"以来,工作室成员更是近水楼台,激情倍增。从教法改革,到班级管理、学生成长的方方面面包括学生赋能励志、"理想三目标"确立、内驱力激发、自信心建立、培养优秀习惯、学法指导、创新能力培养、立德树人、班级文化建设、自主管理等下了大功夫，做了深入探索，取得了一系列成果。

物有本末，事有终始。知其然，贵知其所以然。教育有其内在的规律，"道也者，不可须臾离也，可离非道也。"我们必须尊重规律育人，尊重个性求真，因材施教。这是一种执教育人态度，更是贯通的法则。

随着形势的发展，尤其近几年，教育出现诸多新情况，新特点，遇到了一些棘手问题，如学生玩手机、谈恋爱、游手好闲、打架、榨油、痴迷游戏等。家长管不了的，心里抑郁、内卷躺平的，拿着学习当儿戏的，和同学闹矛盾，书写潦草等等，可以说问题五花八门，司空见惯。谁来帮助家长揭开心头的迷雾，拨云见日，解决燃眉之急？帮孩子走出心灵的泥潭，重新步入正轨的生活，迫切需要"灵丹妙药"，终成自己育人实践探究动力之源和写此书之初衷。

这迫切需要具体管用的做法，绝不是什么高深的理论指导，更不是靠专家给出什么妙招，它具有很强的实践性。这决定于它必须来自于一线实践，具体可操作，简单又方便，用了有实效。

实践出真知。实践是检验真理的唯一标准，也是探究解决现实问题的唯一的科学方法。作为一线老教师，感到责任重大，使命光荣。

格物致知。在实践探究的过程中，马不停蹄地自我理论学习，提高认识。广泛汲取各家之长，具体实践于我们的教育教学全过程。我们进行的每一项活动都是立足实际，精心设计，用心组织，务实求真，注重实效，终得破解问题良方，揭秘教育真谛。然后，把各种做法归类整理细琢，顺理成了本书的雏形。

近四十年的教学一线和班主任工作，和学生朝夕相处，促膝谈心，以为人父母之心，行为人父母之实。对每位学生爱生如子，谆谆教诲，形成了独特的带班方略和育人特色：文化润心，理想铸魂，目标清晰，培养自信，养成习惯，亲子励志，激发内驱力。学法指导，教会做人，学会思考，家校合育，探索生成家庭育人目标。疑难解惑，真相揭秘，见招拆招，亲子实践触及心灵。内容详实，说理透彻，汇成一线实战经验、方法，具体可操作，效果明显，对解决当前教育的各种疑难杂症独辟蹊径，让人豁然开朗。

它教孩子励志。因为教育是点燃、唤醒、播撒希望的种子。

它给孩子自信。因为成功源自自信。只有相信自己才有无限可能。

它激发孩子的内驱力，让孩子勇毅前行；它让孩子目标清晰，志坚如钢；它使孩子胸怀家国，责任担当。

针对家长，破解心中疑惑，直接借用其招，读懂孩子，因势利导。

对教师尤其班主任，教贵有法。"三赋"教育"赋志、赋情、赋能"，以文化人，自主管理，培养习惯，立德为本，真正实现"道而弗牵，强而弗抑，开而弗达"。

目 录

第五部分 建立自信

第六部分 培养好习惯

第七部分 学法指导

第八部分 考试指导

第九部分 家校合育

第十部分 父母身体力行

第十一部分 答疑解惑

第十二部分 问题破解,见招拆招

第十三部分 立德树人

第十四部分 班级文化建设

第十五部分 班级自主管理

第十六部分 我的育人故事

第十七部分 活动纪实及影响

第一部分 励志篇

一个人的读书之志来自何方

现实生活中发现有的孩子不愿读书,觉得读书寂寞。读书苦,读书难,读书很无聊,不如说说笑笑,打打闹闹有趣。但有的人善于读书,从小发奋,专心致志,上学时成绩优异;还有的终生以读书为本,读书为乐,是一种享受。的确,读书使人的进步,是一个人成长、成才的必需。儒雅谦和,文质彬彬是读书人特有的气质。那么我们不禁要问:读书之志究竟来自何方?

一、读书之志源自兴趣

家长的引导、培养非常关键。

如何引导?那就看孩子喜欢什么,根据兴趣引导。

如有的从小喜欢看连环画,觉得有意思,慢慢地爱上阅读。有的喜欢做东西,展示出非凡的动手能力,家长可以断定孩子喜欢动手。若善于发现新奇的地方,说明孩子有一定的创新的思维。家长就要平日多关注、鼓励和引导,孩子会感到很有成就感。在一些场合,面对不同的人夸奖孩子的动手特长,甚至展示孩子的作品,就会越强化孩子的制作热情。

家长参与并及时鼓励,主动和孩子一起查阅资料,了解目前国内外现状;一起出谋划策,确定孩子的发展方向,强化其自信,鼓励孩子立志成为发明家、大国工匠,助力祖国大国重器,铸就国家盾牌。

告诉孩子如何才能实现这一想法?

现阶段就要做好知识储备,把相关的专业知识学熟学透,要广泛阅读有关书籍。当务之急,发奋刻苦,时刻准备着。以此,增加孩子的读书的责任感和使命担当。

又如有的孩子自身素质很好,从小体格强健,做事雷厉风行,说话有原则,那就鼓励他们成为一名军人,成为一名飞行员,驰骋祖国蓝天,铸梦航天事业,时刻守护好祖国的大门。

现在如何做?

从现在起需要加强锻炼,强身健体,保护好视力。

思想上积极上进,严于律己,加强纪律性,说到做到。

学习上要高标准,要刻苦拼搏,以优异的成绩,迎接祖国的挑选。

再如,有的孩子从小善表达,口才好,伶牙俐齿。英语又非常擅长,就要引导培养以后做一名外交官或者翻译。

那该如何做?

首先,要精通外语,特别在口头上要擅长交际,学以致用,做到字正腔圆。说话面带微笑,发音地道纯正,反应敏捷。平日学习要学精学透,自我要高标准,严要求。要有大局意识,博学多知,时刻关注自己的体态,要优雅大气,彬彬有礼,落落大方。因为一名外交官、翻译官时刻代表祖国的形象和尊严,必须刚正不阿,一言九鼎。

二、注重"原型"启发

通过看书籍、媒体上英雄人物的模范事迹,寻找自己内心深处的感动,确立自己心中真正的英雄。看他们的成长经历,了解如何实现立志报国?自己思考如何实现这一崇高理想?从现在起自己要努力学习文化知识,历练过硬本领,处处爱我中华,长大报效祖国。

通过身边的榜样激励,分享他们的成长经历,学习他们的事迹,了解他们是怎样为祖国贡献,树家国情怀和立报国之志的。

三、父母做爱读书的模范,做好榜样引领

家长好好学习,孩子天天向上。平日注重营造家庭浓厚读书氛围,如进行家庭读书比赛,设立周冠军、月冠军、季冠军、年冠军,定期总结颁奖,激发全家人读书的积极性。同时,交流读书心得,分享读书收获,提高读书效果。

四、通过"理想三目标"演讲,激发学习斗志

"理想三目标"演讲即自己的求学目标、职业目标和人生目标,具体细化为每个阶段的小目标,激发学习内驱力。

通过以上措施,帮助孩子立长志。我们说大志方能成大业。当一个人从

小立志报国，他就会自觉地把日常的行为和这个国家的命运联系在一起，产生强烈的责任感。一旦孩子心中埋下报国之志的种子，那他的内心能量就会被激发，自觉主动，砥砺奋发。

当下的上学和成才的意义绝非一纸文凭或者只盯着考上什么样的大学，找一个什么样的工作，赚多少钱？而是自己有一种家国情怀和社会的责任以及自我担当意识，一旦有了这一点又何需要担心学习会不尽力？不主动，不刻苦，还担心成绩不优秀？因为理想的种子早已经埋在内心，他会从骨子里迸发出一种强大的力量激发自己，砥砺前行，永远激情四射，心中永远有一股强大的岩浆在涌流。自己就会自觉珍惜分秒，蹄疾步稳，竭尽所能去完成所赋予的使命。

一个人一旦有了这种强大的内在动力都是一颗小宇宙。学习做事都无需督促，积极主动，迎难而上，责任担当，所向披靡。正如《钢铁是怎样炼成的》主人公保尔所说："人最宝贵的东西是生命，生命属于我们只有一次。一个人的生命应该这样度过：当他回首往事的时候，不因虚度年华而悔恨，也不因碌碌无为而羞耻。在临死的时候，他会说：我整个的生命和全部的精力都以献的给世界上最壮丽的事业——为人类的解放而斗争。"

第二部分 理想教育

"我和理想大学"有个约定

我们学校三楼的文化长廊,介绍了全国顶尖名校和全世界名校。全国名校有清华、北大、上海交大、浙大、中山大学、武大、华中科技大、中国人大、南京大学、四川大学、哈尔滨工大、沈阳大学等全部都是"985""211";而世界名牌大学有哈佛大学、耶鲁大学、麻省理工、哥伦比亚大学、剑桥大学、牛津大学、多伦多大学、斯坦福大学、普利斯顿大学、宾尼法尼亚大学、芝加哥大学、加州大学。每所大学附有简介:建校的悠久历史,学校的规模以及校训,学校的特色专业,取得的辉煌成就,曾经出现的历史名人,比如:多少位总统,多少位诺贝尔奖获得者等,其中每一所大学都叫人心生敬畏、向往和仰慕。

自从走廊上添上这些名牌大学简介,这里便成了文化长廊的一道特有风景,每天吸引着很多的学子驻足观看。我猜想他们莫非和我一样,心里腾起无限的敬慕和渴望,向往自己将来也能够考上这样梦寐以求大学,果真如此,那该是一生最大的幸运!因为从这里毕业的学生,必定是国内或世界的佼佼者,是精英荟萃的地方,他们个个会前途无量。

我也被这风景所吸引,常来这里观看。心想假如我还是少年,何不去拼一把?努力过了,即使不成也心甘坦然,虽败犹荣,但心底的敬慕之情却依然不减。有人或者要说这简直是异想天开,可是倘若连想都不敢想,更谈不上努力,岂不是人生之憾?

孩子们只有想不到,没有做不到,何不鼓励他们去拼一把试试呢?想到如此,我便产生了让孩子跟自己梦想的大学合影,让孩子心生向往,以此为标,开始自己的逐梦之旅,然后以"未来的我"为题写写未来的自己。

我感到此举意义非凡,人都有向往美好,选择美好的权利。有了理想,就有了希望之光。目标是导航,目标是引领,目标产生内驱力。孩子会千方百计,竭尽全力为梦想而战。

作为一名班主任,最重要的职责就是把理想的种子播撒进孩子们的心田,激起孩子永远奋进的力量。

育人实践探究在行动 编号 _____

我的理想三部曲

刘建华山东省优秀班主任工作室

多年来,每接过一个新班,开学初都举行"我的理想三部曲"演讲,学生定好自己的高中目标、大学目标、职业目标,到讲台上面对全体同学和班主任大声喊出来,同学、老师成为自己的见证人,老师录音、录像留存,见证奇迹。这样做让学生学有目标,行有方向,增加心理关注度,动力满满。

目标是引领,目标是导航,目标是动力源,目标产生内驱力。我的

理想高中＿＿＿＿＿＿＿＿＿＿＿＿＿＿＿＿

理想大学＿＿＿＿＿＿＿＿＿＿＿＿＿＿＿＿

理想职业＿＿＿＿＿＿＿＿＿＿＿＿＿＿＿＿

座右铭:我要感恩父母,为国争光。生逢太平盛世,绝不负韶华,立志成才,责任担当,报效祖国!

策略保障:刻苦拼搏,计划高效,坚强毅力,永不放弃,不达目标,决不罢休!

圆梦人＿＿＿＿＿＿＿＿＿

铸梦人 刘建华

日 期＿＿＿＿＿＿＿＿＿

做学生远大理想的播种者

三十七年前，我师范毕业，怀揣梦想，踏上离家四十多里异乡讲台，成了一名真正的乡村教师。我当时接的是初一两个班。那时由于英语老师稀缺，之前教他们的全是代课老师，在我之前已经历了四位。

刚接过班，全班平均成绩只有三十几分，最高分才七十分，七十多人只有几个及格的，我当时很是震惊。看到孩子渴求知识的眼神，我顿时感到责任重大，心想必须把他们的英语提上去，一种不服输的劲儿油然而生。

我马不停蹄投入紧张战斗。有空就和同学们谈心，了解他们英语的困难和真实情况，不断鼓励他们，教他们各种记忆的方法。我利用班空和业余时间检查督促，给他们补课，一遍不会就再一遍，从不厌烦。孩子们的学习热情越来越高，学好英语的自信大增。我让几个英语好的带头大声读写、背诵，每天听写，表扬全对和进步大的，这样越来越多的同学学英语的积极性被激发。

为了激发大家的兴趣，提高课堂的记忆效果，课堂上我用投影仪，几乎每节课都用。孩子们边看着投影，边听着老师的英语叙述，形象易懂，便于记忆。

接班不长时间期中考试，孩子的成绩由全班的平均分三十几分一下子到了六十几分，后来升到七十几分，最后到了八十几分，同时涌现出大量的英语高分。在一次五个乡镇联考中，我班的平均分竟达到一百零八分，而且有四个满分。在当年中考中，全市平均分第一，并且带动全镇英语提升到全市第三，引起不小轰动。

我刚刚接过这个班时的第一节课，我问同学们："全国最好的大学是哪所"？他们回答，"清华、北大。"我说："对呀，看看我们在座的同学，谁能够率先冲进去。"果然孩子们不负众望，就是这个班里的李尔龙冲到了清华。真的，只有想不到，没有孩子做不到。

教育的功能在于引导，教师的责任就是引领并点燃孩子心中梦想，给孩子们指到哪里，相信他们就能打到哪里。

就这样,我在乡下度过了四年的光景,和孩子们同吃、同住、同拼搏,留下了一段美好的记忆。

后来,因为工作需要,我调到了全市最好的初中——安丘市东埠中学一直从教至今。如同以往,我刚接过班时,我问同学们:"世界上最好的大学是哪所大学?"有的说哈佛;有的说耶鲁;有的说是麻省理工;也有的说剑桥、牛津。我说:"大家说得很对,这些都是世界上的一流大学,看我们在座的同学,哪一些能够冲进去实现自己的理想,报效祖国。"果然又是不负众望,几年之后,所教班的陈震成为一名哈佛大学的博士。

由此,我禁不住思考:一名老师的责任是什么?那就是把理想的种子及时植于孩子们心田,做学生远大理想的播种者,把孩子心中的梦想点燃,用希望之光照亮其前行的路,激起他们永远奋起的力量。

第三部分 亲子励志体验

"三赋"育人实践探究在行动

"亲子励志体验"实施方案

刘建华山东省优秀班主任工作室

"目标、干劲、内驱力、激情奋发,志在必得;
家庭、亲情、责任感、感恩父母,报效国家"

一、实施背景

经过长期的教学实践观察,发现目前孩子普遍存在的问题是:

孩子学习普遍不吃苦,敷衍塞责,得过且过;

做事无目标、无计划,行动涣散,浮华拖沓;

日常的学习生活懒散,缺少竞优意识,少责任感。无家庭目标,不懂感恩。心无大志,内驱力严重不足;做事学习浮躁,少定律、自觉和意志。

常言道"授之以鱼,不如授之以渔"。比教给孩子知识更重要的是帮助孩子树立远大的理想志向。如何培养学生立长志,清晰目标,增强家庭责任感和担当意识,感恩父母,胸怀家国,激情奋进,成为当务之急。

二、实施目的

我们通过"三赋教育即学校赋志,家长赋情,教师赋能亲子体验",以求学生立长志,清晰目标,增强家庭责任感和担当意识,感恩父母,胸怀家国,激情奋进,不负韶华,报效国家。

我常想:教师的责任是什么?

就是把希望的种子播进孩子的心田,激发起孩子奋进的力量。

就是给孩子树立清晰的人生目标,就是做孩子永远的思想导航,让他们目标明确,行有方向,永不迷航;

就是给孩子一副千里眼,无论狂风暴雨,沙尘满天,总能清晰致远;

就是给孩子们一个定海神针,无论何时,也无论惊涛骇浪,总能坚定前行。

在新形势下,我们的教育者要心怀大爱,与时俱进,开拓创新。我们要从传统的传道、授业、解惑到新时代的立德树人,润心铸魂。站在新的起点,我们应该培养学生胸怀家国 立志高远,拼搏奉献。培养有理想,有道德,有文化,有纪律,敢担当,能作为的创新型人才,为中华民族的伟大复兴而奋斗!

在这激人奋发,催人奋进的时刻,作为教师要有时代责任感。要为党育人,为国育才。要以博大的胸襟,博学的学识,高尚的心灵,崇高的人格,去培养教育我们的下一代,可谓责任重大,使命光荣,躬行讲坛,强国有我。

三、实现策略

1.从日常做起,立志先立心

教育我们的孩子,知荣辱,辨美丑,知对错,对任何事有正确的立场观点和方法。要原则分明,立场坚定,有正能量和正义感。始终坚守做一个好人的底线,任何时候敬畏底线,不触碰,不想碰,不敢碰底线。

2.立人先立品

崇高的思想信念,高尚的人格情操,严格的组织纪律观念,诚实守信,与人为善,这是做人的必备品质。

3.立人必先立志,找到动力源

从小立志,长大成才。胸怀祖国,树家国情怀,刻苦拼搏,立志报效祖国。"人非志则不达,志小则智短"。从小立下霸业之志,明确自己长大能了能干什么,用自己的一技之长,一臂之力,全力报效我们的国家。

四、具体操作

经过反复探索,我们打造了"目标、干劲、内驱力、激情奋发,志在必得;家庭、亲情、责任感、感恩父母,报效国家,励志赋能,亲子共成长活动。"

(一)听身边故事,寻找内心的震撼,树理想三目标,学生赋志,激发了内驱力

所讲故事中的每一个人都是近几年我们学校的学生,且都是自己亲自教过的优秀的得意弟子。

如今他们都考了理想的大学,有的在读研,有的在读博,有的已找到了自己理想的工作,实现了儿时的梦想,得到了想要的生活,实现着人生的价值。

(二)孩子定下自己的理想三目标,心中有梦,勇毅前行

"三目标"宣誓。孩子和家长一起协商,定出自己的高中目标、大学目标和理想职业目标,然后面对家长和老师大声宣读,在庄重氛围下,家长、师生共同见证,录音录像存档,静等花开,见证奇迹。梦想催人前行,一份承诺萌生内驱力。

该环节让学生有了清晰目标,有了内心向往美好未来,得到持续的关注,产生无限动力,实现赋志、赋能。

(三)对家长、孩子分别进行采访,让孩子明白家长真心渴望,"望子成龙,望女成凤"。同时,明白家长的疑虑和担忧;让孩子更加清晰自己的当前状态和干劲;通过对学生的采访,使孩子更明确自己的真实水平和影响自己进步的因素

(四)真心告白,家长赋情,激情奋发

通过亲子沟通,理解家长心愿,树立家庭责任感,怀感恩父母之心,培养家国情怀,立下报国之志,激发自我奋进动力。

该环节孩子握着家长的手,跟老师一起向在场的父母真心告白:"孩子们,请握住家长的手。这双手你很熟悉,你是否感到一股暖流涌向心头? 就是这双手给了你一个温暖的家,给了你无微不至的关怀,呵护你长大。孩子们看着父母的眼,你看到了什么? 对了,那是对你的渴望的眼神,充满着期望,期望你们茁壮成长,希望你们前程似锦;那是对你的信任,坚信你会立志高远,踏踏实实,积极乐观,勤勉前行。"

"孩子们,跟我一起来宣誓:我不仅为自己,更是为了家庭,为了以后能对国家做点事情。我将牢记嘱托,不负众望,奋勇拼搏,学有所成,感恩父母,报效国家。亲爱的爸爸、妈妈,请你们放心,我已经长大,我已经懂事,请你们相信我。"

"家长们,你们听到孩子们的声音了吗? 他们已经有了清晰的目标,坚如磐石的态度。请家长们把家庭的接力棒交给他们,相信孩子会肩负起家庭责任,他们会说到做到!"

这个环节使孩子目标清晰,家庭责任明确。沟通产生理解,责任源自亲情,他们为身上的责任而战,奋斗成就美好！整个现场录像、录音留存见证。约定未来,见证美好,让孩子内心备受关注,久久为功,持续发力,赓续前行,梦想成真。

五、达到目标

通过刘建华省优秀班主任工作室的"三赋育人亲子体验探究",效果立竿见影。凡参与的孩子大志在前,不再迷茫,目标明确,内驱力十足。懂得拼搏出彩,牢记家国责任,立家国之志,使命担当,他们内驱力被激发,目标明确,干劲十足,激情满满,乐观坚毅,自勉奋发。

实践证明:一次触及心灵亲子体验胜过无数次凭空说教。"三赋育人亲子体验探究"对解决当前学生倦怠,慵懒无志,动力缺乏等开辟了一条崭新的育人之路。

(附活动邀请)

育人实践探究在行动　　　　　　　　　　　　　编号 ＿＿＿＿

从平凡走向优秀,从优秀步入卓越
刘建华山东省优秀班主任工作室

欢迎家长携孩子体验"山东省优秀班主任工作室"主持人刘建华 37 年精心打造"从平凡走向优秀,从优秀步入卓越"励志体验。

"目标、干劲、内驱力,激情奋发,志在必得。

家庭、亲情、责任感,感恩父母,报效国家。"

内容

1.揭秘优秀试卷背后的秘密。

2.理想引领幸福人生,立志高远,乐此不疲。

3.沟通产生理解,责任源自亲情。

4.决心、誓言,激发斗志。

5.目标清晰,勇毅前行。

6.我的大学情缘,奋斗成就美好。

7.分类促进,家校导育创辉煌!

时间

周五晚 7:00 至 9:30

周六 8:30 至 11:00 点

周日 8:00 至 10:30 点

地点 人民路南校区 1 号楼,刘建华省优秀班主任工作室

参加人 家长陪孩子一起参加,每次限定 8 名同学,8 名家长

(附理想三部曲)

育人实践探究在行动 编号 _____

我的理想三部曲
刘建华山东省优秀班主任工作室

目标是引领,目标是导航,目标是动力源,目标产生内驱力。我的

理想高中 _____

理想大学 _____

理想职业 _____

座右铭:我要感恩父母,为国争光。生逢太平盛世,绝不负韶华,立志成才,责任担当,报效祖国!

策略保障:刻苦拼搏,计划高效,坚强毅力,永不放弃,不达目标,决不罢休!

圆梦人 _____

铸梦人 刘建华

日期 _____

(附家长调查反馈表)

"从平凡走向优秀，从优秀步入卓越"

亲子体验问卷调查反馈

刘建华山东省优秀班主任工作室

尊敬的各位家长：

大家好！感谢您百忙中带孩子一起体验"山东省优秀班主任工作室"主持人刘建华35年精心打造"从平凡走优秀，从优秀步入卓越"亲子励志体验，即"目标、干劲、内驱力，激情奋发，志在必得；家庭、亲情、责任感，感恩父母，报效国家"活动。

学生当前现状：

大部分"立志"难，"开口"难；无目标或目标不清；动力缺乏，定力不够；手机、游戏影响严重，玩物丧志；浮华、拖沓、不吃苦；说不听，打不行；个别性格孤僻，抑郁严重。

该如何是好？

我作为一名班主任，看在眼里，急在心里，应尽自己的一臂之力来帮助他们。孩子是家庭的未来和希望，孩子成功是家庭最大的成功。

少年本应风华正茂，阳光自信、乐观坚毅，奋发向上。

如何培养有志少年，胸怀大志，胸怀家国，感恩父母，报效国家？单凭口头说教，效果甚微。

长期的教育实践证明：多少次说教，比不上一次身临其境的体验。多少次思想灌输，比不上一次刻骨铭心的感受。多少次向往比不上一次实实在在的行动。

大家参加了体验，定有至深感悟。为了把该项目打造成更加实用、更有效果，恳请家长们协助，出谋划策，说心里话，伸援助手，共同打造新形势下，亲子共成长的精品，惠及更多的孩子，让更多的家庭幸福美好。

（学生完成下列调查）

"从平凡走向优秀，从优秀步入卓越"效果反馈

"倾听家长心声，共同打造孩子心灵加油站"

刘建华山东省优秀班主任工作室

家长 _____　学生 _____　编号 _____

1.您(　　)

A.以前参加过类似活动，很熟，没有新意，没有必要。

B.第一次参加，很实用，想不到，家长孩子都收获很大，对孩子立志很有帮助。

C.很急需，很必要。触动、教育了孩子，感动、提高了家长。

2.体验中，您印象最深的是

3.对孩子最有触动的是

4.最感动家长的是

5.家长感到收获最大的是

6.体验后，孩子变化最大的是
(学习干劲、自觉性、自律性、学习方式、听话……)

7.家长自我改变的是

8.家长最想说的是

9.您对该体验改进建议是

10.当您遇到身边亲戚朋友对孩子已无计可施,无能为力,爱莫能助时,你会(　　) A.积极帮助　B.向其推荐

感谢家长参与,鼎力相助,惠及更多孩子,共奔美好明天

"三赋"育人实践探究在行动

"目标、干劲、内驱力、激情奋发,志在必得;

家庭、亲情、责任感、感恩父母,报效国家。"

亲自励志体验过程

一、实施背景

鉴于目前孩子学习普遍的不吃苦,敷衍塞责,得过且过;做事无目标、无计划,行动涣散,浮华拖沓;日常的学习生活懒散内卷,缺少竞优意识,少责任感。无家庭目标,不懂感恩。心无大志,内驱力严重不足;做事学习浮躁,少定律、自觉和意志。

我们精心打造了"三赋即学校赋志,家长赋情,教师赋能亲子体验",以求学生立长志,清晰目标,增强家庭责任感和担当意识,感恩父母,胸怀家国,激情奋进,不负韶华,报效国家。

二、具体操作

1.听身边故事,寻找内心的震撼,树理想三目标,学生赋志,激发内驱力。

各位家长、同学,今天故事中的每一个人都是近几年我们学校的学生,且都是自己亲自教过的得意弟子。

如今他们都考了理想的大学,有的在读研,有的在读博,有的已找到了自己理想的工作,实现了儿时的梦想,得到了想要的生活,实现着人生的价值。

王硕,上海交大研究生。

时光倒流到 2012 年,当时我刚接到了一个新的班级,花名册上有一个叫王硕的学生,大个儿,眉清目秀的男孩。我一看学籍表上他爸爸叫王晓,

突然想到莫非这是 30 年前自己教过的学生？经过核实，果然如此。他的爸爸就是我在乡下教过的重点班学生，他的妈妈是青云学府的语文老师，孩子家庭条件不错。

后来，了解到小学的王硕学习并不好。小学五年级以前基本在班里是倒数。可到了初中却发现孩子上课很认真，听话自觉。初一班里是 20 名左右，初二到了前 10 名。初二结束我对他说准备上初三时干班长，但他说："不行，不行。当班长必须成绩好，我的成绩不突出，没有资格管人。"我说："相信你肯定能行，男儿当自强，以后还要为国家做点事情，必须是经过历练。"我期望的眼光看着他并伸出手和他击了掌，言外之意，一拍即合，就这么定了。

到了初三，我真的兑现了诺言，让他当了班长。没想到，他就像变了个人，不仅热情高涨，干事稳妥，凡事都自觉主动，跑前跑后联系老师，班级工作管得井井有条，自己的学习也更加自觉刻苦，成绩也从班里的第 5 名、第 2 名跃为第 1 名。初中中考结束，他以 12 科全 A 的成绩，顺利考入了我市最好的高中一中小 A 班。

后来，在三年的高中学习中，我依然关注着他，并且定期询问他的情况。每次考试后，他都会向我汇报，考得好我们一起总结经验，不理想的时候帮助他分析失利的原因，就这样他只争朝夕高中奋战三年，最终以 674 分，如愿考上上海交大，现在在本校读研。

我对参与体验的孩子说："现在在座的你们，与当年的王硕相比基础不差，家庭条件也好，只要你们懂得奋起，为时不晚，你们一定能行！"

再看王硕当年目标三部曲，他的理想高中是一中小 A 班，理想大学是清华大学，理想职业是科学家。现在看来，一切正常。诺言正在一步一步变为现实。

只有想不到，没有做不到。只要从现在起，清晰自己的目标，开始激情奋起，你们的目标也一定会实现。

曹翔奎，和王硕是同班同学。他当时的高中目标是一中小 A 班，他也如愿以偿。大学目标是山东大学，理想职业是科学家。只不过他大学考得比预料更好，上了中科院大学。现在本校读研，他的科学家梦近在咫尺。

孩子们，有志者事竟成。从小立志，长大成才。大志方能成大业。

刘嘉慧，当年的理想三目标：理想高中一中小 A 班。理想大学是山东师范。理想职业是老师。这孩子进入初中，学习上听话，自觉、自律，天天分秒必争，雷厉风行，激情拼搏，连课间休息都是老师提醒："没有下去的，可到了室外放松一下。"可她从不舍得，都是用班空整理老师的笔记，及时复习当堂所学，预习新课，保证了学习效果。

三年初中成绩一直是班级前三名，高中如意上了一中小 A 班，大学考了聊城师范，在大学期间她仍然和高中一样努力，自强自律，干劲不减。前几天，我刚刚收到她考研喜讯——华师大的研究生。

少年当奋起。少壮不努力，老大徒伤悲。少年的苦就是老年的福，在座的你们奋起正当时。一个有梦想的孩子，绝不会浮华、拖沓，更不会游手好闲，玩物丧志。他们深知自己使命在肩，不敢半点懈怠。孩子们，机遇稍纵即逝，但成功永远属于那些拼搏而执着的人。

刘俊男，也是该班学生，我的得意门生之一。平日学习自觉，刻苦认真、有恒，做事干练。当着英语课代表，每次考试过后善于分析总结。写字工整规范，大家公认的写字漂亮。三年初中很是听话能干，可以说老师指到哪里，就自觉、自律打到哪里。无论做什么总是认认真真，一丝不苟，善始善终，最后正如她的目标三部曲设想，以优异的成绩考入一中。

在高中，她依然目标清晰，干劲倍增，但高考成绩不尽如人意。她仍不气馁，后参军入伍，有两次考军官的机会，第一次没有如愿，仍锲而不舍，竭尽全力，第二次顺利考入广州军医大。当一切尘埃落定，她首先给我发来短信报喜。我心感震惊，马上回复："好样的！功夫不负有心人。有志者事竟成！"

以上得出，人最重要的是立志。要立大志，立长志。清晰的目标，超人的干劲，不服输的精神，只争朝夕，全力拼搏，哪有不成之理？

2.孩子定下自己的理想三目标，心中有梦，勇毅前行。

3.目标宣誓。

高中目标、大学目标和理想职业目标，然后面对家长和老师大声宣读。

在庄重氛围下,家长、师生共同见证,录音录像存档,静等花开,见证奇迹。梦想催人前行,一份承诺萌生内驱力。

该环节让学生有了清晰目标,有了内心向往美好未来,得到持续的关注,产生无限动力,实现赋志、赋能。

4.对家长、孩子分别当场进行问卷采访,让孩子明白家长真心渴望,"望着成龙,望女成凤"。

同时,明白家长的疑虑和担忧;让孩子更加清晰自己的当前状态和干劲;通过对学生的采访,使孩子更明确自己的真实水平和影响自己进步的因素。

5.真心告白,家长赋情,激情奋发。

通过亲子沟通,理解家长心愿,树立家庭责任感,感恩父母,培养家国情怀,立下报国之志,激发自我奋进动力。

该环节孩子握着家长的手,跟老师一起向在场的父母真心告白:"孩子们,请握住家长的手。这双手你很熟悉,你是否感到一股暖流涌向心头?就是这双手给了你一个温暖的家,给了你无微不至的关怀,呵护你长大。孩子们看着父母的眼,你看到了什么?对了,那是对你的渴望的眼神,充满着期望,期望你们茁壮成长,希望你们前程似锦;那是对你的信任,坚信你会立志高远,踏踏实实,积极乐观,勤勉前行。"

"孩子们,跟我一起来向父母告白:我不仅为自己,更是为了家庭,为了以后能对国家做点事情。我将牢记嘱托,不负众望,奋勇拼搏,学有所成,感恩父母,报效国家。亲爱的爸爸、妈妈,请你们放心,我已经长大,我已经懂事,请你们相信我,我会努力的!"

"家长们,你们听到孩子们的声音了吗?他们已经有了清晰的目标,坚如磐石的态度。请家长们把家庭的接力棒交给他们,相信孩子会肩负起家庭责任,说到做到!"

这个环节使孩子目标清晰,家庭责任明确。沟通产生理解,责任源自亲情,他们为身上的责任而战,奋斗成就美好!整个现场录像、录音留存见证。约定未来,见证美好,让孩子内心备受关注,久久为功,持续发力,赓续前行,梦想成真!

通过省优秀班主任工作室的"三赋育人亲子体验探究",让孩子触动心灵,热血澎湃,感恩父母,责任担当。凡参与体验的大志在心,不再迷茫,目标明确,内驱力十足。立家国之志,使命担当,激情拼搏,他们内驱力被激发,乐观坚毅,自勉奋发。

实践证明:一次触及心灵亲子体验胜过无数次口头说教。由此,"三赋育人亲子体验探究"对解决当前学生倦怠,庸懒无志,动力缺乏等开辟了一条崭新的育人之路。

6.家长孩子合影留念,见证进步成长,共奔美好。

育人实践探究在行动

亲情、责任、感恩、奋起

有感于刘建华省优秀班主任工作室亲子体验

每当体验结束,家长高兴,心怀感激,学生心灵触动开窍,个个脸上露着微微笑容,镇定自若,踌躇满志,自信满满。目送他们远去的背影,自己内心无比的愉悦和满足,甚至有一种小小的成就感。

我喜欢静,静静地坐在椅子上静静地回忆。回忆他们真诚相望的眼神,喜欢看他们心灵被触动那刻眼泪夺眶的瞬间。

那时我也常被打动,只是默默注视,无言以对。只有眼泪,顺着眼颊静静地流,很是一种久违的幸福。

话不说不明,意不达不透。刹那,我想哪有不好的孩子,只是还没打动他们的内心,没能触动他们痛处。什么叛逆、不听话、不学习……甚至不可理喻,让人恨得家长牙根痒痒的"家伙",也有柔情软肋,也是如此的不堪一击,只要我们的教育方法适合孩子。

世间百态,唯有爱不被掺假。是真的确实假不了,惟有爱才触动心灵,唯有目标责任才能激发内驱力。

当孩子的手紧紧地和父母的手紧紧握在一起,孩子感到一股炙热的暖流,通过自己的胸膛。这双手孩子们很熟悉,是它把自己抱大,是它做饭,养家糊口,给孩子真诚的呵护,释放着不尽的温暖。

大手小手紧紧地握在一起,孩子立刻感到的是一种责任。对了,孩子们大了,已经懂事,会成为有担当的新一代,能接过父母的接力棒,把家庭的重担挑起。

我突然一定醒,孩子们跟我一起说:"亲爱的爸爸妈妈,感谢你们的养育之恩,感谢对我们无微不至的关怀付出。请你们放心,我已经长大,我已经懂事,我将牢记嘱托,不负众望,全力以赴,攻坚克难。我不仅为自己美好的前程,更为家庭荣光,为父母不再辛苦,为国家做点事情"。这确实是肺腑之言的迸发,一直在耳旁回响。

我突然抬高了声音:"孩子们,你们能做到吗?""能"!孩子们齐声回答。我说:"相信你们个个是好样的!"

第四部分　内驱力激发

治班育人典点

触发孩子学习动力,激情四射每一天

一、问题提出

平日我们经常看到一些孩子思想涣散,不求上进,学习拖沓,被动敷衍,毫无动力。他们把学习当玩笑,无所谓,心不在焉,毫无责任意识。

究其原因:

1.孩子没有目标。对自己学什么,背过多少,达到什么程度,没有标准。

2.孩子忘掉初心。忘掉自己为何来上学?自己的努力为了什么?不努力究竟意味着有什么?一概不知。忘掉了自我,忘掉父母嘱托,无家庭责任感。

3.意志不坚定。做事不能持之以恒,怕吃苦,没有恒心和毅力。

4.孩子不自律。难以抵挡眼前的各种诱惑,耍手机,玩游戏成瘾,图一时的痛快,不顾长远,拿自己的前途当儿戏。

综上症状诊断为:缺少目标和家庭责任,不思进取,胸无大志,动力不足,正在空耗青春韶华。

二、措施

1.自我唤醒

每天早晨起床后,面对镜子,个人进行每日反省:"我是来干什么的?干得怎么样?怎么就出彩?上学是人世间最美好的事,是为自己美好的前程拼搏,岂敢儿戏?人生能有几回搏,此时不搏何时搏?我拼搏,我出彩!我要对自己负责,对父母负责,对将来负责。美好的前程在召唤,我必将蹄疾步稳,心无旁骛,全力以赴。"

每当孩子们干劲不足,它如同思想的加油站,源源不断地给孩子动力;

每当自己纪律松懈,思想出现波动或消极时,它如同镇静剂,使自己保持清醒,牢记初心,努力奋斗;每当和同学闹意见,做了影响团结,不思进取时,它就如同一面镜子,分清是非,清醒责任,回归应当。学生每日反省自己,此时无声胜有声,心如触电,干劲猛增。

2.目标三部曲演讲,帮助树立清晰的短、中、长期奋斗目标

常言道,人无志则不立,志小则智短。大志方能成大业。少小立志,长大成才。心中有志,行动有力量。

每当新接过新班,我总是帮他们立志为先,组织孩子进行目标三部曲演讲,即我的高中目标,大学目标和人生职业目标,让孩子们深思熟虑,确定好自己的三目标,然后当着全班同学面,把自己的目标大声喊出来,公之于众。这样老师和同学就成为自己的见证人和监督者。自己要说话算数,对自己的话要始终负责,需用长期的努力来证明自己。这样目标成为自己的内动力,成为行动的导航,自己会坚定的方向。无论何时能经得住诱惑,当面对诱惑会坚如磐石,不左顾右盼,朝三暮四。凡事只有明确目标,心无旁骛,计划周全,严于律己,稳扎稳打,步步为营,方能取得成功。

演讲后发现孩子跟其他的班大不相同,不再迷茫和无所事事。因为他们心中有梦想,信心坚定,目光如炬,持之以恒,不达目标,决不罢休。

3.家校合育,共育英才

自古"望子成龙,望女成凤"是家长之所望。家长对孩子已竭尽所能,"殚其地之出,竭其庐之入"。但孩子由于所处的年龄阶段,不理解父母良苦用心,顽皮成性,不务学业,常把学习当成苦差事,当儿戏,浮华、敷衍拖沓。

究其原因,家庭和孩子未达成共识,没有共同目标。父母对孩子只是一厢情愿,而孩子却没有家庭责任担当。

好多的孩子根本不懂社会竞争之激烈,埋怨学习太苦太累。殊不知现在学习之苦恰是未来之幸福,而现在痛快,则为将来痛苦之加倍。更不明自己的家庭责任,父母之托,自己的前途,家国情怀。自己乃家庭重中之重,未来之美好,家庭之所望。自己努力不仅为自己,更为家庭之荣光,父母之期盼,不敢懈怠。我们通过开家庭会,全家人畅谈对孩子的期望,帮孩子明确目标和家庭责任,烙印于心,全家众志成城,共赴美好。

4.班级宣誓,凝心聚力,自信满满

为了强化孩子的目标意识和责任担当,我们每天预铃后,进行班级集体宣誓。

宣誓内容:"我为何来上学? 我是为美好前程而来,我不是来调皮的;我是为父母的殷切期望而来;我是为家庭而来;我是为了父母不再辛苦而来;我是为了未来能为国家做点事情而来。我将牢记初心,珍惜分秒,全力以赴,豁出自我,实现自己的人生价值。"

铿锵有力的宣誓声,飞过教室,盈满走廊。那是力量,是自信,是铮铮的誓言,是豪情万丈、排山倒海之势。如今宣誓已形成习惯,孩子们天天坚持。它已成了孩子初心的唤醒,对孩子的目标的强化,对他们意志的夯实。它如同一针强心剂激起孩子奋斗的欲望,逼催孩子不敢懈怠,激情拼搏每一天;它如同一股强大的暖流,激荡每个求索的心灵,迸发动力,激情奋发。

每天宣誓后早读,孩子们目标清晰,入室则静,坐下猛学,专心致志,读书声一浪高过一浪,倍感震撼。

5.用国之大者激发孩子胸怀大志,发奋报国

一个国家、一个民族不能没有英雄,英雄乃民族脊梁,民族之骨气,民族之魂魄。少年志则国志,少年强则国强。一个人从小崇拜英雄,就会立下英雄之志,胸怀祖国,树家国情怀;就会把自己的命运主动融入这个时代、这个国家;会自觉为时代而拼搏,为国家而奉献。

作为一名老班主任,孩子的思想教育首先是第一位,秉承为党育人,为国育才,立德树人的根本任务。每天上课前,我们总是让孩子看英雄人物访谈,两弹一星功臣、各行各业的精英事迹。他们都在为我们的国家奉献毕生,他们才是我们的追星。让孩子们尽早懂得了国是千万家,家是最小国。有国有才有家。对于国家的忠就是对父母最大的孝。只争朝夕,努力拼搏,学业有成,报效国家。

6.制定目标,激励自我

每当学期初或考试前,我们帮孩子制定自己新学期打算、目标。内容包括达到的目标、采取的措施、追及的对象、自己奋进的座右铭等。

其意义在于强化孩子做事的目标意识和计划做事的习惯。培养他们凡事早打算、早运筹、早行动。采取必要的措施,达到目标要求,做到行有方

向,主动作为,尽其所能。因为任何成功只属于有准备的执着人。我们常告诉孩子:成功无需任何理由,因为它是刻苦拼搏的结果。当个人目标一定,当毅力成为奋斗的永恒,当不服输的劲儿变成不竭的动力,就会珍惜分秒,全力以赴,哪有不成之理?

7.反思进步卡,善于总结反思,坚定前行

在总结中反思,在反思中进步和升华。人无完人,金无足赤。任何人都走在成长的路上,或坦途或坎坷;或成功或失败;或喜悦或忧伤;或坚定或彷徨。但只要经历过,便是成长。任何事只要坚定信心,笃行不怠,勇毅前行,坚持到底,永不放弃,就一定会成功。坚信路再长,坚持总能到达终点;山再高一步一步向上攀,终能登上顶峰。

经过以上,我感到:教师是在给孩子引路,更是在导航,如同给孩子心中点亮了前行的灯塔,让他们看到胜利的曙光;也如给孩子思想的加油站,让他们加大油门,开足马力,义无反顾,直达理想彼岸。

由此,我们得出:教育的真正责任是帮助孩子树立清晰而明确的目标,强烈的家庭责任感,树立家国情怀,立下报国之志,触发他们的动力系统,点燃他们奋斗的激情,让他们激情四射自觉融入这个伟大的盛世,为中华民族伟大复兴而奋斗!

育人实践探究在行动(励志故事)

不忘雪耻,知耻而后勇

——一个高中自费生两年考上南开大学的故事

凌博,安丘市大汶河大沙埠村人,他姥姥家是我同村姓曹的人家,其父母都是个体,无时间管孩子。

凌博从小学习成绩一般,升高中落榜。多亏舅舅和当时一中校长同学,于是他舅舅领着他找到校长说:"老同学,这是我的外甥,今年中考落榜,能否网开一面让其就读高中?"校长当场十分为难地说:"学习上会跟不上,这不是难为孩子?"但他舅舅说:"老同学,那不要紧,孩子乐意。他说啥不肯复习,只想上高中。"校长说:"果真如此,可以让他试试,可他只能做旁听生,我怕各个班主任都不愿意要这样的学生,他会给班里拖后腿。"就这样凌博终于成了高一某班的一名旁听生。

他自己很清楚,对他来说,已经没有退路,深知机会难得,当他被安排在一个班里,所有的位上都坐满了同学,他只好在最后找个位置暂时坐下。少做定醒,抬头看见黑板上四个醒目的大字"自费生可耻",这深深地刺痛了他的心。他咬紧牙,攥紧拳,暗下决心,一定要争气,并把可耻的"耻"用圆规的尖儿刻在自己的手心。过几天愈合了,他就再刻一下,意思是不忘雪耻。

班会上班主任宣布自费生学校不发课本,自己去借;不安排住宿,自己想办法解决。听到这些他的心像刀割一样,心想:一定要学出个样来。课本没有自己去借,不安排住宿就来回跑校,他肚子里憋了一股不服的劲儿。说实在的他的家离学校二十多里路,确实来回跑校很不方便。骑自行车一趟至少要半个小时,一天要来回四趟,两个多小时就会浪费在路上,多可惜!经过再三琢磨和家人商量,最后他决定住姥姥家,这也总算安顿下来。

至此,凌博经历了以上的挫折,终于开始反省,是什么造成了今天的局面?原因他比谁都清楚。他内心渴望上高中,可是自己的底子太薄,他只好白黑加班,连班空休息都学习,背呀,写呀,做习题呀,整理笔记,一停不停。不会的逢人就问,就这样刚入学的第一次月考,他便从班里的倒数成了第40名。他像中了魔,发了狂的一头公牛,已全然不顾别人的眼光和笑话。他只知能用成绩说话,分数才是挽回自己尊严的最好证据。接下来的期中考试,他已经到了班里的20名。高一结束,他已进入了班级的前5,全级前100名。在全校的表彰大会上,校长亲自给他戴上了大红花。

从此,他内心备受鼓舞,更加自信。也就是在这次大会上校长宣布,只要达到班级前100名,可以在高二参加高考。这番话使他内心如燃烧的火焰,又像地下涌动的岩浆,心想:争气雪耻,一定要学出个样来,是挽回自己尊严的时候到了。接下来他更加自觉、定律、刻苦,就像一颗小宇宙,爆发出超人的能量,真可谓"有事者、事竟成,破金沉舟,百二秦关终归楚;苦心人、天不负,卧薪尝胆,三千越甲可吞吴。"终于高二他以更加优异的成绩如愿参加了高考,并以640分的成绩考入了南开大学物理系。

功夫不负有心人。拿到了大学通知书后,他和舅舅一起去感谢校长。校长十分惊讶："喂,你不是刚上高二吗？""对呀,孩子高二参加的高考,多谢你的培养"。校长说:"那太好了,孩子确实争气,以后多要这样的学生。"在场的人都笑了,他们都为眼前的这位少年取得的成绩惊讶而自豪。

同学们,听到这里,你们怎么想？

是啊！凌博真是不一般。两年前的他是一个中考的落榜生,高中多亏舅舅帮忙,幸运地成为一名旁听生。

两年之后的他,却让人意想不到一举成名,让同学老师刮目相看,人人敬佩,让家长、学校为之感到自豪。

是什么让其自信、自强、奋起,一往无前,不达目的决不罢休呢？

我想是他清晰的目标,不服输的劲儿,是强大的内驱力,不拔的毅力和意志,超人的刻苦铸就了他的成功！

我们在座的同学中,有一些像当年凌博一样的学生,为何不自我觉醒？用奋起、干劲,挽回自己的尊严,用成绩证明自己。

学习孰之责？ 为谁辛苦为谁甜

今天刚好检测结束,孩子们边收拾自己的东西,边有说有笑,教室里好是热闹,简直像丛林的鸟儿在开派对,叽叽喳喳叫个不停,真是百凤朝鸣。

当我一步迈进教室,顿时鸦雀无声。孩子们目光个个聚在我身上。我说:"同学们上学的轻松莫过于考试刚结束的刹那,上学的兴奋就是发下卷子,看到自己满意成绩的瞬间片刻。有时会喊起来,有时会跳起来,有时甚至突然绕着教室四周跑起来。"

的确,这种经历自己有过,这种感受自己也体验过,但这一刻是多么的来之不易,自己要付出多大的努力,背、写、算、画,挑灯夜战,深钻细研。看到成绩的刹那,心里一下是释然,是透彻心底的爽,顿时觉得一切付出值得！

同学们想一下,学习到底是孰之责？ 究竟为谁辛苦为谁甜呢？ 今天我们就跟大家一起探讨一番。

我常思考学习熟之责,为谁辛苦为谁甜？大家认为呢？

同学们异口同声:"是自己的责任！为自己辛苦自己甜！""那是真的吗？"我问。

首先,我们来自每个家庭,父母给我们吃、穿、用的,给我们提供尽可能好的环境,送我们到好的学校,为的就是让我们更好地学习。虽然是父母望子成龙,望女成凤之心切。他们经常千言万语汇成一句话,"好好学习"。可有多少的人真正能够懂得父母的心？很多的同学认为学习很累很苦,不如玩手机,打游戏轻松有意思,于是厌恶学习,甚至逃学。

试看,如果孩子不好好学,连个高中考不上。考不上高中就考不上好大学,考不上好大学,就找不到想要的工作,自己就不可能有想要的生活。自己吃不上,喝不上,哪有能力孝敬父母,一切的孝心都是空谈。

由此,上学首先是自己的事,是为自己拥有美好的前程拼搏。只有全力以赴,刻苦努力,科学高效,持之以恒,才能到达自己的目标,实现人生的跨越。

通过上学自己掌握了扎实的学识,拥有了高超的本领,高尚的情操,心怀大志,才能报效祖国,实现自己的梦想和人生的价值,所以上学是自己成长的必需,是自己分内的责任。同时,又是家长的责任,是家长之所盼。因为他们生养了我们并把我们含辛茹苦地养大,我们必须要心怀感恩,他们也有年老的时候,我们有责任让他们不再辛苦,享受幸福的生活,安度晚年。

学习好了让父母感到自己的孩子是有出息,有成就感,我们理应成为他们的自豪。有知识,有能力,又有修养,才能响应祖国的召唤,服从祖国的需要,为国家做点事,实现报国之志,人生梦想。

通过刚才的分析,我们懂得了学习乃自己之责、家庭职责,更是国家之责任,自己必全力以赴对自己负责。

换种方式沟通，产生不一样的效果

——爸爸和儿子张坤谈学习

张坤是前几年我班的一名学生，老实听话成绩中等。不知咋的他前段干劲有点不足，成绩下滑，家长看在眼里，急在心里。没想到父子之间一次促膝长谈，孩子彻底转变，这位爸爸到底说了啥？

一、一无知识二无技术只能下苦力

张坤爸爸只是一名工厂的普通工人，张坤的爷爷，是一名退休教师。在爸爸幼小的记忆中：爷爷对他在学习要求严格，但小不懂事的他过于顽皮，学习上很不用功，经常和父亲对着干。爷爷叫他学习，他偏不听，成绩一直班里倒数。除此还经常和一些不三不四的人交友，常把爷爷气得够呛，但无计可施，最后自己连高中没有考上，求别人帮忙当了一名普通的工人，想来至今后悔。

张坤爸爸说："在工厂里一没有技术，二无特长，只能靠苦力。在单位不被重用，我却体验没有文化的苦头，只好就把希望寄托在孩子身上。"

一、用心陪伴共成长

张坤爸自身痛苦经历，自己暗下决心，必须严格要求孩子的学习，决不让孩子重蹈覆辙。自张坤上学，他便全力关注，紧盯不放，基本上全程陪伴，哪怕自己工作再苦再累。孩子学习时，他一直在身边守候阅读，每天检查孩子的学习情况，不会的知识亲自讲解。业余时间基本上陪孩子一起度过，可以说父子俩形影相随，关系融洽，张坤小学的成绩一直名列前茅。

但随着孩子年级升高，学科愈多，学习内容难度加大。孩子成长过程中，还不时遇到各种烦恼，作为父亲指导力不从心。文化课辅导不上，说孩子有点不服，自己心里很着急。但对孩子学习干劲、方法、态度、书写甚至日常生活的点滴，言行是否得体，穿着是否恰当，交友是否高尚，可谓无微不至，高度关注。

二、学会"示弱"，培养孩子责任感

有一次，张坤被一道数学题卡住了，考虑了半天也没有做出来，便求助于他,他也攻了半天没有结果。于是对孩子说:"别做了,先空着,等到第二天可以向老师求助,学会了回家教爸爸。爸爸不会,做解不出来,是因为当初数学没好好学。尽管你爷爷是当老师的,可我当时就像中了邪,执拗不改,只顾调皮,为此挨过不少打骂,但那时却不以为然,把青春荒废了。当时太不听话,整天和几个不三不四的,都是不学习的孩子混在一起,自以为很能。是非不分,哪个不听话就偏做哪个,现在想来真是犯傻。家长管不了,老师更是无奈,最终吃亏的只有自己,如今一事无成。可惜人生没有卖后悔的药。"

三、表达心声,激发孩子内驱力

爸爸对张坤说:"在学习上,我确实是帮不上的忙,对教育他也不懂什么方法,只知道学习好就有前途。现在对你的学习无能为力,爸爸干着急。"还说:"你在小学基础较好,一般是班级的前几名,他感到非常自豪,满怀信心盼望儿子长大有所成就,出人头地。"

他经常说现在能做的就是好好上班挣钱,给张坤买学习用品,改善生活条件,尽其所能。至于学习上的事,他的无能为力。他不得不让张坤在校多问老师,全靠自己勤奋,相信张坤会争气的。他经常告诉孩子,要吸取自己的教训,现在自己很想再上学,把所学的教给儿子,当儿子不会的时候,能给儿子讲解一下该多好。

张坤听到了爸爸的话,比以前变得更加懂事,就像变了一个人,学习上更加自觉刻苦,回家总是先学习。先自觉完成老师布置的作业,再进行复习和新课的预习。晚上张坤通常学到10点多,甚至更晚,每当爸爸提醒他早休息,他总说:"你先睡吧,不用管我。"

在张坤卧室的墙上贴着他自己写的"学习改变未来。学习是自己的事,只有靠自己,一定要争气,相信天道酬勤,有志者事竟成。"爸爸看在眼里,感到一丝欣慰。

从张坤爸爸的教育,我们可以得出教育本身是理解、悉心的沟通,是推心置腹的交心。当孩子认识到学习的重要性,把学习当成自己的责任,就会自觉刻苦、有恒、不服输的劲儿,哪有不成之理?

四、心灵触动,同频共振,奔向美好

我们也这样想,有时跟孩子交流,换种方式跟孩子坦诚交心,孩子会更

容易理解父母的苦衷。当孩子脆弱的心一旦被触动,他会主动接过家庭的接力棒,寻找家庭的改变,认识自己是关键。于是就会以主人翁的责任感和勇往直前的精神发奋刻苦。那时孩子就如同一颗爆炸的星星,璀璨夺目,光彩溢人。

父母的陪伴就是孩子最好的成长催化剂,孩子学习的好坏,并非在于父母手把手地来辅导,跟孩子思想沟通方式方法是关键。

思想是行动的先导。理解是沟通的前提,树立明确的目标是关键。有的父母尽管没有多少文化,但他们用朴实无华的真诚和真情打动着孩子,都会爆发出强大的内驱力,在此,我们从这位父亲身上学到了榜样的力量。

一个人能走多远,看他与谁同行;一个人能否成功,看他是受什么人指点;一个人有多优秀,看他与谁相伴。一个人真正的内驱力,看他是否接过家庭的责任,有一颗理解家长的感恩之心。

我为孩子找优点

一、为何为孩子找优点

优点即长处,是一个人优秀的品质。它给人自信,只有不断发掘孩子自身优点,发扬优点,才能催生更多优点,凝成优势,让孩子更加自信,坚定信心,勇毅前行,变得优秀。

家长为孩子找优点,实质就是看到孩子的闪光点,就是在关心、关注、肯定、表扬孩子优秀的行为品质,就是在引导激励孩子向正确的、美好的未来发展。

相反,家长看不到或发现不了孩子的优点,那就只盯着孩子的缺点唠叨指责,孩子就会逆反,心理抵触、厌烦、对抗,只会导致缺点越来越多,越来越没有自信,缩手缩脚,消极怠慢,结果越来越差。

为何还要找出一个缺点呢?

因为"人无完人,金无足赤"。我们既要看到孩子的长处,也要重视其存在的不足,只要不断修行完善,就会更加完美自己。找出十个优点,却只找了一个缺点,意思是优点是主要的,优点远大于缺点,着眼未来,以鼓励孩子自信、乐观向上。

而家长的担心和期盼呢?

这是表达了家长的心理感受,这种担心和期盼是正常的。让孩子明白、懂得家长的感受,感恩前行。

二、具体操作

1.每位家长至少找出自己孩子的十大优点

思想上进,感恩孝悌,严守信诺,责任担当,尊老爱幼,喜欢读书,热爱劳动,雷厉风行,说做一致,忠厚本分,讲究卫生,自强上进,热爱运动,身体健康,整洁有序,关爱他人,心怀大志,持之以恒,和颜悦色,床铺整洁,地面常拖,衣服自洗,按时作息,早起读书,洗刷快速,文明礼貌,讲究卫生,清除垃圾,专心致志,安全第一,做事高效,稳重大方。

3.找出一个急需改正的缺点

玩笔抖腿,无视纪律,自由散漫,交头接耳,说话随便,污言秽语,爱吃零食,好逸恶劳,随手花钱,口无遮拦,行动迟缓,书写潦草,拿笔难看,扒着崴着,骨不挺天,坐姿不正,心不在焉,风吹草动,坐立不安,迷恋手机,游戏上瘾。

4.家长最为担心的是学习差,不健康,不做好人,不学好,走邪路,管不了。

5.对孩子最大的期盼是做好人,学习好,健健康康,阳光自信,有出息。

6.找到了孩子的优点,找适当的机会,孩子心情高兴的场合,家长准备点水果茶点,放在餐桌上,营造和谐的氛围。一般利用周末饭后,家人围桌一坐,说说孩子的优点。

7.随后的日子,家长就要经常关注、肯定孩子行为,赞美孩子优点,强化其自信,孩子就会好了更好,优了更优,始终朝向优秀的方向发展。当然,对孩子做得不够的地方要及时指出,要以"如果怎么做……就更棒了"。

切忌一时心血来潮,大加表扬,过后却没有下文,让孩子感到家长华而不实,效果适得其反。

由此,教育是一个耐心、细心、用心的过程,绝非一蹴而就。教贵法,好的教育始终给人以信心、力量和希望,让人产生向往美好,追求美好并自觉付诸行动。

育人实践探究在行动

如何让学生从自信走向美好

自信是成功的第一秘诀。自信给人以力量,自信给人前进的勇气。我自信,我成功。我们开展了系列培养学生自信的活动,让学生从优点出发,找到自信。

一、学生从自身的优点出发,走向自信

每个人找出自己的十大优点,如热爱祖国,热爱人民,热爱中国共产党,热爱劳动,关心集体,尊敬师长,团结同学,学习认真,自觉有恒,做事干练,雷厉风行等,让孩子抄下来,贴到自己的学习桌上。自己一眼看到全是自己的优点,心里当然高兴。好多学生竟然说,这么多年从没想到自己身上有这么多优点,真为这么多优点的自己而高兴。深知自己的优点,平时一言一行,会要求自己做得更好,肯定自己的优点行为并坚持下去。一段时间过后,再把自己新的优点添加,这样自身的优点会越来越多,孩子们就越发自信,学习生活会更严格要求,自己更出色。

二、相互学习优点长处,班级聚能前行

同学们都把自己的优点展现在学习桌上,大家也会注意发现别人的优点长处,会对别人心生敬佩,自然地在心里比学赶超。这样人人追求进步,整个班级相互学别人的优点,取长补短。人人挖掘自身优点,都在积极进取,除了个人更优秀,也营造了整个班级向好向优的氛围,全班聚能共向美好。

三、寻找自己的好习惯,走向自信

好习惯是成功的一半。好习惯越多的人就越容易成功,如学习上预习的好习惯;主动复习的好习惯;大声朗读,课堂上认真笔记和老师互动的好习惯;良好的书写,多思善问的好习惯等。

生活上合理膳食,平衡节食,不暴饮暴食的好习惯;讲究卫生,勤洗手洗脸,洗衣的好习惯;日常生活中,勤于锻炼的好习惯,有的几十年如一日,无论刮风下雨,依然坚持,身体倍棒。

讲文明,讲礼貌,讲秩序的好习惯。好习惯是自身的优势所在,我们一生都在培养习惯的路上,好习惯让我们终身受益,它如同一张张福利券带在身上,时刻享受带来的惠利。

四、从建立整洁有序开始,培养孩子自信

我们在班里开展了"整洁有序"的活动月。学生整理自己的学习桌,做到学习桌内外整洁,课本、练习册、本子分别摞得整整齐齐。下了课,立刻把桌上的课本更换为下一节课要学的课本、练习册,并将上一节课用过的放

回原处,桌面脏了及时清擦干净。一开始有少量的同学做不习惯,嫌麻烦,凳内外很是凌乱。我们在班里专门设有秩序督查员,每天就个人整洁程度打分:分为三档,最好的90分以上,要求桌凳内外整整齐齐。中等的摆放不够整齐70—89分。课本练习册、本子、卷子混杂,长短不一,在70分以下。每周两次检查打分,连续四周,总共8次,评出了最整洁有序的个人10人,颁发奖状表扬,并在公示栏里公示,以此鼓励做得好的同学,对其他人也是很好的榜样督促。

此项活动的开展使整个班级整齐划一,让人非常舒适,有序优雅,班级涌现出大量的板整有序的好孩子。从此桌凳内外的整洁,加上卫生工具的整齐悬挂,以及浓郁的班级文化,形成班级管理中一道亮丽的风景。

五、家校联动,家庭整洁有序展异彩

为了巩固活动实效,我们家校联动,还让孩子在家里开展有序系列活动:包括学生自己的学习桌、书屋、自己的衣服、鞋袜都有序存放。孩子把自己在校的做法带到家庭,每周利用学习之余整理,平时保持,然后拍照传到班级群。利用班会,大家相互赏评,打分评出家庭整洁有序最佳个人。这样大大改善了家庭整洁美观,提升了家庭舒适温馨度。同时,孩子动手增强了家庭责任感,做到自己动手,优雅全家。以此夯实了孩子主动整理,保持整洁有序的好习惯。

该活动是对《弟子规》中"读书毕,还原处。虽有急,卷束齐。房室清,墙壁净。几案洁,笔砚正"。等圣人训在日常生活学习践行。

实践证明:孩子做事整洁条理的品质和学习知识的条理、笔记的条理一脉相承。

凡平日做事不讲究、不调理的孩子学习上也难以出类拔萃,因为他们学过的知识在头脑里杂乱无章,鱼龙混杂,不够条理。

由此得出:平时做事整洁有序、严谨的品质,直接影响到学习生活的各个方面,真可谓播种行为,收获习惯;播种习惯,收获性格;播种性格,收获命运。每一项好习惯、好品质的养成,都将助力孩子更加优秀、更自信走向成功,让其受益终身。

六、关注每个孩子的闪光点,让他们自信有尊严

星星之火,可以燎原。以前我们总爱关注孩子的缺点,或者专看缺点多的孩子,这样做是对孩子的伤害,因为孩子的缺点往往越看越多。常被打骂的孩子自卑,因为那么多的缺点,自感不如人。孩子毕竟是孩子,必然有其不成熟的一面这很正常。但我们更相信,青出于蓝胜于蓝,长江后浪推前浪。当我们转变思维,专看孩子的优点、闪光点,我们不仅给孩子自信和坚定,让他们更有尊严地去面对生活学习,接受新的挑战。我们培养孩子自信的同时,自己也深感自信、快乐和幸福,因为"予人玫瑰,手有余香"。

孩子每天早上到校早读,值班长就在黑板上,写上"读书专注、大声的"并记上他们的名字。自习结束值班长总结表扬,加分奖励。受到表扬的同学自然会表现更好,其他的同学看到别人这样做受到表扬,自己也自觉行动起来,这样天天表扬,做得好的好同学就会越来越多。凡得到表扬的同学,在自己班级日志上记上自己名字,并写上自己的下一步打算,这样的表扬和肯定如同一股暖流在孩子心中流淌,这暖流让孩子好了更好,愈加自信。受到表扬的孩子心感特别愉悦,我们也深感高兴,因为表扬别人首先发现并肯定别人的优点,表明自己定有一颗金子般的积极上进的心。

关注孩子的闪光点,要多角度全方位。孩子不能只局限于学习,其他方面如打扫卫生,擦黑板,助人礼貌……只要有利于孩子成长的都要关注,如我班有位赵同学,尽管学习不好,但有一天早晨,我发现他主动帮助同学倒垃圾,我大为感动,随即当着全班同学表扬了他。当时我抬眼望到他的脸,只见他满面红光,眉开眼笑。从此他不仅主动倒垃圾,还肩负起收拾整理讲桌,每天都会把讲桌擦得干干净净,并且逐渐在早读时,开口大声读书。我突然感到肯定和表扬对一个人的作用之大,他如同一个加油站,给人以巨大的能量和鼓舞。可现实生活中又有多少的孩子,生活在没有自信,找不到闪光点的冷漠里。

三十年多年的教育生涯,我常在反思:教育到底是什么?

教育不是纯粹的口头说教,更不是空喊。教育是践行,是实做。多少次的说教比不上一次触及心灵的体验。

教育不是这个不行那个不行,全是条条框框,而是学生心有规则,敬畏规则,自觉说不。

教育是养成好习惯,从生活的点滴做起。人的一生都在好习惯的养成路上。

教育虽然不是惊天动地的大事,但绝非小事。因为生活即教育,时时处处、事事都是教育。

教育是让受教育者心生美好,心向美好,追求美好,自信阳光,心感温暖过程。

我们教育者应从身边的一点一滴,让孩子感受到处处有关爱、肯定、表扬、赞美、感动、激励、信心、有温暖的教育和自己生命的价值。

我们应从培养孩子一生的好习惯做起,从他们的优点长处出发,去肯定赞美,树立其自信,内化其行为,播种下好习惯,走向高雅。

教育是一种奇遇,更是一种难得的缘分。"百年修得同船在,千年修得共枕眠"。让我们彼此倍加珍惜这难得的师生缘,共享成长的快乐。

品格教育
如何把孩子的闪光点历练为优秀品格

自信是成功的第一秘诀。我自信,我成功,我成功,我更自信。从孩子的优点、长处出发,就会给孩子自信力量,让孩子内心充满阳光。

如何给孩子自信?

1.从分数高的学科开始,找到学得最好的科。

反思怎样学好的? 是感兴趣,上课听讲认真,积极回答,及时复习,做习题多,还是课前预习充分?到底什么原因?用同样的方法照样能学好其他学科,这叫自反自省。一旦找到突破口肯定成功。

2.从生活中寻找,在家里,尊老爱幼,关心家人,讲究礼貌。

打扫卫生,洗衣服,收拾房间,安全意识强,做事细心周到,找到了孝心、爱心,爱劳动、认真做事的品格,持之以恒,人品高尚。

3.从性格上寻找宽容忍让他人,听父母的话不顶嘴,找到了理解包容的品格,不断修行,博大胸襟。

4.身心,身心健康,乐观豁达,不计前过,宽宏大量,心胸宽广,有很强的抗挫能力,练就乐观弘毅的品格。

5.个人品质上,忠诚坦荡,与人友善,谦让他人,形成善良厚道的品格。

6.做事,有竞争意识,争先争优,得到敢为人先的品格。

7.有严格的计划,有清晰的目标,有很强的执行力,找到了做事雷厉风行的品格。

总之,找到孩子的闪光点,及时肯定、赞美、放大、鼓励,就是让孩子从优点出发,走向自信成功。加之平日的多关注,不同场合包括亲朋聚会,进一步强化,孩子就会人格健全、身心乐观,健康向上。

育人探究在行动

养心润魂,昂首阔步奔美好

一、一声"过年好!"喊出孩子心中的笑

正月十六下午,学生新学期开学报到。

吃过午饭,我早早来到学校,定眼儿一看才 1:00,路上只见稀稀拉拉的几个学生,背着书包走向学校。再望向校外放自行车的地方没有几辆,我意识到自己来早了点。

我停下车子,拎着包,来到我班教室,看到三个同学早已坐在座位上,各自低头整理着自己的学习用品,谁也不说话。

见此情景,我便大声地说:"孩子们,过年好!"他们立刻抬起头来,略有害羞的眼神掠过我的脸,笑嘻嘻地说:"老师,过年好!""你们来了,很好!大家各自行动,把拖把冲洗一下,把教室地再拖一遍,爆了两个月的灰尘。前天,我已经把我们的课桌、座位全部擦过了,你们放心地坐。"话音未落,孩子们都立刻行动起来。我刚转身从教室要走,学生韩金州背着书包,戴一顶黑帽来到了教室门口,我说:"韩金洲,过年好!"他似乎被突然唤醒,驻足一愣,立刻回应了一声:"老师,过年好!"看到他眯眯地微笑,其他人也都笑了。

二、卫生清扫热身快,身心坦然

一会儿,又来了几个,"孩子们,拿着你们带的擦布,把讲桌、窗台、橱柜擦一下。"话音刚落,他们箭步冲到室外的水龙头把擦布洗得干干净净,小手都忙活起来,眨眼间教室窗明几净。其实,我真正的用意是让学生通过肢

体参与熟悉的活动,尽快熟悉环境,迅速抹去心中的陌生感,他们毕竟两个月居家不在校,尽快融入现实的生活十分必要。

三、特殊的开场白,暖心助威

大部分孩子都已坐在教室,相互说说笑笑,气氛比刚才热闹多了。我走上讲台,跟孩子们说:"同学们,年已过,节已过,一切恢复正常。现在以崭新的姿态,饱满的热情,远大的志向,充足的干劲,来到向往已久、日夜想念的校园,开始正常的生活学习。因此,为师有很多的心里话要跟大家说,新学年、新目标、新打算、新奋斗、新辉煌。需要大家充足的干劲、科学的策略、高效的方法,满怀信心,满腔热情,坚定意志,珍惜分秒,迎接新的挑战,做更好的自己。"

四、牢记初心,铭记老师教诲,牢记父母嘱托

你们要忘记过去,忘掉郁闷,甩掉忧伤、忧愁和忧虑,去掉不必要的担心、恐惧和烦恼。从今天起,要安心、静心、舒心、耐心、用心、全心、信心百倍地去做自己的事,锻炼好身体,努力刻苦,勤勉修行,强大自我。

希望大家多看自己的优点长处和进步,单纯点儿,坚强点儿,有韧性点儿,更加阳光点儿,快乐点儿,现实点儿。少一些不必要的分心、诱惑和不满,一切美好都属于勤勉执着的人。

我凝望着教室里的每张脸,个个都洗耳恭听,心平气和,刚来时脸上的羞涩,心中的怯懦都已无影无踪,我的内心也渐渐恢复了平静。

五、孩子们操场上漫步,沐浴阳光,畅谈理想,话美好

当孩子们打扫完了卫生,身子慢慢地热乎起来。聆听了老师的温馨而激励的话语,个个像喝了心灵的鸡汤,慢慢地恢复了往日的快活,越来越多的孩子打开了话匣子,教室里又顿时热闹起来。

我说:"孩子们,今下午只报到不上课。今天室外阳光特别好,没有一丝风,在和煦的阳光里沐浴会感受到一股透彻心底的暖流在心中激荡,何不去操场漫步,怅寥廓,尽享美好?"学生们都有点懵,似乎不相信自己的耳朵。我接着说:"大家刚来,都到操场上走一走,望望蓝天,晒晒太阳,欣赏欣赏美丽的校园,畅谈美好的人生。"

话音未落,孩子们三五成群高高兴兴来到了操场。有的叙说过年见闻,居家奇事,喜笑颜开;有的谈理想,谈未来,畅想美好,谈笑风生。很快一节

课结束了,伴随着下课的铃声,孩子们陆续回到教室,个个面色红润,洋溢着幸福的微笑。

六、紧锣密鼓分类开会部署,步入正轨

经过漫长的居家煎熬,孩子们原本在初中两个月所形成的好习惯已被长期在家的自由懒散取代。现在孩子带着家庭散漫的节奏,难以适应校园快节奏、大容量的学习生活。

1.当学生情绪稳定下来,我们便分类召开他们的会议

首先是值班长会:值班长要以身作则,身体力行,做好榜样。正确处理各种问题,公平公正,对待每一位同学。

课代表会:要率先垂范,自觉高效,认真学习。及时联系老师,布置作业,说话清晰,掷地有声,语言简练,不得嬉笑。自己严守纪律,执行"一分钟收作业",要及时收发、上交,帮助老师准确把控学情,促进良好班风的形成。

小组长会:要求小组长带领全组成员及时清扫卫生,创造优美的班级育人环境。卫生是班级的脸面,要以主人翁的态度认真干好。

2.个别谈话抓典型,因材施教促成长

对网课期间表现异常,个性与众不同,上课小说小拉,平日和同学不交流,个别上课戴着帽子不抬头的;网课常不开摄像头,关闭耳麦的;自信不足,干劲较小,学习不扎实,心不在焉的等。

单独约到办公室密谈,从关心他们的生活、身体健康,关心他们的心里感受,给予特别的关注、关心、关爱。

3.重学常规签协议,筑牢安全屏障,警钟长鸣了

报到的当天下午,我跟同学们一起学习有关安全文件,重温上级安全要求。牢记规则,安全第一,警钟长鸣,保证高高兴兴上学,安安全全回家。

通过以上措施综合发力,孩子们已自信满满,跃跃欲试。他们似从梦中觉醒,目标清晰,铆足干劲,逐梦前行。个个如刚出飞的小鸟,蓝天下叽叽喳喳,蓄势待发,奔向美好未来。

引导、肯定、表扬，使他成为自己所希望的样子

新学期伊始，我刚接了一个新班。

开学第二天学校开始了为期一周的军训，我发现除极个别的学生在树下坐着偷懒，相互说话，其他的都在认真地接受教官的训练。

有一天，我刚从训练场回到办公室喝点水，就有一个同学跑过来，上气不接下气地说："老师，我们班的一个同学和别班的同学打起来了。"

"把他叫过来！"我说。不大一会儿工夫，打架的两个同学都哭着来到了办公室。

我问他们："你们刚来，怎么就干起来了？"

一开始，他们互不相让，各讲各的情理，我怎么怎么样，他怎么怎么样，相互指责对方的不是。

见此情景，我严厉地说："不要只看别人的缺点，多看看自己哪些地方做得不对。"

不大一会儿，他们俩冷静下来，各自说出了自己的不足，并互相对道歉，很快这场战斗被平息了。

通过这件事，我记住了我们班的那个男孩叫王 X 安，并了解到这个孩子不简单，小学就是班级纪律的老大难。从此，他给我留下了"好战"的印象。

五天的军训很快结束，马上开始文化课的学习。班级工作的重点就要全面整顿纪律，尽快平静，落实学校一日常规。培养学生各方面的好习惯，让大家尽快适应初中生活。但发现班里有几个小男孩特别能说话，其中就有王 X 安。他上课小动作不断，几天的工夫成了班级纪律的"钉子户"。课堂上交头接耳的是他；出洋相怪声、引起同学哄堂大笑的是他；整天打仨骂俩的还是他。但我每次找到他，他总是有诸多理由，似乎自己一点错都没有，所有的都是被冤枉的，都是别人找茬。每次眼睛通红，眼泪像断线的珠子，连哭带叫，显得满脸委屈。每逢如此，我先让其冷静，思索问题发生的原因，自己哪些不应该，有哪些不妥的言谈举止？我似乎觉得只要他在班里，任何时

候都会不会安宁。每天都会有人告他的状，我一时也拿不出好的办法，真有点无奈。

在一次班会上，我跟同学说，最近我们班的纪律有了很大的转变，特别是王X安同学有了很大进步。他课堂纪律好多了，不再大声喧哗，数学课上能够认真听讲，积极回答。我认为如果他每天保持克制自己，专心学习的话，不久的将来，他将是一名很优秀的学生，大家要拿出一点耐心，多看看他的进步。班里的同学嗤嗤作笑，很不服气。

在刚入学的几周里，他依然活泼好动，精力充沛，总是不住地在班里搜索着能和他说话的、打打闹闹的，可班空对他来说似乎太短，还不等找好搭档，就响上课铃了，他总是感到不过瘾。

渐渐地我也有点儿习惯他了，尤其对刚刚进了初中的孩子，还是一片童心，我一直这样理解，毕竟都从那个年龄度过。

对于这种类型的孩子，我惯用的方子就是让他负责一些班级的事情，感觉到自身的价值存在，充分利用他的时间和精力，免得闲得无聊生事。于是让他负责班里的多媒体的开关，他很是用心，每天晚走，都是把所有的电源都关好，天天如此，我看在眼里，感觉他是有责任心的孩子。

除此，我还让他负责课间操多媒体播放，他更是热情有余。只要下了第二节课，他就会跑到讲台上，准时打开多媒体，提醒大家做操。自己会亲自在讲台上做示范，有板有眼，落落大方。但因他说话随意免不了招人嫌弃。这不，在3月27号我外出学习几天，他又按捺不住了，他像往常按点播放舞操，可是教室没有几个人，还有几个趴在桌子上的。这几个同学或许因为上课累了的缘故。他见此，自己有点不高兴，便去敲人家的桌子，好心好意是把人叫醒起来做操，结果被叫的一个女生火了，你一句我一句两人又干起来。

两个人都有理，一个负责课间操，这是老师安排的；另一个是趴在桌子上的确很困，趴一趴也在情理之中。但他的处理方式不当，有点情绪化，导致不应该的结果。

后来，我听说此事，把他叫到办公室分析事情的原因，教他处理此事的方法方式，他爽快地点头认错。在班里还当着全班同学的面向给这个女同学道歉，他曾一度哽咽，低着头，脸红红的像秋天熟透的苹果，可见他是真心悔改。

见此情景,我向全班同学说:"同学们,人无完人。在成长的路上,难免犯些小错,只要认识到位,改了就是好学生。大家要相互理解,相互宽容一些。"同学们听到这里都为他鼓了掌,给了他理解和莫大的信心。

大约过了不久,月考成绩很快下来,他的学习比上一次进步十几个名次,一下跃到班级的前 10 名。我表扬他课堂上要认真听讲,专心学习,进步惊人。并叮嘱他:"要想学习好,课堂最关键。上课要跟上老师的思维,积极发言,认认真真,就一定能名列前茅。此外,为同学和班级做事,认真负责,大家看在眼里,高兴在心里,这说明你是一位有担当的男子汉。老师同学都看到了你的进步,都觉得你现在是一名好学生,希望你一如既往再接再厉,尽心尽责,大家依然关注你,期待你更大的进步,加油!"

转眼到了学期终了,他如同老师所期待的那样,不仅纪律好,上课也能够坐得住,和老师配合默契,成绩一下跃居班级前茅,成了大家公认的好学生。

正如他自己在理想三部曲演讲所说:"我的理想高中是一中推荐生;理想大学是上海复旦;理想的工作是工程师。"

我很是欣慰,从他稚嫩的脸庞看到了一个雄姿英发、步履稳健的少年,正向着既定的目标昂首阔步,奔向美好。

第六部分 培养好习惯

井然有序的早读,让琅琅的读书声充满教室

一、问题提出

一日之计在于晨,说明一天中早晨是何等重要。

刚上初中,来自不同学校的孩子聚集在一起,大部分的早读不出声,让人匪夷所思。

初中的大部分的学科都需要背诵,政、史、地、生需要背,语文、英语需要背,数学的一些概念也需要背诵,但孩子不出声,当然就没有对于声音储存,背诵效率低。背不过,考试就没有成绩,因此,出声背诵十分重要。

二、分析与探究

仔细观察班里早读的情况,有的孩子很随意,一会儿学这个一会儿学那个,只是懒洋洋地翻一翻,不动嘴,不出声。

早读真正的高效,是边读着,边列着。班里大部分同学对自己要求不明确,背什么? 达到什么程度,是背过、背熟还是读熟、会写? 用多少时间? 谁来检查? 如何评价? 一概没有要求。这使得大部分的孩子抓不紧,有的早读说话;有的不出声,呆呆地看书;有的交头接耳做小动作,整个班级乱得像一锅粥。

我还专门召开过"大声朗读有什么好处"的专题班会,向同学们说明朗读的好处,然而遗憾的是效果不大。长期以来相当一部分同学"恶习"难改,我行我素就是不出声。

众所周知:朗读属于有声记忆,存入脑中的是声波。声音越大刺激越强烈,存于我们的语音存储系统越容易。自己发出的声波便于接收和储存,久而久之背得多了,信息储存得牢固了,就背过了,记熟了。当考试的时候似乎有一个声音在耳边回响,经常朗读的人语感好,口头表达能力强,尤其对

于英语科,经常朗读会提高英语的语感和听说水平。

三、采取措施

如何改变? 在屡次说教不见效的情况下,我们对早读采取了下面的措施。

1.让孩子有明确的任务可做,而且易操作。每天的早读,让值班长或课代表把早读的内容明确,早读时用多媒体投到黑板上。

2.规定背诵时间多少分钟,然后检查背诵。有的是小组长检查,有的是集体听写,检查到位。

3.量化加分鼓励,对背过的、听写得好的进行量化加分。

4.班长、值班长、班干部带头大声朗读,值班长坐在讲台上,做好榜样引领。同时,掌控全班情况,对特别认真专心的同学,要写到黑板上表扬加分;对特别不认真、不出声的要及时提醒。

5.早自习结束,班长对早读不认真、不出声的,做好思想引导。然后帮助制定措施,并让其反复地朗读"青春是用来拼搏的,只有拼方能出彩,才能有你想要的生活,自己豁上肯定能行"!

6.每天早读结束,值班长就早读的情况作总结,对于认真自觉又高效的提出表扬。对于不认真、反复劝教不改、效率低下、不出声的,点名批评并提出改进措施和希望。

7.早读的背诵、默写情况由课代表批改,并反馈给任课老师。对书写潦草、没有掌握的再次检查。

四、成效

通过以上措施,班级的早读,有了天翻地覆的改变,井然高效,激情四射,琅琅的读书声又回荡在教室。

育人实践探究在行动

成也习惯

常言道:"好习惯是成功的一半。"而坏习惯呢? 会让人失去成功的机会,与成功无缘,可见好习惯的重要性。

就拿锻炼来说,一个人从小养成锻炼的好习惯,几十年如一日,就会有一个健壮的身体,受益无穷。

以自己为例,小时候身体很弱,三天两头生病。后来考上了师范,第一学期各门文化课成绩优异,但音、体、美也参评其中,吃了大亏,成绩只能中等。

当时自己最担心的就是体育,深知这是自己的弱项。体育考试分立定跳远、引体向上、俯卧撑、铅球和一千米跑步,对于自己最难的是引体向上,及格是十个,优秀要达到十五个以上。记得自己多没上去,少没上去,一个也没上去。自己吊在单杠上咬牙咧嘴,手舞足蹈的样子真是难看至极。听到下面的同学痴痴笑笑,看他们前仰后合的样子,自己感到了一种莫大耻辱。当自己从单杠上跳下来,顿时萌生了一定要争气的想法。

心想:自己为何不行?身体不就是锻炼的吗?必须给同学们一个交代,一定要改变他们的看法!自己暗下决心。

不管怎么说这次体育考试真的让自己吃了亏,最终的一等奖学金泡汤,但深刻认识到锻炼好身体势在必行。

自那以后,我便每天早起去校外马路上跑步,然后再参加学校的早操一千五百米,跑完步后接着练引体向上、立定跳远等项目。就这样接下来的一学期体育测试,我的体育成绩成了全班前几名。

一天清晨,我正在跑步回校的路上,被班主任老师看到了,他跟我说:"你可以代表班级参加学校的运动会。"我当时很惊讶,连忙跟老师说:"不行,不行!我跑步只是锻炼身体,参加学校的运动会还欠火候,拿不到成绩会影响班级荣誉。"他鼓励我说:"班里的同学都说你行,你试试吧,再练一练,或许真的意想不到。"

此刻,我感到莫大的鼓舞,同时感到一份沉甸甸的压力。心想既然老师同学这么看重自己,一定要争气!要改变同学们的看法,让他们看看,那个上学期引体向上一个都上不去的男生,竟然要参加学校的运动会,我憋足了一股劲。

接下来正好是放了两周的秋假,每天早晨我便跑到离家八九千米的运河滩练习,一跑就是一个多小时,直到大汗淋漓,精疲力竭才罢休。有时候我还故意穿上特别重的鞋子,变着花样跑。当从沙滩跑到硬路上时,就感到身体浑身轻松,有撒脚如飞的感觉。记得当时每天训练完毕,自己的背心全部被汗水浸透,两手一攥都可以扭出一些汗水。脱下的裤子,都是半站着的,因为全部已被汗盐水浸透,凝成一道道白色的盐迹。

功夫不负有心人。在接下来的学校运动会,我真的代表班级出战。当时每人限报三项,考虑到自己的承受力,只报了一千五百米和五千米两项,没想到在一千五百米比赛中我得了第二名,同时打破了学校的纪录,仅此一项为班级得了十二分,我很兴奋。在场上老师、同学给我呐喊助威,我感到自己的付出完全值得。

时隔不久的五千米比赛,当我再次站到起跑线上,听到围观的同学说:"还有他,太厉害了。"最终五千米也得了第二名,给班里又拿了五分,就这样自己两个项目共为班级得了十七分,圆满收官。

伴随着铿锵有力的《义勇军进行曲》,我健步走上领奖台,看到老师同学投来钦佩的目光,他们为我鼓掌喝彩,我感到很自豪。这是我平生第一次参加运动会,感到了运动场是用实力说话,体会到鲜花和掌声背后全是汗水的凝结。我也用实际行动实现了自己当初的诺言,坚信人只要肯付出,一定会出彩!

运动会过后,我一如既往坚持跑步锻炼。转眼三十八年过去,跑步早已习惯,成为自然,我把锻炼身体看得如吃饭、睡觉一样重要,除非刮大风下大雨极端天气,否则每天必须跑步。

当然,上天不负拼搏人。锻炼使我拥有了一个健康的身体,如今年过半百,身体硬朗,乌发油亮,自己每天活力四射,乐观坚毅,精力充沛,依然活跃在教学的一线。我也深深地体会到,身体健康的重要性。身体是革命的本钱。

当然,好习惯也给了我无比自信。我真的体会到拼搏的内涵,光荣的桂冠从来都是用荆棘编成的。任何事的成功都不会靠等待而来,唯有拼搏,才能成功。

除了跑步锻炼使我身体倍棒,坚持练字使我坐得住,耐得住寂寞,写出了一手好字,当了老师让一批又一批的学生受益。

其实,生活中不管什么事,只要坚持天天去做,细心、耐心、用心、恒心,久久为功,赓续用力,养成好习惯,几十年如一日,定会有所成就。

败也习惯

平日常见班里的一些学生,上课不看黑板,老师提问不回答,不记笔记。有的课堂上抖腿;有的画画;有的吃着东西;还有的交头接耳,左顾右盼等等。

有的孩子在家里做作业时,边看电视边做作业;做作业之前从不复习课本,照着书抄;有的课前没有预习的习惯,课堂上听课眉毛胡子一把抓;有的尽管在自己的房间里做作业,但客厅里大人说什么都能搭上话;有的做作业时坐不住,三分钟喝点水,两分钟出来一趟;有的靠手机搜一搜,电脑查一查,半点脑子不动……如此等等都是好的学习习惯没有养成。

在生活上有的爱吃垃圾食品;有的却偏好吃肉,不喜欢吃菜;有的吃甜食成瘾,如糖块、巧克力、甜的饮料;有的经常不喝清水,喝饮料;有的经常不吃早餐;有的暴饮暴食,遇到喜欢吃的,吃一大堆,不喜欢的就一点不吃,宁肯饿肚子;有的热衷于烧烤、油炸食品……如此这般是好的生活习惯没有养成。

在卫生上,自己的筷子、碗从来不刷;鞋子乱脱、乱放一气;穿过的脏衣、内裤从来不自己洗;有的书桌上摆放凌乱;有的吃饭时,就像大娘大爷,等别人把饭放到他的手里;有的吃饭后坐在座上不动,筷子、碗从来不收拾;有的地面再脏也不会主动拖一拖……以上是良好的卫生习惯没有养成。

综上所述都不是什么大事,但正是区区小事,说明他们的好习惯没养成,已经影响或正在阻碍着他们的健康成长和进步。

就学生不做作业,算不了什么大错,一次、两次也算正常,可长久不做作业就是个坏习惯。自己认为作业无所谓,久之养成了不做作业的习惯。有的孩子从小学开始就不做作业,初中、高中依然,有时老师着急了就做一做,甚至大多数人都认为学生不做作业没有什么,尤其班里的尖子生,不做作业剩下的时间做点课外的更好。但上了大学,学校是要求做作业的,并且大学里的作业占相当多学分。如果平日不做,到了期末作业分是 0 分,综合就很难及格。所以孩子在大学一定要重视作业,还要积极参加各项活动,这些都是有学分的。

自己教过的一个学生就因此吃了大亏。

据说这个学生在小学里各科的成绩几乎都是满分,于是他从不做作业,连老师都默认了,甚至有的老师还在班里公开说,只要你能达到某某的水平,你也可以不做作业,他自己也以此为豪。小学里的他成绩遥遥领先,到了初中里也是鹤立鸡群,据说高中他还不做作业,因为成绩好,老师拿他也没有办法。老师们曾多次地找到家长,但孩子就是我行我素。

都说坏习惯是失败的根源。当年这个孩子以703分的成绩上了清华大学。在大学里,他依然不做作业,第一学期他挂了两科,因为没有平日的作业分,考试的科目满分才能及格。当时他没有足够的重视,自己幼稚认为:挂科没有什么大不了,补个考不就行了,所以根本没有在乎,仍然恶习难改。到了第二学期又是两科不及格,大学里有规定,连续4科不及格就会被勒令退学,他果然中招了。就这样大三结束被学校无情的辞退,最后弄了个肄业证。大家听到此消息如同晴天霹雳一片惋惜声,他到底咋了,为何遇此情况?人们禁不住自问。

回想考上学的那年好似还在眼前,亲朋好友因为他考了清华而庆贺,大家羡慕钦佩,宴桌上全是满满的祝福。当时他的裸分是全省第2名703分,确实不简单。听说清华、北大等名校连夜向其抛出橄榄枝,最终他选择了清华。此消息一出不胫而走,这在我们这个小县城里口口相传,赞不绝口,好多的企业都赞助他,认为他前途无量,给他了捐助很多钱,转眼间怎么会景况翻天?这太让人不可思议了。

随着时间的推移,人们渐渐淡化了对他的记忆。但我们不仅要问:是什么让一名曾如此优秀的学生极速进入滑铁卢,一败涂地?是他的智商不如以前?还是傲慢不逊、游手好闲、品德不端?都不是。是早年养成的,那个不起眼的不做作业的坏习惯酿成了苦果。

好习惯是成功的一半。人的一生就是在不断地修行,"勿以善小而不为,勿以恶小而为之"。尤其是青少年学生正处在人生的黄金时期,每天都在不断地修行进步中,要明确底线思维,高标准,严要求。要谦虚谨慎,戒骄戒躁,见贤思齐,有错就改,养成良好的行为习惯,助力自己的健康成长。

"一分钟"收作业金点子

一、问题提出

作业是老师了解学生学情的重要依据，收作业是每天早上预备后班级必做的事，但每当收作业也成为班级的一大乱点。

通常课代表一边收作业，学生一边说话。有忙着找作业的，有趁此嘻嘻笑笑的，有的现从书包里拿，也有的现写名字，好一个繁忙的场景。通常一科作业需要几分钟才能收起来，各科的作业十几分钟还收不齐。每天如此，乱而无序，这十分影响班级形象。若不及时治理，整个班级就乱七八糟，像赶大集。弄的想学的学不了，不想学的趁此捣乱。这成为班级急需解决的老大难。由此，我们提出一分钟收作业。

二、采取措施

1.学生个人做完各科作业，一起放在书包的固定位置。

需要交单张纸的，一定要提前写好班级姓名，上交时不需现写。到了学校，就把所有作业全部拿出来放到桌子上，等课代表收取。

2.培训课代表

课代表收作业时，只需到教室前面，向同学举起作业本示意。课代表不得讲话，不做随意多解释。顺手就把一列同学的收起。对个别没有准备好的，暂且搁过去，不能等待也不作解释，更不能个别纠缠。若收完其他的该同学还未准备好就视为没完成。已交上的同学不能因交作业打断学习，继续原来的学习，该读读，该写写，尽量不被影响。课代表把收起的作业与未交学生的名单一起报给任课老师。

3.交作业时，人人不准交头接耳，互相交流闲话，不得解释，要做到快、静、好。

三、取得效果

1.一开始，只有部分同学做得较好，而很多同学还是拖沓，现找作业，说话嘻嘻。老师继续严加要求，坚持严抓，连着整治。几天之后，收作业的速度和质量大大提高，随意说话不见了，专心读书，渐渐养成了习惯。

2.全班同学都做到了完成各科作业放在一起,交作业时不交流、不闲话的好习惯。

3.课代表也学会了收作业时不解释、不等待,不随意开口讲话,共同维护了班级良好秩序。整个班级的作业收取不到一分钟全部搞定。

成效

班级先前收作业时的热闹场景不见了,一个井然有序的读书环境得到维护并一直延续到上课。每天大约10分钟才做完的事,一分钟就能做好,做事效率大大提高。

4.孩子写作业养成了放在一起,固定位置的好习惯,学生再也不需扒着书包现找,忙着现撕、现写名字,多年的陋习,终于被改掉了。

反思感悟

学会做事是教育的重要的内容之一。无论做什么事都需有个标准,这也如同学知识,又快又好是大家都向往的。其实学习的本身也和做事一样,怎么学得快,怎么做得好,学生心里都要有一个高标准,切忌做任何事情磨蹭拖沓,时刻要有一个高标准。

通过一分钟收交作业,实质上是在教学生学会高效做事,尽管是一件不起眼的小事,但对学生学习习惯的养成,对整个班风是至关重要的。

一切"育"在习惯中

常言道,好习惯是成功的一半。

近四十年的育人生涯,我常常反思一个问题,教育的责任是什么? 那就是"朝朝暮暮历练优秀品质,岁岁年年培养优秀习惯"。越优秀的人好习惯就越多。孩子从小养成了的好习惯,这就为优秀的人生奠定了坚实的基础。反之,好习惯没有养成,想成为优秀的人几乎不可能。播种行为收获习惯;播种习惯收获性格;播种性格收获命运。

哪些好习惯?

1.养成勤俭节约的习惯

生活中,从小养成勤俭的习惯,就会事事勤俭节约。我们常说"好钢用在刀刃上"。就是生活中不摆阔,不奢侈,不攀比,不浪费。勤俭是我们的传家宝,相反,即使家里钱再多,没有勤俭也容易花得分文不剩。

看看现实中的有些孩子,穿衣要名牌,吃饭靠口味,用过的本子,有的只写了几行字,有的只用了几张纸,就随手一弄,孩子们一点儿都不觉得可惜。而40年前的孩子们上学,书包里除了课本只有一支笔,读完了小学,读初中,读完了初中再读高中。如今哪一个孩子不是满满的一盒子笔,各式各样的,但孩子学习更好了吗? 没有,孩子们拿着一点都不珍惜,没有了再买,扔了也不觉得心疼,连点基本节约的意识都没有,我们深感节俭教育,势在必行。

2.养成讲卫生的习惯

《弟子规》所言,"衣贵洁,不贵华。上循分,下称家"。即穿衣贵在干净、整洁而不在乎多么华丽。一定要和自己的身份和家庭条件相匹配,但有多少孩子穿得明晃晃的,个人的卫生却极不讲究,脸常不洗,手乌黑,指甲缝里都是灰。衣服脏兮兮,脚丫长不洗,隔着鞋子让人窒息;牙不刷,床铺不拾,满嘴黄牙,开口臭气让人不得迫兮;书桌乱,地不拖,吃饭喊着还不动弹,吃完饭不收拾桌,真是一个小懒蛋。这些基本生活不自理、不作为,我们是在培养什么样的人?

教育之责任是培养孩子有担当。自己的事情自己做,从小培养有独立意识,培养孩子的自理生活能力。明智的家长是创造一切机会,让孩子自己去体验,一次不行再一次,而不是剥夺孩子锻炼的机会。家长越俎代庖,不给孩子吃苦的机会,孩子什么也不会。鸟妈妈为了让孩子独立生存,早早地教会了小鸟练习飞行、捉虫。狮子、豹子,早早地教幼崽捕猎的本领,到了成年,该独立的时候就会把他们逐出家门,让他们独自生活,这就是最大的爱。

众所周知,成绩是干出来的,本事是练出来的。吃得人间苦,方为人上人。从小吃苦不叫苦,那是一个人成长和成熟,是向幸福出发的必需。大凡后来有成就的人,哪一个不是烈火中淬炼成钢? 我们知道花盆里栽不出青松,温室里的幼苗只能弱不禁风。无论是学校还是家庭,一定要清醒的认识到爱就是放手,爱就是让孩子去磨炼。就是千方百计寻找并提供他们更多的磨炼机会,让他们在磨炼中成长成熟。不要怕他们做不好,也不要怕他们出错、失败,因为他们的经历是最深刻的体验是最好的教育。只有敢放手,相信他们,才能助力他们成长。我们深知长江后浪推前浪。青出于蓝胜于蓝。本该属于他们的应该早早地给他们,路在他们的脚下,希望在他们的手里。对他们最真切的爱,就是多创造吃苦的机会,让他们成熟成长,尽快优秀卓越。

3.培养孩子雷厉风行、做事又快又好的习惯

当前,很多孩子做事拖沓、磨蹭、浮华,这表现为主人翁的意识不强,没有责任心。凡事都是家长催着、逼着,不主动担当,不作为,能拖就拖,能躲就躲,多一事不如少一事,拈轻怕重。而我们这个时代恰恰是竞争炽热的时代,需要高屋建瓴,果断抉择,运筹帷幄,雷厉风行,担当作为,求实创新的品格。

由此,从平日我们应该培养孩子的时间观念,无论做什么事要做快、准、好,培养他们的竞优意识,敢为人先,争创一流。

为此,我们班级实行"一分钟收作业"。前一天做完的作业全部放在一起,到了学校一下子把全部作业放到桌上,课代表收取时个人无需从书包里找,更无需现写名字,问这问那扰乱纪律。课代表直接从桌上拿走,根本不影响自己的读书。

班里打扫卫生,我们实行了"网格化管理",责任到人。规定的时间5分钟,标准是快、净、好。打扫完卫生还要把工具放回原处,摆放整齐,马上读书。

高效学习。但如何才能高效?我们要求背诵时要眼看到,做到看见、看清楚是什么。口读,做到最清晰、最大声、最快速,倍速读书。脑思,思考是什么?为什么这样而不那样?手要列一列,列出导纲,重点字提示,边画图,边标注,这样做五官并用,专心致志,当然高效。

4.培养孩子认真做事的习惯

认真就是能力,认真就是水平。认真是一种品质,认真就是责任担当。无论做什么事只要认真就会少出错,不出错,要竭尽全力,发挥出自己最佳水平。

在安全方面,我们要求学生走路时要认真,就是严守交通信号。做到红灯停,绿灯行,遇见黄灯,等一等。走着靠右行,认真观察路况,及时做出准确判断。安全第一,做到眼观六路,耳听八方,切勿疏忽大意,嘻嘻哈哈,危

险就在身边。

吃饭的时候要认真。放学回家，饭前先喝口热水，特别冬天从凉风里来，避免凉风侵体肚子疼。吃饭要细嚼慢咽，忌狼吞虎咽，囫囵吞枣。长期认真对待生活，身体健康，精力充沛。

学习要认真，答卷也要认真，农民种地要认真，工人生产零件更要认真。总之，生活就是要认真对待。

5.凡事讲究原则

我们常说大事讲原则，小事讲风格。原则是什么？就是凡事分清好坏，该做不该做，做了有什么影响？在日常教育中要反复强化让孩子牢记于心，生活践行，学以致用。

6.养成和雅说话的习惯

说话时要注意自己的语气，做到和颜悦色，悦耳动听，切忌浊劣、高腔。常言道："良言一句三冬暖，恶语伤人六月寒。"语言本身是一把两面剑，是与人沟通交流的工具。要不断学习、掌握交流的艺术，让人心悦，拉近人的心灵的距离，给人留下难忘的印象。

相反，动辄高腔让人感到不舒服，好事办坏，坏事办糟。在家庭人人也要和雅说话，家人会心情舒畅，直言心扉，家庭气氛和谐融洽。在一些大型场面和雅彰显了个人的信心和涵养、厚道与魄力、远见与卓识，会提高个人的形象。

7.养成爱运动的习惯

身体是革命的本钱，要想身体好，锻炼不可少。经常活动身体硬朗强健，精力充沛。锻炼如同吃饭睡觉重要，生命常在，锻炼不止，很多的疾病，专门爱恋慵懒的人，如肥胖、感冒、高血压、高血脂。不锻炼，我们就会感到无精打采，困乏无力，影响正常的工作学习。

坚持跑步、打球，打打太极、游泳使身体各项指标会恢复正常，摆脱疾苦。人一生若养成爱好运动，且做到天天坚持就会减缓衰老，身体健壮，受益终身。

8.至少培养一项兴趣

兴趣，顾名思义，就是高兴的乐趣，爱好唱歌的人自己心情舒畅，好多郁闷、不悦之事，一唱而散。爱好弹琴的人不时弹上一曲，多么高雅心畅。下棋会让人专心致志、聚精会神地思索,脑袋灵活,随机应变力强。爱好越多自己越快乐,总是有干不完的事,其乐无穷。另外,可以交到志同道合的朋友,自己会保持愉悦心境,忘掉忧伤和烦恼。

兴趣对于少年可以找到乐趣,自己愿意做,且乐此不疲,容易取得成绩,朋友多。对于中年人来讲,专注兴趣的领域,生活更风趣高雅,带给自己意想不到的收获和成就。对于老年人经常用脑,专心致志,减少孤独寂寞,增加与人交流的机会,心情乐观豁达。

总之,人的一生都在养成习惯的路上,一旦养成一种好的习惯,就多了很多快乐和成功的机会。从少年起培养起来自己的兴趣和爱好,是一件了不起的事。

课堂养成哪些好习惯

同学们,好习惯是成功的一半。要想听讲好,预习第一招。要想学得好,课堂最重要。学习效益高,习惯很重要。朝朝暮暮抓习惯养成,岁岁年年历练优秀品质 。

课前 学习用品准备全。(课本、练习本、笔等)

上课 坐姿、写姿要规范。

听讲 专心听讲不乱讲,积极思维参与忙。

讨论回答要踊跃,重点难点要记账。

交换检查要仔细,主动改正巩固忙。

下课 黑板问题快浏览,重点难点过一遍。

课下 上课疑难及时间,复习整理记心上。

英语学习的好方法、好习惯

目标＋毅力＋勤奋＋好方法＋好习惯＝成功

一、高效记词秘笈

记单词,依音标,音形分析第一招。

读着写,写着读,"3+1+1+1+1"最高效。

当天学,晚复习,造句运用最长效。

二、速记句子秘诀

记句子,用三"最",快速、清晰、大声背。

遇难句,先分析,英汉(交加)倍速最实惠。

三、听力技巧

听前浏览　读题目,明要求。读原句,意明了。

听中做题　边听边记,信息找,错过时机快下跑。

平　日　经常听,练技巧。听后审查不可少。

四、攻克词的用法妙招

学单词,重用法,特殊用法笔记上。

加 to do,加原形,ing 要记清。

记单词,当重点,勤巩固,定过关。

考试前,再重现,扎实所学多思辨。

五、时态突破

信心:各种时态并不难,

窍门:句中时间是关键。

做法:根据时间定时态,各种结构记心怀。

　　　　一般现在经常性,一般将来未发生。

　　　　唯独现在进行时,动作还在进行中。

　　　　联系现实多运用,对比记忆更易懂。

六、英语课堂高效学习法宝

课前　预习所学是关键。

做法　如何做? 读三遍。

　　　　勾重点,标疑难,多用 What,Why,How 来思辨。

课堂　仔细听讲不乱讲,跟师思维读写忙。

　　　　讨论回答要踊跃,重点疑难快记账。

　　　　交换检查要仔细,对错分明标注上。

　　　　交换指明错原因,主动读写巩固忙。

下课　黑板问题快浏览,重点难点过一遍。

课下 上课疑难及时间,复习整理记心上。

温故知新 结合习题多操练,规律、经验善沉淀。

七、成才的基本条件

1.健康的身体

2.正常的智力

3.强烈的目标(将来干什么)

4.志在必得(不达目的不罢休的精神)

5.超人的毅力

6.科学的策略

7.勤奋 、天分、缘分

第七部分 学法指导

学好英语必读

孩子学英语之前首先解决三个问题

编者按：同学们，英语之前首先解决三个问题即为什么要学英语？学英语学什么？怎样学好英语？

这三个问题看来平淡，但极为重要。只有弄明白为什么学，才能以正确的态度，树立远大的学习目标，产生强大永恒的学习内驱力。学英语学什么？即明确学习内容。怎样学好英语？既掌握科学高效的学习方法，才能少走弯路，事半功倍。

剑桥大学留影

一、为何学英语

1.形势发展的需要

众所周知：我国成功举办 2008 年奥运会，成功加入 WTO（世界贸易组织），举办世博会，提出"一带一路"倡议，举办"金砖国家峰会"，加入"上合组织"等；目前我国的经济总量世界第二，综合国力显著提升，政治影响力已成为世界政治舞台中心。如今国际贸易、旅游业、文化等跨国交往日益频繁，迅猛发展。大量的外国人进入中国旅游、消费、商贸洽谈等，英语是最通用的交际工具。我们的产品走出国门，大量的外国产品进入中国市场，产品合同的签订、使用介绍，无不用到英语，可以说英语已渗透到我们生活的方方面面，已成为生活的必需。假若不懂英语，就是文盲，懂英语就会大显身手。这就要求我们必须学好英语，这是时代的赋予我们的责任。

2.历史之鉴

从历史上看，中国唐朝曾是西方人向往的"天府之国"。当时，国泰民安,政通人和,经济发达,文艺复兴,令世人神往。但清朝时英国鸦片的输入,西方列强掀起瓜分中国的狂潮,中国备受凌辱、侵略和压榨,战争连绵不断。经济衰败,民不聊生,贫穷落后,国将不国。而这一时期,西方正经历了工业革命,是发展最快的时期。英、法、美等国经济的迅速发展,对英语的发展起了推波助澜的作用。

中国的改革开放,经济得到了空前的发展,综合国力迅速提升。但同世界发达国家相比,仍相对落后。很多去过荷兰、比利时、卢森堡、瑞典等欧洲国家后,他们说,我们被人家落下不止五十年,甚至更多。是啊,美国三十年代,轿车进入家庭。我曾参加过外语培训,有五位美籍教师。他们谈起他们的生活、工资待遇,我们感到很震惊。

2011 年,我作为教育部优秀出国留学教师,到英国布莱顿大学参加三个月英语培训。目睹了外面的世界的方方面面。

在人才方面,在美国,四人中就有一位正式的本科生,而我们国家,每一万人中,只有四人是正式本科院校毕业的。国与国的竞争,就是教育的竞争,实质就是人才的竞争。

目前,美国仍然是世界经济巨大。世界"科技中心"在美国。(何为"科技中心"?一个国家的科学技术占整个世界的三分之一,这个国家就是世界的科技中心。)全世界现有五百多人获诺贝尔奖,而我国——一个占世界四分之一人口的国家,获奖人数较少。

有的同学可能说,这与我们学英语有何关系?

这当然有很大关系。历史学家魏源主张"师夷长技以制夷"。即利用外国人的长处,来治理外国人的短处。以上的落后,关键是语言不通。掌握着先进的技术都是世界上发达的国家,他们大都讲英语,我们讲汉语,对英语不精通所致。

3.从个人发展前途,我们必须掌握英语

从二十世纪七十年代,英语正式列为我国第二语言。如今国家非常重视英语的学习,从幼儿园、小学开设,已从娃娃起学英语。

学好英语是升学的需要。初中升高中,高中生大学,考研、考博全部考英语,而且是最重要的学科,独门独科占分最多。

有些名牌大学招生,考生英语必须达到规定的线,才可录取。考研最重要的是英语过关。如今的招聘、就业、各种晋级、职务升迁都要考英语。

英语已成为我们生活的必需。因此,必须学而且要学好。现在,我国经济的迅速发展,急需大量的外语人才。只要学好英语,大有用武之地,前途就一片光明。

二、学英语学什么

明确了学英语的重要性,那么,学什么就显得非常重要了。

学英语学什么呢?

从英语这门语言的构成包括单词、语法、句子、习惯用语。

单词包括读音、词形、词义、词形、用法。达到什么要求?基本的要求记住词形,知道词义,会读发音,了解词性,懂得用法。

语法,记住词的基本用法,会用时态。

习惯用语,了解语言习惯,记住惯用语,遵循语言的内在规律。

三、怎样学好英语

学法锦囊

最基本的也是最好的办法就是读写结合,英汉交加,提高听说,加强阅读,学以致用。英语是一门有声语言,我们的学习必须遵循语言的内部规律,必须经大量的语言操练形成。

从大量的科学实验证明,我们学习同样的内容,只读不写,只能记住25%。只写不读,只能记住65%。读、写结合,则记住90%,效果自然好得多。因此,读就要读出声,且做到读什么就要写什么。

如何记忆单词又快又好?

1.读就写,写就读,且读就读出声,读什么,就写什么。

2.做到"3+1+1+1+1"即读三遍音标,拼读一遍组成,写一遍词形,说一遍汉意,造一个短语或句子。

如何背诵句子?

记忆句子

1.做到"三最",即最大声,最快速,最清晰。

2.英汉交加,读写结合,倍速突破。

如何学习语法?

学习语法

1.理解在先,即首先明确是什么。以各种时态学习为例,做到理解时态含义,记住常用的时间状语、时态结构、各种句式的变化。

2.跟踪练习,加以强化。

3.多结合现实思考,活学活用,直至熟练。

4.多循环巩固,以免遗忘。

实话实说

同学们!学英语,是力气活。要聪明的、不务实的孩子是绝对学不好的。学英语最重要的是"勤",即眼勤、手勤、口勤;勤复习、勤练习。

如今,学英语是打基础、培养兴趣的最佳时机,也是学好英语的绝好机会。让学英语成为自己的兴趣而不是发愁;让英语成为自己成功人生的绿色通行证而不是前进道路的桎梏,为了自己的美好前程,努力拼搏吧!

真情告白

随着形势的发展,英语科已成为初中最重要,家长最关注,学生最难的学科之一。教材内容多,难度大。同学们普遍学英语科的学习好习惯未建立。基础薄弱,方法欠佳,干劲不大,信心不足,好多同学有为难发愁情绪。好多学生学英语读不写,写不读;读不出声,"哑巴"英语;看一看,写一写,不往脑子记。听写时各种错误层出不穷,令人堪忧。

指点迷津

好多同学问,为什么学英语要读写结合?只读不写或只写不读有何危害?

只读不写就如同很多不识字的人,会口头表达,但不会写,这是"文盲"英语。只写不读呢?就是"哑巴"英语。

为何记单词要做到"3+1+1+1+1"?

"3+1+1+1+1"即读三遍音标,拼读一遍组成,写一遍词形,说一遍汉意,造一个短语或句子。这是我近40年英语教学经验的总结。

这样记单词有读音、有拼写、有汉义、有用法,是系统记忆,而不是孤零的只读写词形。它强调读、写、说、用相结合,使记忆专心,避免分心。它是眼、耳、口、手多重器官并用,记忆效果自然好得多。

"3+1+1+1+1"已被证实了的一种记单词高效的成功之路,是我们突破单词的法宝。它适合中国学生特点的,早已被我校广大师生普遍接纳和喜欢。该法曾荣获潍坊重大教育教学问题金点子二等奖。

有好多同学说,自己老忘单词,怎么办?

说实话,这很自然。单词人人都会忘。

第一,自己要有信心,即我一定能记住。

第二,记忆办法要科学。若死记硬背,只会耗时多,收效低,是行不通的。英语是拼音文字,根据音标记忆,这是绝对的规律,也是记词的最佳途径,你不妨试试"3+1+1+1+1"法灵不灵。

第三,记忆单词,要趁热打铁,加强循环记忆。根据艾宾浩斯遗忘曲线规律,当天学的知识,48小时以内遗忘最快,以后渐慢。因此,最有效的复习就是抓住遗忘的最佳区间,进行循环,效果最好。

怎样循环效果最好?

我们常用的是"54321"法。即刚学的单词第一天写5遍,第二天写4遍,以此类推第5天只写一遍,这样共计15遍,就能达到长久记忆。

大家知道,英美国家的人记忆单词多少遍,才能记住吗?28遍。这是一本科学杂志上统计的。所以,记单词一定要有耐心,要不厌其烦才能成功。

实践证明,我们用的"54321"法巩固单词,尽管少于28遍,但效果好得多。

英语书写怎样才能美观大方?

这个很关键,要形成一笔漂亮的书写,首先要养成良好的书写习惯。只有先把单个字母练规范,才能写单词规范,然后才能把句子写规范。开始,要先用铅笔,再用钢笔。因铅笔有滑腻感,写错了可以擦去重写,而钢笔则落笔生花,一次成功,难度大。

开学的一个周左右,就可把字母练好。一个月就可把单词写好。两个月就可把句子写好。以后,只要坚持下来,无论平日的练习、写作业,还是考试都认真规范地书写,就会形成一笔漂亮的书写了。

怎样记英语笔记?

俗话说,"好记性不如烂笔头",英语笔记至关重要。通过笔记可加深记忆。同时,它是复习的依据。上课时,对老师讲课的重点、难点、易错点,要及时记下来。书本是最好的笔记本,笔记方便,复习方便且不易丢失。

新学单词,可直接记到生词表词汇旁。

学对话、课文,先把短语勾下,需要补充的内容,记在对话、课文的空白处。

言之有物是学生开口的关键

一、问题的提出

汽车是开出来的,游泳是游出来的,钢琴是弹出来的,英语是说出来的。这是李阳老师学好英语的经验之谈, 也道出了他的亲身体会和肺腑之言,更是学好语言的自然法则和必由之路。

英语作为一门有声的语言,必须以大量的语言交际为基础,通过大量的语言操练而形成,然而我们现实的英语教学中,学生的开口机会实在太少。即便开口说出来的英语,也是听来生硬,苍白无力,缺乏自然,真实之感。言不达意,不能让人身临临境。

究其原因,重要的原因是课堂情景创设缺乏。学生言中无物,言不及物,主要原因课堂上学生觉得无物可言。因而绝大多数学生生拉硬扯,不知所言,使口头交际成为空中楼阁,成为无源之水、无本之木,纯粹鹦鹉学舌,机械重复。学生的思维难以产生共鸣因而词不达意,语法有误,学生态度冷淡,缺乏应有的热情,严重影响了学生学习英语的积极性,背离学习英语的正确的轨道,而走入歧途,当然学生学习兴趣不高,学习只是应付考试。

二、采取措施

针对以上的现状,我们采取以下措施收到明显的效果。

1.每日一话题,力争做到言之有物

就初一教材, 我们确定不同的内容作为每日谈论的主要内容, 如:学 Unit 3 "What's this in English ?"便准备了实物 ball, clock, cake, milk, pen , pencil 等等,且让学生自己准备并将所学的单词贴到对应的实物上。这样学生感到真切自然,有物可言。因此上课时个个兴趣浓厚、热情高涨、积极投入,学以致用,言能达意。发言时个个争先恐后,气氛活跃,教师在随后的一段时间要学生做到及时地循环复习,因而绝大多数学生都能用所学表达自己的思想。既巩固了所学知识,又培养了运用和口头表达能力,激发了学习英语的热情。

2.擅用画图的办法,直观形象,学生兴趣高

当学到一些用实物难以表达的词汇,我们就用画图的办法。课堂上,往往师生一起边画边学,边画边说,或看图问答等形式,同样调动了学生的参与积极性。如:Unit 4 Where's my backpack ?便将课文和对话分别以画图边说英语的方式,学生感到形象直观容易记。这大大调动了学生学习英语的积极性,同时教给了他们一种好的学习方法。学生既学会了知识又开拓了思维,激发了学习兴趣,提高了记忆效果。同样,学习 Unit 5 Do you have a ball ? Unit 6 Do you like banana ? Unit 7 How much are these? …等都以不同的方法,或出示实物或画图示意,均收到良好的效果。

3.善于对新教材整合使用

新目标英语的最大特点之一,教材内容的编排,给使用者留下一个无限广阔的思维空间。这并不像以前的教材,教师唯课本而教,学生唯课本而学,将使用者的思维牢牢局限在课本上,而是给教者和学者更大的主动性和主体性。因而,教师使用该教材,更需灵活地根据学生的实际和课堂语境,根据语言发展的需要来确定授课的内容。

(1)根据语境需要和内容联贯的需要

如:Unit Ⅰ 中,Language Goal:Introduce yourself.主要学习:Hello ! Hi!Good morning .I'm…,What's your name?　My name is….我们在课堂上,将此对话在学生中间展开,换上自己的名字,打乱了原来的对话顺序,添加了"How do you do ?"和"Nice to meet you"等。

(2)充分利用书本提供的图片,灵活变式训练

Unit 3 Language goal:Indentify things:Thank people 中 Mainly conversation 9:

1.What's this in English? It's an/a ……通过书本提供的实物回答,看图对话,实物替换、英汉互译,猜测游戏。学生达到明其意,知其用法,且先口头,后笔头;先对话,后背诵等多种形式互动,达到活学活用,实现了做中学,学中用,练中巩固。同时,使学过的内容跟新学内容结合,使知识更加系统。

（3）灵活用好身边资源，学以致用，拓展创新

Unit 3 Language goal:Indentify colors: 主要学习表达颜色的词汇 red, orange,yellow,green,blue,black,white.课本出现的只有 W.X.Y.Z 四种不同颜色的字母。如果唯本，那就内容单一枯燥。而我们用句型 What's this? It's …. What color is it ?It's ….充分利用学生的学习用具，教室现有物品，以及自己穿的衣服的颜色，进行实际问答，合作会话表演，学生感到合情合理，寓情于景。既巩固以前所学，又拓展学生的创新思维。

得出结论

经过以上的做法，学生感到真切自然，身临其境，使英语更加生活化、自然化，大大激发了学生学英语的积极性，树立了学好英语的自信心。由此，我们深刻体会到：学生学英语，开口并不难，关键是积极创设情景，让他们言之有物。

"开口为贵"回本位，"变式朗读"放异彩

正月十四，新年的余味未尽，我们学校组织全体英语老师进行一次专业的集体充电，潍坊教研院英语教研员王晓春老师讲了潍坊教科院正在推行的英语教学法实验——"变式朗读"。

在会上，王老师的讲解直观易懂，契合我们当前的英语课堂教学实际和中考动向，这是中考英语改为 150 分，口语独占 40 分的背景下召开的。很多的老师质疑如何提高孩子的听力水平，提高其口头表达能力，王老师的英语"变式朗读"让英语的学习回归到语言本位的重要措施之一，也是破解传统课堂教学，孩子不开口，不敢开口，学生学了几年英语依然是"哑巴"，只有分数没有开口能力的良方。

自己身为一名一线 30 多年英语教学的老教师感到由衷的高兴，"变式朗读"让英语学习终于步入正道。

众所周知，语言是交际的工具，最终的目的是用来表达、交流思想情感需求的。多年来，重笔头，轻听说，只注重分数的"哑巴式"英语，终于有了真正的转机。

何为"变式朗读"?

顾名思义就是变着法子让孩子开口读。

学了单词要先整体朗读,再分音节读,尤其一些长单词要连续读,做到最大声、最快速、最清晰。朗读时最好要说出词形、词义、词性,口头造句,说出一个或几个相关的句子;要一口气连续读几遍、几十遍甚至几百遍。

学了句子可整句朗读。注意句群、重音、连读和节奏,也可以部分连读还可以集体统读,最好做到大声读,要一浪高过一浪,比比谁读得更流利、地道。

学了课文也可以先从单句连读,倍速突破,直至脱口而出,再把句子连结成文,最终达到熟背全篇。

为了贯彻会议精神,我们全体英语老师立刻行动,在课堂上抓紧落实。为进一步激发学生"变式朗读"的积极性,我们尝试了以下几种方式。

1.学生变式朗读时,边读边扳着手头,看看自己在规定的时间完成了多少遍,这样降低了空喊的枯燥乏味。

2.同桌跟同桌比赛。每一个句子看谁说得遍数多,比比谁的声音大,口齿清楚,说得流利。

3.老师挑选一个读得最好的,让大家对其挑战,以激发朗读的热情和积极性。

4.让大家轮流上台展示当堂的成果。选出全班的"挑战王",赋予最佳挑战选手的称号。

5.小组间经常进行挑战,评比出朗读最佳小组。

以上激励措施,极大丰富了变式朗读的内涵,变式的背诵、变式竞争随即出现,更加活跃了课堂,提高了学生朗读的积极性,激发了内部的活力。这种变式朗读不仅自己和自己比(比熟练、比读的次数),还可以和同学比,充分发挥了个人参与的积极性,省时高效,参与面广。

量变达到一定的程度,自然产生质变。孩子说得多了,读得熟了,背的也就熟了,开口的能力自然得到了提升。大量的朗读的训练,让孩子听说空前的提高,学生学好英语的自信大大增加,为新形势下的英语学习和中考,奠定了必胜的基础。

"变式朗读"的最大好处,不管孩子原来的基础如何,均可以在点读笔或者老师的领读下大量地重复,让基础薄弱的同学重新燃起希望之火,如同不识字的人也可以说话,但说得多了,自己的语音、语调、语流就会更加地道,记得多了自然理解就会更快,应答就会更得心应手,同时,应对中考听说恰逢其时。

"变式朗读"是从实践中走来,从口头开始。常言道:"汽车是开出来的;钢琴是弹出来的;游泳是游出来的;英语是说出来的。""变式朗读"如同星星之火,在当今的课堂中展示出强大的活力,促使英语教学回归到语言的本位并在听说考试中大放异彩。

高效学习法指导

大声朗读有哪些好处

大声朗读真的好处多多,比如:

1.早读效率高

同学们一夜好睡,早晨头脑清静,思路清晰,记忆效率高,大声读书有利于理解和记忆扎实。

2.心情舒畅,有利健康

大声读书能把身体里淤积的浊气、压抑发泄出来,呼吸通畅,血液含氧量高,有利于生理、心理健康。

3.五官并用,事半功倍

大声读书,眼、耳、手、口、脑多种器官综合参与,专心记得快,有利于良好学习习惯的养成和智力的开发。

4.协调运动,强健自我

早上大声读书,调动了口腔、鼻腔、喉咙、肺部、胸腔等部位的协调运动,有利于身体健康。

5.厚积薄发,博学多知

长久坚持,形成习惯,量的积累,质的飞跃,知识储备会渐渐丰厚。

6.悦享自我,乐观自信

大声读书,倾听自己的声音,能给自己带来自信,获得充实和满足感。

7.培养语感,加深理解

大声读书有利于培养语感,形成对语言敏锐的感悟力。朗诵时声情并茂、声音响亮、抑扬顿挫,恰当地掌握语速的缓急和语气的轻重,将朗读者自身的情感融入文章中去,大大提高了语感素质。

8.加深感悟,激发想象

大声读书可以加深对文章的理解。学生在学习语言时,声音对大脑皮层建立听觉表象的作用尤为重要,可以帮助学生记忆和理解语言。书读百遍,其义自见。只有经过反复朗读,方能读出其中的韵味,领悟深层含义。有感情地朗读,使声音进入大脑后产生很强的形象感和画面感,可以激发学生的想象力。

9.提高审美,陶冶情操

大声读书可以对自己进行美的熏陶。学生对诗词文章大声朗诵,从中品味诗词文章的语言美,领略诗词文章的节奏美,欣赏诗词文章的韵律美,感受诗词文章的情感美,体会诗词文章的意境美。从而领略中国语言文字和语言艺术的魅力所在。

10.培养专注力,创新思维

大声读书可以避免困倦和开小差。默读会使人渐生倦意,变得昏昏欲睡,而大声读书则在某种程度上可以克服倦怠,振作精神。默读也极易让人游离于读书的内容之外,心游万仞,把小差开到十万八千里,而大声读书就可以会聚心思,专心于读书内容。

11.开发右脑,强大记忆

大声朗读有利于开发右脑,因为大声读实质是朗读者在自我欣赏自己的声音,久而久之,有利于学生形象思维能力的自我培养。大声朗读能改变学生的性格。性格随和,阳光向上,有良好的人际关系。

12.培养性格,完美自我

全体学生都能坚持大声读课文及其他文章、书籍,很容易使学生爱讲话,性格也就随之而变得活泼。大声朗读需要集中精力,大脑处于"排空"状态,有利于记忆材料。大声朗读文章是语感形成的必走之路,可以这么说,没有真正的大声读文章,就不会有什么真正的语感。大声读文章有利于"诗性美"的再现。每篇文章、书籍都有着"诗"的美,都有着作者美的灵感,而大声读,可以将这种美还原。大声读也有利于其他学科的学习,需要广泛深入思考记忆的学科。如果运用了大声读,学习效率一定高。

同学们,口懒失全部。抛弃懒惰,激情四射,让我们一起最大声、最快速、最清晰朗读,读出一个崭新的自我,读出自己美好的前程!

高效学习法

读书时,为何要大声而非小声、默不出声

同学们,你喜欢大声朗读吗?你还在埋怨自己的记忆差,背得慢,背不过吗?你想尽快提高自己的背科成绩吗?那就要大声朗读。

大声朗读的实质是朗读者自己发出的声音变成声波,刺激自己的大脑皮层,通过听觉和记忆神经中枢到达深层大脑皮层而被储存起来。

大声朗读的特点是自己发出足够强的声波自己接收。声波越强,刺激就越深刻,也就越容易被大脑接受和储存,同时产生的抗干扰能力就越强,所以自己读书时注意力会更集中,不易分神,记忆会更扎实,且记忆长久而不遗忘。特别少年儿童,机械记忆力非常强,大声反复地朗读、背诵是最重要的记忆方法。

相比大声朗读,小声朗读由于自己发出的声波太微弱,刺激自己的听觉中枢强度不够,不易被大脑接受和储存,还易受到别的声波的干扰,所以易分神,记忆困难。有时好不容易记住,也会很快遗忘,降低自信心。

还有的同学喜欢默读。读书时,不出声只会静静地看书。那发出的声波几乎为零,大脑几乎接收不到声波的刺激,记忆效果肯定最差。这种类型的同学往往过于内向,不善表达,愁学厌背,背科成绩普遍落后。

常言道"天道酬勤"。相信有付出必有收获。成功永远属于那些披荆斩棘,辛勤付出的人。"读书百遍,其义自见"。让我们积极行动起来不负韶华,珍惜寸金光阴大声朗读,加强声音刺激,储存强大的声波,征服所有的背科,定会给你意外的惊喜,助力学业成功。

如何突破学生的听力

摘要:英语听力一直成为学生的弱项,学生听力考试时被动,只听不记;平日学生缺乏科学有素的训练及指导,测试不知所措;学生只听部分就忙着做题,不会全面把握关键信息;听后对自己所填答案缺乏审查;发下卷子后的宝贵时间不浏览,导致听时被动,跟不上。

克服办法:坚持每天训练,让学生有更多听的机会;充分利用好课本录音带,将课本的录音材料设计为各种形式的听力练习,让学生日常进行训练,题型跟中考听力题型接轨;教给学生听的正确方法。

关键词:心理紧张、不知所措;学会浏览、边听边记、速记、审查、增加信息储备。

一、问题的提出

目前初三学生已进入全面的总复习阶段。由于离中考还有十周左右,要复习整个初中所学的全部知识,可谓时间紧,任务重。

现实教学中绝大多数教师,把主要的精力用在复习课本,尤其让学生忙着写短语、词汇、弄语法、大量做题等。对听力的复习有所偏颇,训练太少,导致听力已成为学生的弱项。当前学生无专门的听力材料,平日除课堂训练基本不听,那么怎样提高学生的听力水平,已成为广大师生棘手的问题。

原因探析

1.学生的情绪紧张,缺乏听的技巧。

听力是考查学生听后捕捉信息的能力。由于录音播放的次数和时间有限,做题又是随录音进行,中间留给学生思考的时间短暂,好多的学生由于考试心理紧张,使本该听懂的,结果听不懂。

2.平日学生缺乏科学有素的训练及指导,考试不知所措。

考场上见好多的学生考听力时根本不浏览原题,导致不明确题目的要求,对题的内容一无所知,使听和做题脱节,缺乏把握和提取信息的能力,乱写一气。

3.学生听力考试时很被动,只听不记。

绝大多数的学生在听的过程中,只听不记,特别是一些关键词、数据、人名、地名等有用的信息没有随手记下,等到听力结束,对信息难以准确把握。

4.学生只听部分就忙着做题,不能全面把握信息。

很多学生考听力时,不是将录音完整地听完,而是边听边做。这样导致信息不完整,判断不准确。

5.听后对自己所填答案缺乏审查。

很多学生答完听力题,从不检查。对一些没听清楚就答上的,不会根据平日所学的知识去思辨和检查,失分严重。

6.学生只听部分就忙着做题,不能把握关键信息。

监考时,常发现学生拿到试卷到正式开考,不是赶紧浏览试题,而是忙着填写密封线以内的内容,或忙着做听力以外的题目。后面的听力越来越难,学生对试题的内容浏览不够,甚至一无所知,大多数跟不上,听不懂录音,又不熟考题的内容,所以失分较多。

三、具体做法

根据以上学生在听力考试中表现出的不足,我们的做法是:

1.坚持每天训练,让学生有更多听的机会。

即每天一上课,先进行 10 分钟左右的听录音训练,让学生熟悉听力,养成习惯。从而缓解、降低听力考试时的情绪紧张,做到以平常的心态对待听力,使自己的水平得到稳定发挥。

2.充分利用好课本录音带,将课本的录音材料设计为各种形式的听力练习,让学生日常进行训练,题型跟中考听力题型接轨。如:

Ⅰ.听对话,选答语或选择相同或相近的选项。

Ⅱ.听对话,判断正误。

Ⅲ.听对话,选择最佳的选项。

Ⅳ.听短文,回答下列问题。

Ⅴ.听短文,填上所缺的信息。

这样做的好处是:充分利用了课本的录音,既复习了所学的内容又培养了听的习惯;既熟悉了听力题型,又提高了听的能力和技巧。因课本录音纯正、准确,学生听后再经过跟读训练,对自己的语音、语调、语流、失机暴破、连读等提高都大有好处。

经过长期的变式训练,激发了学生的动脑思维,学生比较感兴趣。在复习阶段,让学生先以听力的方式进行信息输入、声音的感知,还有助于尽快回忆自己当时所学,符合学习语言的内在规律。

四、注意事项

为使学生的听力尽快提高,进行听力训练还应注意以下几点。

1.听力训练时必须由易到难,以提高学生听力的自信心,激发他们的兴趣,切不可难度过大,以免因听不懂而失去自信。

2.教给学生听的正确方法。即拿到试卷,习惯性地立刻对听力部分快速浏览。做到浏览题目,明确要求;浏览原题内容,把握题的大意,为更快获取有关本题的信息,做出准确的判断做准备。

3.学会记录有用的信息。听力的过程是一个积极动脑思考、分析、归纳、推断的过程。对一些重要的信息要边听边记,如人物、个性、年龄、地点、数字等,以便录音放完作为做题的重要依据。

4.学会速记。遇到听对话、短文后填上相应的信息,若边听边填,时间不够,甚至会影响到后面答题。可用铅笔略记,或只记下所填单词的首字母或对自己的一些提示词,随后完成即可。

5.学会审查。听力测试,听后审查是个必不可少的又是极为重要的环节。遇到所填的与平日自己所学不符,或与语法相悖,那就要坚决改正,以防不必要的失误。

6.平日听力训练时,校对答案或个别讲解最好要边听录音进行,只要学生明白自己听错原因即可,不必做大量的逐句翻译或解释。

7.对听力材料,要求学生能对话的对话,能背的最好背熟,以加大学生信息的储备,提高学生口语水平。这对听力综合能力的提高,特别是提高听力的敏感度大有好处。

如何攻克单词关

——"3+1+1+1+1"记忆法

一、问题的提出

单词是构成英语的最基本材料,学好单词是学好英语的前提和基础。现实中大量的学生单词记忆困难,是造成英语学习困难的主要因素。

调查研究发现,学生的记法不科学,记忆流程不完整,学不致用所致。经过多年的教学实践,探索出快速高效的科学记忆法"3+1+1+1+1"读写结合法,帮助他们攻克单词关,树立自信心,为学好英语打下坚实的基础。

凡初学英语的人大都有共同的感受——单词难记;凡学英语不好的都因单词记不住,这似乎已成为固定的说法。中国的学生单词为何这么难记?而自己教学已有 37 年,所教的学生算来已有数千人,但无论是好的还是中等的、差的,也无论是学业已成的,还是正在求学的,很少听到学生说英语单词难记。相反,都反映英语单词很有趣,很好记。为什么会出现这么大的反差呢?

我怀着一种不解和好奇,调查了很多学生的学习记忆单词的方式和教师的词汇教学,发现了大量的问题,似乎找到了症结所在。为了让更多的学生尽快突破单词关,自己感到有责任尽快破解这个谜底。

二、解决方式、方法

目前学生记词的主要方式调查。

1.一遍一遍的泛写。如 desk,一连 desk, desk,desk,desk ,desk …写数遍,费了好大的劲,倘若问他 / 她 d-e-s-k 怎么读,是什么意思?何种词性?怎么用?学生却一概不知。

2.只读。如:banana b-a-n-a-n-a b-a-n-a-n-a banana 香蕉,这里虽然有了读音、词形和汉意但缺少词性和用法,学生对词的用法不了解,使记忆只停留在表面而不深刻,记忆的只是一个个孤零零的词汇,好不容易才记住却很快又被忘记,导致学生的学习自信心受挫。有时学生将 first 记为 frist或者 grade 记为 gread,tired 写成 tierd,think 和 thank 不分等等, 都是"机械背"单词造成的。

调查发现,大凡说英语单词难记的学生,记法不科学,记忆流程不完整。

1.机械背单词。

2.读音不准确,或根本不会读。

3.记忆时只读不写或只写不读,从不写音标,更不会根据音标记词。

4.纯粹记单词,不记用法。相当一部分学生写单词不写音标,这也是一种严重缺陷。

三、原因分析

我们知道音标是单词的读音,音标和单词之间存在着一一对应关系(除了少数的字母组合和特殊的发音外),根据音标记忆单词这是绝对的规律。一开始或许学生对音标陌生;也或许写单词再写音标有点麻烦;也或许是教师指导或要求的疏漏,但现在各年级的学生做法几乎相同,只写单词从不写音标,绝大多数学生死背单词。这样学生忽视了音与形之间的联系,记单词也就失去了最基本的依据和最得力的帮手,走入了枯燥的孤立的畸形的记忆。这种记忆是乏味的、艰辛的、事倍功半的,是走不通的。当学生大量的付出而不见收获时,本身不仅不能产生成功的体验反而对学好英语的自信也是一种挑战。

以上就是中国学生普遍流行的记忆单词的办法,费时多,收效低。更重要的是由于这种方法的不科学,记忆流程的不完整。教师对单词的教学普遍存在的过于单一,许多的教师讲授单词就是领着学生读读音,至于单词的用法只字不言,造成了学生记词就是纯粹背单词。

长期形成了学生记忆单词低效的思维定式,把学生推向了死记硬背的边沿,这是极为危险的。以上方法在起始阶段,学的内容少且相对简单,学生靠机械死记还可以抵挡一阵。但随年级的升高,随着学习内容的增多,难度的加大,学生就感到难以适应。另外,学生一旦单词记不住,必然造成英语学习的夹生饭,最后导致学习失败。

四、科学高效之路

要彻底改变学生学习费时多,收效低的现状,更为尽快拯救那些在记词痛苦中挣扎的学子们,实现课堂生词学习的快速高效、寓学于乐、让学生产生一种成功的体验,帮助学生树立学好英语的自信。经过多年的教改探索并反复实践得出:快速高效的科学记忆法"3+1+1+1+1"读写结合法。

学生学习生词时自己不会读,只得跟着老师鹦鹉学舌。学生不动脑,正误不分。教师的发音直接影响着学生,难怪我们的学生都在背单词,也难怪学生记词是如此辛苦,就这百分之百的规律都被忽略,这难道不是走了一条畸形的弯路? 音标等同于数学的小九九(这是学好数学的根基),也等同于汉语的拼音(这是学好汉字的基础)。英语实际上是拼音文字,音标是单词的名称和密码,学好音标等于掌握了记单词的简易工具,这才是突破单词的基础和关键。教师可根据音节领读音标,推断对应的字母组成,让学生重复记忆,然后进行组词造句练习,以加深学生对单词用法的理解,学生跟随教师重复所造的句子和词组。接着学生进行自我推断一遍,然后读写巩固,所用的方法是"3+1+1+1+1+1"即连读三遍读音,拼读一遍词形,接着手写一遍,说出其词性,说一遍汉意,说一个包含该词句子或短语。这些句子和短语是以课本出现的句子和短语为主,这样做的好处是让学生会写单词的同时,熟悉了该词在文中的用法,使学生既学了单词又预习了课文和句子。

如何快速记汉意?

我们采用以下方法。

①能用实物示意的一定用实物,他们直观形象,如:水果类、学习用品、家电、衣服、食品等。

②联想记忆。一些无法用实事物示意的像动物、肉类可用自己的生活经验进行联想,使学生见到事物时能迅速地表达,不感到陌生。

③动作联想,特别适应于动词的记忆。

④组词、造句运用。对一些以上三种无法表达的进行组词、造句运用。以上方法,都是学生动脑参与,所以记忆时不会感到枯燥乏味。

加强学生的组词造句训练,鼓励学生进行适时的阅读和写作,课堂经常让学生进行口头造句训练,课后的作业有阅读积累本和写作本,这样既加强对所学单词的理解和运用,又扩大学生的阅读面,提高阅读理解的水平和学以致用的能力。

五、取得的成果

1.这一记忆过程是科学的、完整的。科学的,首先是以语音为基础;完整的,是指记忆的过程有三遍读音,一遍拼写,手写一遍词形,说出词性,说一遍汉意,进行一次造句运用。

2.可操作性强。学生易学,只要坚持训练一段时间,教师、家长加以监督很快即可熟练,这样学生得到的是一种科学高效的方法,收获的是一种好的记忆习惯。

3.该法体现了开口领先,读写跟上,学以致用的原则。

4.该法培养了学生学会观察、分析对比记忆和模仿运用的能力,使学生养成动脑的好习惯,避免了枯燥乏味死记硬背。

5.该法有读有写有运用,使学生做到多种器官并用,有利于集中学生注意力,提高记忆效率。

6.该法读写结合且读三遍写一遍,时间上正好是读三遍的时间恰好等于写一遍的时间。读是写的声音储存,写恰好是读的词形验证,读写结合,省时高效。

实践证明:此法学生感兴趣,识词方法科学,五官并用,单词记得快、记得牢,提高学好英语的自信。该法已使数以千计的孩子受益,在此奉献给辛苦学子们,帮助其尽快攻克单词关,为英语学习打下坚实的基础。

值得注意的是:单词属拼写文字,要实现识词的省时高效,首先过好语音关。学生要反复训练,熟练掌握,达到见音能拼,根据音标按音节记词:记法科学,记忆流程完整,不能偷懒;不要只读不写,或只写不读。要读什么就写么,写什么就读什么,即:连读三遍读音,拼读一遍词形,接着手写一遍,说出其词性,说一遍汉意,说一个包含该词句子或短语。只有学生持之以恒,学以致用,才能养成良好的记忆和思维习惯,受益终身。

学会学习

如何学会课堂记笔记

课本是最好的笔记本。要做到随听随记,学会巧记,及时整理科学笔记。

笔记记什么?

记重点,老师反复强调和补充的。记疑问点,记下自己的疑问在课下及时问同学,问老师。记错点并表明错因。

记在哪里?

就在课本上,最好记在课本所讲处。

为何这样做?

因为这样便于后来复习课本就复习笔记,且容易找。只要课本在,笔记就在。也便于回想当时听、记和思维情形。随后,再整理、筛选归纳其中的重点和自己的方法技巧。

笔记小技巧有哪些?

学会熟练使用一些标记符号。课堂上,勾、画、图、标熟练使用。如( )表示常考细节;波浪线表示重点的句子;△代表重点;△△代表重中之重;※代表难点;x代表易错点;半对号代表还没掌握;√√代表已熟练掌握等,切忌大面积勾画,整片勾画。

对政、史、地等学科,还要把问题及时记下。若是讲义直接地记在讲义上;若是讲评试卷,可将自己的失分点剪下,写明错因。忌随手一记,随便一扔,课下乱放。以后还要持续复习,加以巩固,以防再犯同样的错误。

为何记笔记?

俗话说"好记性不如烂笔头"。人时间长了总会遗忘。记笔记就是留下了记忆的线索,也是日后复习的重要依据,是课本知识的拓展和高度的提升。

笔记的作用有多大?

笔记在日常学习中十分重要。大凡学习优秀或日后有成就的,都有记笔记、整理笔记的好习惯。

首先,记笔记是学习责任心强的重要标志。

纵观班里的优秀学生,其笔记必然也是一流的。学霸的笔记别具一格,记得规范认真、有条理、重点突出,各种笔记符号、不同的颜色的标记十分鲜明,让人一看笔记就知道不简单。

学习成绩一般甚至偏下,很多连笔记都没有。即使有笔记也非常潦草,混乱不堪,重难点不分。

由此,好的学习笔记是一个好学生的重要标志。凭一个学生的笔记情况,就知道学生会不会学习,学习状况如何。

在日常的教学实践中,不必亲自问其学习什么情况,只要看起课本便一目了然。因为好学生的课本纸柔软,是刻苦用功的结果。相反,课文崭新,和新的没有两样,连勾画的痕迹都没有。偶然写了点,潦潦草草。态度决定成败。这些孩子无需考试,就知其成绩好坏,因为日常的付出就结局已定。

由此,笔记能翔实地反映了一个孩子的学习态度和干劲,是真干还是浮华?是认真还是敷衍?是学习的还是玩的?会学还是不会学?都一目了然。

如何培养孩子良好的笔记习惯?

作为老师尤其是班主任,应该重视孩子的笔记。教给孩子笔记的方法,让孩子学会记,科学地、随时记下并及时整理复习。经常检查、督促孩子的笔记,帮助养成良好的记笔记习惯,这是提升学习效果关键一环。

家长对孩子最大的负责,
就是现在"逼"他一把

家长督促孩子,做好一日常规,行有标准,雷厉风行,天天坚持,始终如一。如何做? 坚持打卡,养成好习惯。

1. 闹钟一响,立马起床。

2. 十分钟内穿戴整齐。

3. 要坚持体育锻炼。

4. 每天一定要吃早餐。

5. 每天早晨坚持大声早读。

6. 走有走相,坐有坐相,站如松,坐如钟,驼背没气质。

7. 做事雷厉风行,自信豁达,快速高效。

8. 认真做眼保健操,保护好视力。

9. 每天睡前,坚持阅读 30 分钟。

家长要求孩子做到,自己首先做到,榜样力行,让孩子天天打卡,共同进步。

怎样做作业

先复习后作业,看一眼全写完。
字工整,心贵专,忌吃喝,抖身玩,
查手机,抄答案,潦潦草草糊弄完。
不复习,不预习,作业学习混一气。
做背科要先背熟,默写做上效果好。
数理不会很正常,根据条件画图标。
勤奋钻研多思考,找到思路快准好。

为何要书写规范

书写漂亮人人赞,机器扫描把美显。
阅卷老师心喜欢,欣赏工整又规范。
结构笔画写精到,学习成绩不一般。
从小把字写规范,成功人生锦花添。

如何高效学习

课前预习抓疑难,课上听讲抓关键。
课堂提问快思考,积极踊跃配合好。
老师强调勾划全,黑板补充记心间。
学习本是有技巧,重点难点特殊标。
当堂搞清很重要,读着写,写着读,
画图标注真高效。多思考啥奥妙?
跟上练习高分到。

及时调整,快速适应,科学方法,稳扎稳打

总述

月考刚结束,通过月考我们不仅看到孩子进入初中后学习上的进步,也看到存在很多不足,需要认真反思总结,及时调整,快速适应方能行稳致远。

一、从成绩上看,高低悬殊较大

学生由于学科骤然增多,也由于自己的喜好,投入的精力和刻苦度不同,所以成绩有高有低,但好学生尤其前茅的学生各科都好总分高,一旦某一科低了,整体的高度会大受影响。如何办?

二、采取措施

家长应引起足够重视,平衡发展。及时协助孩子采取强有力的措施,尽快扭转局面,防止越来越偏,越来越不想学。

1.语文

如语文差,可以理解为基础不牢,不善阅读、写作,包括生字词,文学常识,古诗文的理解,背诵默写,阅读理解,写作水平等,帮助孩子找出自己的弱项,全面调整方法,全面发力,采取阅读、写作加练字的方法。

(1)加大课文的阅读和背诵扩充知识储备。

(2)写就是每天阅读时,可以写一下批注,读完了写出段意,写一下自己的看法和收获。

(3)练字即每天持之以恒,用带作文格的纸,标准是不大不小,上面留天,下留地,四周留空白,规范工整,美观大方。

2.数学

如何做?

平日做题后要多归纳方法,用了什么方法做出的,总结小窍门。对于做错的题,应该抄下来再做一遍。不可轻易放过,对于易错的多做几遍,直至弄清错因,掌握其正确方法。过几天还要再拿出来再做,防止遗忘,最好写下错误的原因,加深印象。

3.英语

与小学有很大不同。初中强调"早开口,写在手,多口译,重书写"。因为初中的口语考试40分。如果平日不开口,只靠笔头绝对不行,要求平日开口多读,形成标准的语音语调,培养良好的语感,注重课堂积极踊跃发言,锻炼自己的快速应变、应答能力,做到有问必答,发音标准,节奏、速度、失机爆破复合语言本身要求。

（1）坚持早读很重要。要做到用声音唤醒沉睡记忆,加深印象。坚持养成早读的习惯减缓遗忘,强化学习效果。

（2）读写结合效果高好。读的记忆效果只占25%,写的记忆效果占65%,边读边写即可达到90%。同时课堂上老师写,自己也要写,老师读自己也要读。做到不分神,不浪费时间,这样课堂才高效。

（3）重视口译。有很多时候孩子们不理解,跟课吃力。是因为自己的转译速度太慢,使理解相对落后。

（4）重视书写。若起始年级书写规范,一旦形成草率的书写的习惯,以后难以改正。好的书写能够让阅卷老师赏心悦目,自己受益终身。

4.如何应对四门背科?

首先,是自信。即自己坚信能背过一定能背过,必须要背过。只有背过才能有成绩,再说初中的各门功课全是基础。为什么这样说?因为上高中若学习大理,必须学习物、化、生;学习大文必须学习政、史、地。上了大学,科学的前沿是量子物理、生命蛋白工程,这就必须学好生物、化学、物理。

其次,认识到位。对思政课,有的同学不明白,背过政治有什么作用?政治又名为道法,即我们生活必须明确和遵循的法则。政治即生活。它是与时俱进,是现代生活的道德规范和国家的方针政策,法律规范。不懂政治就没有方向感,会不知所措。而历史呢?历史是我们如何来的?怎样发展?懂得历史我们便会珍惜现在。借鉴历史会更好创造未来,它是一面镜子,照亮过去,点亮未来。

由此,每门功课都如此重要而必需,那么,我们一定要思想高度重视,不可小看、偏颇。每门功课都是通向生活的一条通道,要做到博学、笃实、通达,必须学好。

学贵有法。总的方法就是"画一画,标一标,练一练,思考为何? 做题训练高分到"。

（1）画一画,就是把文本转化成图画,这样直观形象,一目了然。画的过程就是理解记忆的过程,培养了孩子的想象,也是左右脑转换记忆的过程。右脑擅长的是图像动作记忆,其记忆力相当惊人,所以越画越高兴,越画越清晰。

（2）画出图来加上标注文字、数字,我们看得见,像看图画书一样易于记忆。

（3）边画、边标、边说,再用声音让大脑储存,这样便于以后回忆。

（4）理解了,记住了,背熟了,再考虑一下怎么考? 这个题的核心是什么? 还可以怎答问? 这几个题内在的联系是什么? 这就没有问题了。无论选择判断、简答、论述都一网打尽,这就是我记忆的法宝。也是多年实践的总结,不仅适合学生,更适合成年人的自学和各种考试,在此与大家分享。

三、学会学习

要彻底改变自己,必须学会学习,掌握记忆方法,才能制胜。

其实学习是个"技巧活",我总结了全国40多位高考状元、学霸,其共同点为"预习知难易,听讲踊跃答,笔记会记点,复习趁热好"。

人的整个学习过程都是从无知到已知,然后记住再到学以致用,最后成习惯。

（1）预习做到先知先觉。通过预习要学的内容,知道是什么事? 不理解的有哪一些? 做到心中有数,然后课堂听讲,就会目不转睛,目光如炬,目标清晰,全力以赴,踊跃回答,积极参与老师的思维,展现自己的对问题的已知和思考。如果课堂上闭口不答,一则不知,二则跟不上老师思维,三则注意力不集中,会走神。

（2）课堂上边听、边画、边记。在课堂上要专注,要跟上老师思维,听得清,看得见,学得会,记得上。学会要用不同的符号标记,分清重点、难点、易错点。

（3）复习要趁热打铁。学过的东西都会忘,而克服遗忘最佳的办法是复习和重现。按照艾宾浩斯遗忘曲线的规律,抓住记忆关键期,就是新学后的48小时以内复习且要重现,次数越多,效果会越好。

预习就是笨鸟先飞,未雨绸缪;上课就是全力以赴,踊跃参与;笔记就是景点留念,抓住关键;复习就是胸有成竹,全面备战;考试就是思维缜密,沉着应战。

学会学习
如何实时全面预习,提高学习效果

一、问题提出

教学实践证明:要想学习好,预习第一招。要想听讲好,预习最重要。预习就是学习上未雨绸缪,先知先觉;就是要带着问题有目的地学习。

它的好处很多。通过预习,提前了解要学什么? 哪些已会? 哪些自己有疑问? 重点听什么? 做到心中有数,听课有的放矢,学会抓重点。

预习后,在课堂上能够认真听讲,便于集中注意力,避免分神;能够很容易地跟上老师的思维并进行互动。

预习后,然后进入课堂,学习效果好,学得扎实,不容易忘。

坚持预习,久之养成良好的自学习惯,培养了自学能力。自学能力是人一生中最重要的学习能力,终身受益。

如何实施全班预习,保证预习效果呢?

二、具体操作

统一设置使用预习表。把课程表变为预习表,按课程表的顺序预习并有具体的方法指导。

如语文就是读课文,分段落,写段意,将其中的好词好句画出,遇到不懂的生词,通过词典查阅。

数学就是读一下课本,把书中例题自做一遍。然后将自己做的和书本例题的步骤对照,哪些是多余? 哪些缺少? 应该怎么办? 结果是否一样?

英语课的预习就是读一下对话或者课文,口译成汉语,画出其中的短语、重点句子和自己不懂的地方。

而地理的预习则要读原文,地图上找,然后在地图上标注一下。因为孩子们反映,地理课堂跟不上老师的节奏,听不懂。经过预习后听课,则该问题基本解决。绝大部分同学当场能够听得明白,记得扎实,很容易跟得上。

三、如何保障预习效果?

为保证学生的真预习,真成效,真正感受到预习的作用和好处。我们采取了家校联手。让家长配合,在家里做好检查督促并及时评价,并在预习卡上填上"认真、及时或不认真"。

到了学校,班主任再次检查预习卡填写情况,并提出不同的改进意见,对预习认真并提出疑问的同学,加分量化奖励。

四、效果显现

通过调查得知:孩子们经过预习后听课,绝大部分感到课堂听讲容易多了,能够跟上老师,大部分内容当场就能够掌握、背过。

绝大部分的同学反映能够认真听讲,课堂不易分神;更加积极回答老师的问题,重点难点,分得清,学得明,记得扎实。

预习卡的使用提高了孩子自学能力,培养了预习习惯,使孩子学会学习,终身受益。

注意事项

1.为保证预习效果,一定要做到预习,且就近预习。一次内容不可过多,内容过多,不仅加重学生的负担,引起学生反感,降低预习热情。时间长了会遗忘,效果不佳。

2.预习时切忌走马观花,一定要认认真真地读原文,切实将自己的疑问和不懂的地方,记卜来、标记出来或写到预习卡上。

3.家长配合很重要。家长评价要及时,以防止孩子走过场,甚至假预习,既浪费了时间,又失去了预习的意义。

4.除此,在班里由专人负责及时收发预习卡,进行量化,表扬好的,督促落后。

5.利用家长会,定期通报家长孩子预习情况,反映其学习态度。让家长掌握自己孩子学情,督促提高预习实效。实现由关注孩子学习结果到关注其学习过程的转变。

"预习参与同步问答"式

一、问题提出

孩子居家上网课,必须使用手机、电脑才能完成。家长忙于生计,无暇监管孩子。大部分孩子自制力不够,贪玩心很重,加之手机、电脑诱惑,更是六神无主,不能自抑。动辄打打游戏,看看视频,聊聊天,总有做不完的事。

网课上,有的孩子关闭摄像头,开始自由行动;有的干脆不听课先玩游戏,任凭教师怎么喊,都无济于事。大有老师措施千万条,喊破嗓子,磨破嘴,个别孩子却依然我行我素,毫不回避。真是"将在外,军令有所不受",老师干着急,又能奈何?

还有的同学在校忠诚老实,认真自觉学习,但上网课时,老师授课速度快,跟不上思维,记不下。有时网络不好,卡得很,听不清。有时传出很多噪音,影响讲课质量。课堂不参与,回答少,老师关注不到自己,易分神,不能保证学习效果。面对以上种种困惑,如何才能保证网课学习效果?

二、原因探析

学生跟不上老师,易分神。很重要的原因是学生没有预习新课,对老师所讲的内容一无所知,导致上课时跟不上。

学生没有很好地适应网课。仍然像在教室一样,依赖老师讲,静静地听,没有养成主动参与课堂的习惯。

经过反复观察对比,调查研究得出:做好提前预习,积极参与课堂思维,踊跃回答老师提问,是一种较为有效的网课学习方式,这样"预习参与同步问答式"应运而生。

三、何为"预习参与同步问答式"学习?

预习参与同步问答式就是课前预习,课堂上积极参与老师的思维,共同推理每问必答的方式。

(一)如何预习

预习即学习新知识以前,阅读新学内容,找出自己的疑难所在。带着问题听课,这样便于集中注意力,有的放矢。课堂重点听自己的疑难,避免新旧知识混杂,重、难点不分,减轻听课负担。

如何保证预习效果?

为了保证预习的真实有效,我们把课程表变预习表。学生做到就近预习,找出疑难所在,这样课堂听课就会记忆扎实,不易忘。在时间上,明天要学习的内容,今天一定要做到预习,否则上课时脑子会一片空白。学生对新知识一无所知,很可能听课时会眉毛胡子一把抓,出现思维中断"跑偏"现象。

为了让孩子科学预习,我们赋予具体学科学法指导。如语文科,预习就要读原文两遍,写出段意,找出生字词,重点词语查一下词典。

数学就是读课本,做课本例题,对照课本讲解,找差别,然后看一下课后题是否会做。

学生普遍反映地理科难学,预习十分必要。预习要读原文,在地图上找到相应的位置,自己画图标注一下。

为了确保预习实效,学生单独设立预习本,把每课预习的疑难记下。老师根据学生疑难点,确定具体的讲解办法,这样学生的预习就成为教师讲授新课的指挥棒,为教师准确掌握学情提供了可靠依据,讲解重点突出,少走弯路,事半功倍。(附预习表)

初一(1)班课程预习表　　　　　_____ 周

同学们,要想成绩好,课堂最重要;要想听讲好,预习第一招。

	星期一 (方法指导)	星期二	星期三	星期四	星期五
第1节	语文(读课文,写段意,找生字词并查词典)生字词	数学(看书、做例题)疑难 _____	英语疑难 _____	数学(看书、做例题)疑难 _____	化学疑难 _____

续表

	星期一 （方法指导）	星期二	星期三	星期四	星期五
第2节	英语 疑　　难 _____	英语 疑　　难	语文（读课文，写段意，找生字词并查词典）生字词 _____	英语 疑　　难	数学（看书、做例题） 疑　　难
第3节	数学（看书、做例题） 疑难 _____	地理（读原文，图上找；读写画标一齐搞）疑惑 _____	物理（读书、看图，理解为什么）疑惑 _____	地理（读原文，图上找；读写画标一齐搞）疑惑 _____	历史 问题
第4节	英语 疑　　难 _____	语文（读课文，写段意，找生字词并查词典）生字　词 _____	生物（读原文，图上找）疑惑	美术	物理（读书、看图，理解为什么)疑惑 _____
第5节	地理（读原文，图上找；读写画标一齐搞）疑惑 _____	化学 疑难 _____	音乐	生物（读原文，图上找）疑　　惑 _____	作文
第6节	物理（读书、看图，理解为什么)疑惑	政治（读书、理解)_____	体育 _____	政治（读书、理解)_____	作文
家长评价签名		生物（读原文，图上找）疑惑 _____	历史大事 ____影响 ____	体育	信息技术

大量实践表明:预习使学生做到先知,课堂听讲注意力集中,学会抓重点,减轻课堂听课负担,提高课堂效率。

发挥家长监督作用,提高预习实效。让家长参与关注孩子的学习过程。预习使学生学会学习,终身受益,这也是好学生通用的"法宝"。同时,督促、帮助学生养成预习的好习惯,做到科学高效地学习。

(二)参与思维同步问答式

顾名思义,指学生参与教师思维、思考过程。老师说了什么? 为什么这样? 根据老师的引导,推断得出结论;跟着老师的提问逐一回答,老师叫着回答,不叫着也回答。这跟在教室不一样,把自己的麦克风关掉,老师同学不会受到影响。整节课都是在跟老师互动,共思维,共推理,共探讨,老师就成了自己的"独师傅",自己是老师的助教。

这种"参与思考同步问答式"的好处。

1.参与老师的思维活动,学习是积极主动的过程,和老师同频共振,不觉得枯燥乏味。

2.学生不分神。自己的注意力始终集中在课堂,在老师的思维中,没有时间和精力做小动作或偷懒。

3.加深理解知识的生成过程。学生从被动地听讲,只有老师叫着自己才能回答,直接了变成教师助理、研究员、合作探究者,甚至是讲解者,这就刺激了脑多肽的形成,强化了记忆效果,提高了自信心。

治班育人典点

如何在网课中实现逆袭

一、问题提出

当下随着科技的发展,学生居家上网课已成为常态。但有的不会上网课,无所事事,心不在焉,导致学习效率低下。如何在网课中实现逆袭?

二、网课优势

从学生到老师已颇为习惯上上网课,原来上网课的一些弊端已基本解决,如今摄像头可以完全打开,使用通讯会议授课已基本流畅;教师的直播技术也已娴熟,加之精美的课件,教师精心准备和我们在校课堂相比,网课的独特优势愈加凸显。学生居家环境相对幽雅,不需要聚集到校,受他人的影响较小。屏幕能够看得清,听得见,也不存在教室里的前、后、偏、黑板反光看不清的问题,关键可以参与课堂和老师及时互动。

综上所述,学生学习的外部条件已经具备,只要认真主动,完全可以学好。

高考成绩为证

单从经过了网课学习的高考成绩与往年非网课相比,一些好学生的成绩依然不低,甚至更加凸显。我一直关心、关注自己所教的孩子,很多人说他们已经习惯上网课,甚至不止一个尤其那些好学生异口同声,网课比在校学习更好。

他们列举了诸多优点,如他们不受周围干扰,更有利于集中注意力。自己有了更多空余,有利于弥补自己的弱项,发展自己的爱好特长。

当自己遇到个别不会的问题,看一看回放,一遍不行就多看几遍,而且随时看。而课堂上做不到,想找老师、同学总会有些不方便,有时就拖延不再问了。上网课则不同,可以把自己的问题随时打在评论区,或者给老师、同学发短信、语音,很快就会得到解答。

有的老师最担心学生打游戏,看视频聊天影响学习,其实这在普通的课堂上也常存在。有些不想学习的做小动作、说话、看杂书等做与学习无关的事,在校课堂只是老师发现不了,或者同学之间互相庇护而已。而对于想学习的孩子,他们绝不会这样做,因为自己美好的前程在召唤,时不我待,责任重大。那么多需要做的,他们必须自律,无论在校或居家只有专心致志,目光如炬,全力拼搏。

三、自觉互动是学好的关键

其实,无论上网课还是课堂学,好学生共同的优点是紧跟老师的思维,有问必答。在他们认为要想学习好,课堂最重要。首先要抓住课堂的这一主战场。课堂对他们是神圣的,他们必须当堂把每一个问题弄清楚,学明白。敬畏课堂,不敢半点懈怠,十分尊敬老师的劳动。在他们,老师就是自己一个人的老师,老师问的每一个问题,自己必须认真思考,积极作答,一个不能少。上网课的优势之一还能把麦一关,不影响别人。对于个别和老师见解不一,回答有别的问题,快速弄清原因,及时纠正加以巩固,而普通的在校课堂难以做到。

四、专心致志

上网课如何做到专心?

做任何事专心很重要。

首先,要思想认识到位,很多网课是由清北毕业的老师亲自上课,他们个个是曾经的学霸,身怀绝技,有很多值得学习借鉴的,自己必须积极认真的心态听讲。若自己稍有不慎很容易掉队,一旦落下那会很麻烦,可能再也赶不上去,所以一点儿不敢懈怠。

其次,自己一定要专心听讲,认真笔记,紧紧跟上老师的思维。遇到不明白的及时记下,问老师,问同学,切忌搁置起来懒语,要不耻下问,做到堂堂清。今日事今日毕。

还有为了把课堂知识掌握扎实,要及时复习,趁热打铁。

课堂要高效。除了课堂上老师问,自己答;老师写,自己也要写;老师画,自己也要画。还要善于利用老师说话的间隙倍速突破,即老师说一遍,自己可以小声地多重复几遍,思考为什么?是否真的理解?自己解释给自己听。

业余时间除了完成老师作业,必须全面复习。做到读写结合,列出导图,多思考为何? 眼、耳、口、手脑并用,并且及时跟上做题巩固。

五、如何最大限度地减少分神

课堂上,眼睛要时刻盯着老师,思维跟着老师,该读读,该写写,忌静静地呆呆地看,口不动,手不写。不要关注动的画面,更不要随手乱动鼠标,因为手动则心动,眼动则心动,紧紧盯着老师一举一动就可避免多余的分心。

总之,学习是自己的事,是为自己美好的前程拼搏,岂敢半点儿戏! 父母在期盼,时代在召唤,唯笃行不怠,勇毅前行,踔厉奋发,方不负盛世韶华!

第八部分 考试指导

孩子考试过后应该怎样做

各位家长，期末考试刚刚结束，大部分孩子考试过后都会放松一下自己。他们会用不同的方式:有的看看电视,玩玩手机,和朋友玩一玩;有的随父母逛一下商店;有的打打球;有的骑着车子四处狂奔一下。放松的方式不同,但前提确保安全第一。因为考试过后,孩子们心里过于放松,有时候就会忘乎所以,所以要特别关注孩子安全。

那么考试过后,应该怎么做呢?

正确的做法如下。

1.适当放松

打打球,跑跑步,增加一下体能。晒晒太阳,放松一下心情。

2.静下心来,冷静反思

考试中,必然有自己做的成功的地方,也存在很多的不足和遗憾。有自己相对满意的科目,也有掌握不足的地方。思考回顾一下,好的地方应该继续发扬,存在的不足书面总结并采取相应措施。比如好的科目为什么好?是自己感兴趣,课堂学得扎实,复习全面彻底。而考得不好的学科是否平日投入不够,课堂听讲不专心,笔记没记下,没跟上复习和习题,究竟原因何在?要一一列出来。

3. 趁热打铁

趁着脑子对各门考题还有一定的印象,快速地翻一下课本,对考点知识的快速回顾确认,再次加深一下印象。

4.笔头总结

总结没有答上或答错的原因,对错题逐一写出错因,标出正确答案,采取相应的措施。

5.反思自己学习过程

是否做到预习在先,课堂听讲认真,笔记及时整理,课后及时复习,跟踪练习。

6.反思自己干劲大小

是否有影响的自己学习的因素?手机、电脑、电视、交友等,自觉排除干扰,加大干劲。

7.要告诫自己

考试只是阶段的知识小结,意在查找自己学习过程中的不足,不断修正自己,改进学习方法,提高学习效果。

考试不是终结,它是一个新的开始。这次考得好不应该骄傲,更应借此东风更进一步。考得不好也不用气馁,应该放下思想顾虑,找出原因,加大干劲,笃行不怠。

总之,人的一生都在考试,天天都在考试,时时都在考试。用正确的态度来对待考试,认认真真,踏踏实实,全力以赴,相信天道酬勤。(附阶段反思卡)

家校共育典点 **阶段反思总结卡**

学生姓名——————刘建华省优秀班主任工作室   2022.9.18

一个智力正常的孩子,只要经过耐心细致的科学有计划的持之以恒的教育,照样可以成为一个很有成就的人。

教育孩子要从大处着眼,从细微处入手。只有关注每一个细节,观察仔细,准确把握,科学引导,适时推进,运筹帷幄,才会稳操胜券。

教孩子学会总结反思。没有总结就没有进步,没有反思就没有升华。

在总结中看到自己进步,积累成功的经验,找出存在的不足。在反思中探明努力方向,制定改正措施和科学的努力策略。

检测过后,孩子面对自己的成绩会有所反思自己的思想、学习、纪律等各方面。为了更好的进步,帮孩子认真的实事求是的做一总结、反思。

一、 自我反思部分

近期思想状况

影响自己的进步因素有

1.

2.

3.

(牢记:心态平和,宁静致远)

学习方面:

成功经验:

存在的不足

自觉刻苦程度 _____,学习方法是否科学高效

_____,听讲是否认真 _____,练习是否足量经常

笔 记 是 否 齐 全 _____,其 它

_____

二、家长反思孩子近期的思想、学习

优点

存在的不足

家长希望

帮扶指施

1.

2.

交谈得知,该反思非常必要、及时。让孩子学会正确的看待自己的进步的同时,冷静的分析自己思想学习等存在存在的不足,以确定下一步的努力方向。家长帮助孩子总结、分析、反思,是家校教育有机结合,时机恰当,更有说服力,教育效果更明显。

没有总结就没有进步，没有反思没有升华。为了孩子更大进步，我们发了一张"阶段反思卡"，让孩子完成第一部分，家长完成第二部分。并与孩子就入初中以来的思想学习情况和孩子推心置腹地沟通、交流，做出中肯评价。

家长们，一分耕耘，一分收获。一分严格孩子一分进步，一分用心孩子一分出色。对孩子最大的关心就是对孩子成长过程的关心，对孩子思想、学习的关注。相信我们共同努力，用心，用情，用意，用力，携手打造孩子美好的明天。

考法指导

如何教孩子学会考试

大多数孩子考试过后都想好好放松一下，因为考前紧张复习，考试紧张思考，好不容易考完了，不管考得怎样，卷子还没有阅完，成绩还没有公布，先放松一下心情，这似乎是情理之中的事。但真正想来，这种做法欠佳，到底应该怎么做？

一、首先要进行个人反思

1.反思什么？反思自己考试中答卷的表现。

2.反思书写是否认真工整？做到规范大方，不勾不画，卷面整洁美观吗？

3.反思时间够不够，分配是否合理？

4.反思答卷流程是否合理？考前是否浏览试卷，先做容易后做难，遇到不会的闪一闪？

5.反思没有做上的是何种原因？是复习不够，练习不足，还是总结不到位？

6.反思自己答错的原因，是没有学过、粗心大意还是审题不严？

二、针对以上出现的问题，应采取的措施和策略

1.是书写的问题。必须思想重视，强化书写质量。平日坚持练字，做到规范大方，不涂不画，书写一流。

2.是答卷流程的问题。应该牢记，发下试卷一定要先浏览试题的难易。要先做会的、有把握的，做到会的答上，答上的就要答对，确保会的不失分。

3.日常大部同学答卷子，不论会不会都是从第一题一直做到最后。倘若试题的难度一般,这种做法无可厚非,但遇到升学或大型统考,很可能时间紧张、题量大、有难题,再按传统的答法则会吃大亏,要么答不完卷子,会的没做完,不会的答不上,导致发挥失常。

如果答题时先易后难,先做会的、有把握的,一般不会出现大的闪失。当遇到不会的,思考了半天还没有思路先越过去最后做,说不定就有了思路,特别理科考试会时常遇到这种情况。

常见每年的高考总有很多同学因时间不够,答不完题,导致发挥失常。尤其数学,第一大题八个选择题的最后几个小题往往偏难,其难度和计算量不亚于后面的大题。如果把时间花在了前面没有做上,导致后面会做的、分值多的却没有时间做,得不偿失。所以小型考试应该注意答题策略的培养,切忌从头开始,眉毛胡子一把抓。

4.是粗心的问题,应该多读几遍题目,多思考为何?尤其选择题,有的一看就选上,自认为万事大吉,结果没看到隐含的条件导致错误。假如找到选择的依据,并注意到其他答案为何错误,这样的问题就会避免。

5.有时遇到没有学过的,甚至老师平时就没有教过,那就需要自己创造性地发挥。依据以前学过的或者类似的进行思考,往往产生意想不到的惊喜,会超常发挥。这当然得益于平时做题,不要就此而止,就题论题,而是对做过的题目找出共性和规律甚至找出下一步还能得到什么? 总之,只有平日多思考积累,多总结沉淀,才能厚积薄发,出现超常奇迹。

由此,考完试后,应凭脑中的记忆和答卷所出现的情况,趁热打铁总结反思到每个题目,找出不足,采取相应的调控策略,找到适合自己的最佳方法,才能越学越会学,越考越会考。以考促学,学得更游刃有余,更加出色,更适应各种不同的考试题型,交出自己满意的答卷。

如何提高学生听说答题策略

一、问题提出

针对孩子英语听说考试答题情况,不难看出:大部分孩子方法欠缺。不会听,听前不会浏览,听时跟不上,听不懂,不会作答。迫切需要答题方法、技巧的指导。

二、方法指导

听说测试,由于受时间限定,加之系统朗读遍数有限,有其特殊性,这要求考生必须先浏览。

1.浏览 浏览题目要求干什么?是选择还是判断对错?是填空,还是回答问题?一定要看清楚。仔细浏览题目的内容和各选项之间的区别,画出关键点和下同处。

2.推断 听说考试前面的内容相对容易,越往后越难,那么后面的更要浏览细致,甚至要心里快速阅读并译出汉意。预先推断如何问,怎样回答?

3.巧作答 答题时要边听边作答,除了填写的内容之外,其余的只需要在正确的选项打"√"即可。听顺序的题要在原题、原图上写标号,随后排序整理;是填写内容的,应该略写。因为完整书写不仅浪费时间还会影响后面的作答,省出时间赶紧往下浏览。

平日如何做?

要提高学生听说能力,关键在平日训练到位,只凭考试前模拟训练是不够的,只能临时抱佛脚但往往收效不大。

1.平日学习,首先要大量地输入。要大声读背,声音的输入会帮助孩子建立良好的语感。平常对所学的对话和课文,学几篇就背几篇以增加大脑声音的储存量。

2.要激发学生擅长背诵,培养自己的语感。语感培养好了,储存量大了,对听说的提高很有帮助。

3.平日练习常态化。坚持多听,听得越多就越适应,其中的语速、语流、语感,失机爆破、抑扬顿挫等。多听技巧自然形成,利于消除听说心里恐惧,提升对语言的快速反应和理解力,听说的水平自然而然地提升。

4.平日要坚持多进行模音,多模仿录音中的标准发音。包括模听、模读,注意里面的语音、语调、失机爆破等读音技巧。这样做既标准了自己的发音,又能提高自己的阅读水平,同时对听说能力的提高极为重要。

5.听关键词,随手记。听短文,回答问题普遍失分较多。多数同学原文听不懂,问题来不及反应,只能模糊回答,造成大量失分。因此,我们在听的过程中注意听关键词,即时间、地点、人物、事件、数量、方式,并随时笔记。

6.推断可能的问题,能够完整回答的,尽量完整回答。最好不要略答,因为系统的答案是相对完整的书面语,简答跟系统里的答案不相符,得不到满分。同时注意发音准确,语音语调正确,失机爆破,语速适中。

总之,听说考试是考查孩子们的听说能力,是一个积极的思维,主动作答的过程。对于英语的学习,平日开口是关键,培养好学生的语感、理解程度和快速反应能力。训练要规范到位,听说的方法要正确。一定要学会浏览,学会抓关键信息并及时记录,这对全面提升学生的听说水平意义重大。

育人实践探究在行动
为何说考试就是教孩子走社会

教会孩子从小学会做人,学会做事,学会学习是我们教育的根本任务。

考试是对孩子知识上的阶段总结,通过考试了解其知识掌握情况,找出存在的不足,反思学习过程,改进学习方法,改变学习态度,不断迈向更好。

但考试的意义远不止如此。

首先是教会孩子学会做事。如考前首先认真复习、拓展、练习,做好充分的知识和心理准备,做到有备而考,而做好一件事,更需要提前精打细算,运筹准备。

发下卷子,先浏览。浏览试卷的题目要求,做什么?怎样做?浏览试题内容,决定先做什么,再做什么?自己哪些会?哪些不会心里有数。先做容易,再做难。做到会的答上,答上就答对。日常做事也是如此,有清晰的目标、规划、要求和方法。分清轻重缓急,杜绝漫无目的,一股脑儿。

考试答题必须认真思考,书写认真规范,思维缜密。而做事更需要认认真真,踏踏实实。认真就是水平,认真就是能力。只要认真,做任何事就会减少失误,增加成功几率。

考试时,有时间的限定,考生必须在规定的时间完成答卷,并且要规范作答,且必须答在规定的地方,规定之外的地方答题是无效的。而现实做事必须遵守一定的规范,受到道德、法律的约束,严格遵守做事三原则,即凡事分清好坏,该做不该做,做了有什么影响?心中有红线,绝不可以肆意妄为,为所欲为。

做题需要细心谨慎。有时题目会充满迷惑、陷阱，一定仔细甄辨，一旦疏忽麻痹就会上当失分，所以小心再小心。而在社会上做事，必须谨言慎行，这一脉相承。

　　考试遇到难题、怪题要积极想办法，找思路。有时从已知到未知进行推理；有时从结论到需要的条件，不管题目多难，相信办法总比困难多，坚信自己，攻坚克难取得最后胜利。而现实也是如此，总有不如意，有这样那样的烦恼，需要积极动脑筋，勤于钻研，出谋划策，总能达到目标。

　　答完试卷必须检查，一遍又一遍，唯恐有疏忽大意，尽力减少损失。而现实中所做的每一件事，也都必须小心谨慎，一面造成不必要的损失。

　　总之，平日考试中所作所为，所用的办法，采取的措施，正如我们在社会上一举一动，为人处世是大相径庭，二者都需严密计划、认真规范、讲究效率、保证质量、勤于思考，分清轻重缓急。

　　由此，考试就是在教会学生学会做事，学会做人，学会生活，学会走社会。

第九部分 家校合育

家校心通卡,共助孩子成长

一、实施背景

为了家长及时了解孩子在校真实的思想、学习、行为表现,教师了解孩子在家的表现,让家长配合学校做好孩子工作,提升家校育人效果,我们实施了"家校心通卡"。

二、内容

(一)同桌每周互评

让同桌把自己在校一周的表现,包括早读、纪律、课堂听讲是否认真,是否积极发言,笔记是否齐全,作业是否完成,到校是否及时?优点、不足各是什么?如何改进?家长如何帮扶等,填写到卡上,书面向家长如实反映,让家长了解自己孩子在校的所作所为。

对于孩子自己来说,能够清楚自己的表现,正确看待同桌对自己的评价。自己哪些对,哪些做的不够一目了然,这样以同桌为"镜",督促互进。

(二)家长汇报

家长如实汇报孩子在家的思想、学习、行为表现。班主任能够准确把握孩子在家的真实状态,据实对孩子及时思想引导和学习上的督促。对孩子出现的不足,及时提醒家长配合,做好思想工作,防微杜渐。

(三)爸爸妈妈,我想对您说

由孩子说一下家长在家优缺点,家长有则改之,无则加勉。

为何这样?

孩子通常不跟家长交流家长的做法，家长不了解孩子的看法。有些事不敢向家长诉说，尤其对家长的一些言行和对孩子的不当之处，孩子只好憋在心里。

在此，学校老师统一要求，且是为了自己的进步，孩子们就敢表达自己的内心，期待家长改变自己的不当做法。这样的家教更科学有效，更能走进孩子的心灵深处。

在校班主任统一收上"心通卡"，汇总孩子的表现，找出存在的不足。特别对于玩手机入迷，交上损友，不着家，不学习，与家长公开对抗的，找出症结所在，及时思想疏导，因材施教。平日对其学习和思想上更加关注，多看其进步和闪光点，适时提出更合适的目标，采取得力的措施，督促其进步。

三、取得效果

"心通卡"让孩子们感到家校是相通的。要想别人说好、评价高，唯有自己好好地表现。

从每天到校早读到上课，再到课间表现都要始终如一。别人评价好是自己做得好，别人评价不好是自己没做到，不要只在乎人家怎么说，关键是自己平日怎么做。

自己的言行举止都在别人的关注之下。"要想人不知，除非己莫为"。从小养成做人、做事要真诚，要堂堂正正做人，规规矩矩做事，认认真真学习。

"心通卡"让家长老师不仅了解到孩子的优缺点，还了解了孩子的个性需求，便于更有针对性地开展思想疏导，充分发挥家校合育的功能，促进亲子共成长，如今"心通卡"已成为家校心心相通的桥梁。（附卡）

沟通交流，共同成长

家长们，我们做这个的目的旨在让家长及时了解孩子在校真实表现，同时也让老师了解孩子在家里真实表现，从而更好地把握孩子思想动向，使我们的教育更有的放矢，效果更凸显。

除了一个同学了忘带，其他同学全部上交。我已全部批阅，建议如下。

一、对于同桌给孩子提的优点、不足如何改进，家长如何帮扶

家长要切实重视，帮扶落实。这是自己孩子在课堂、自习课的真实表现。有的干劲不足，有的爱做小动作，上课易走神，书写质量差，不爱动脑，上课不与老师互动等，这些都是学习的大忌，迫切需要赶紧改正。非常感激孩子同桌能够说实话，真心去帮助同学。

二、对于家长汇报孩子一周表现，要及时觉察，耐心帮扶

发现有的孩子在家不听话。作业拖沓，做事无责任心，学习干劲小，无动力。个别爱睡懒觉，爱玩手机，喜欢看电视，做事没有耐心，不爱读书，阅读量小。有的不注重个人卫生，书桌凌乱，不及时清扫等。家长们也要切实重视，这些都非常影响孩子成长进步，尽心帮助孩子，尽快一点一滴真心去修正。

好习惯是成功的一半。但坏习惯却是阻碍孩子成长的大敌。迫切需要家长长期的关注、关心、督促，严格要求。

三、"爸爸妈妈我想对你说"这是孩子写出自己家长优点、不足、希望家长改进

在此，给了孩子坦然倾吐自己爸妈优点，并向家长提意见，找不足的机会。因为我们家长身上会有好多的欠缺或做的不够的地方，如有的好发脾气，情绪难以控制，唠叨、呵斥；有的教育方法欠佳，只看结果，不关注过程；有的只看学习，不顾孩子思想是否积极上进。这些都给孩子造成很大负面影响，不仅孩子不服，更重要的是形成孩子严重的心理郁闷积压，心理逆反跟家长对着干。

大致包括以下：家长不学习，家庭无学习氛围。家长榜样引领不够。有的工作之余,尤其在孩子写作业的时候,玩手机,看电视,严重影响孩子学习。有很多孩子提出来,家长忙于生计,而没有时间陪孩子。个别家长情绪暴躁,动辄打骂,孩子内心委屈却敢怒不敢言,家长仍自以为是,我行我素。

以上这些情况,我们做家长的都应十分重视,有则改之,无则加勉。

首先要尊重孩子,尊重是沟通的前提。沟通产生理解,理解才会感恩,相互尊重才会和谐幸福。通过"爸爸、妈妈我想对你说",家长倾听到孩子的心声,尊重孩子。

以身作则,榜样引领。

家长们,榜样的力量是无穷的。"望子成龙,望女成凤",是我们共同的心愿,但孩子培养离不开我们点滴的关心、关爱和陪伴。对孩子最大的关心是关心孩子的学习和思想状况。我们必须加强沟通交流,相互学习,与时俱进,榜样引领,共同成长。

家是心灵的港湾,是全家人共同生活、学习、成长的地方。一个民主、和谐、平等、浓厚的、积极向上的学习型家庭,是孩子向往的,最好的成人成才的动力源和奋进的殿堂。

育人实践探究在行动

如何培养孩子的独立和担当

一、问题提出

纵观大多数家庭,孩子从小都是家长管吃、管穿、管着学习,几乎每一件事都管,孩子几乎无需任何动手、动脑,就生活很是自在。因为每一事家长都为孩子考虑在前,准备充分,甚至连孩子没有想到的都已想好甚至安排好。这种背景下,有谁还愿意动脑,自己辛苦?谁不喜欢无忧无虑的生活?

二、原因探析

说实话,家长的这种做法似乎是爱孩子,其实事与愿违,是剥夺了孩子的独立思考和实践机会;剥夺了孩子的成长,家长好心却阻碍了孩子成长。

家长正在亲手培养了懒惰和低能的孩子,用过度的溺爱害了孩子。

这对孩子会怎样?

首先,孩子不需要动脑,凡事听别人的,无需自己的主张,思想很依赖。行动不主动作为,不主动地想办法,遇到事老依靠别人,一点独立能力没有,别人一时做不到就抱怨。

其次,把家长的辛勤付出当作应该,久之孩子心怀感激,因为从小家长就是如此,孩子已经习惯,事事都已理所应当。

对父母的影响呢?

首先,这不是培养孩子的独立,而是用自己的殷勤亲手培养了一个无能、懒惰、不自主的巨婴,对他们今后的成长、发展造成了极大的障碍。凡事自己无主心骨,都需要问别人,靠别人,求别人;凡事都不会主动,不担当,不作为,培养的"打工族"的素质,一切都听工头的,叫干啥就干啥,既不多干也不少干,因为多干不多钱,得过且过就可。不需要个人的发挥,不需要创新,不求有功但求无过,平平庸庸。

通常我们会自问,为何有的孩子不独立,甚至连基本的生活自理能都不会?

至此,我们会恍然大悟。这是我们当家长的"功劳"。在孩子幼小的时候一点一滴怕孩子危险,怕这怕那,不让孩子做。对孩子倍加溺爱,家长们还误以为一切为了孩子,为了孩子幸福。家长把孩子的一切包办,当作自己的职责,哪怕再苦再累是理所应当。事实上呢?事实是害了孩子,溺出的孩子必无能,"惯子如杀子"。

三、具体做法

1.生活是如此的现实,随时随地会有新情况,困难会无处不在。

一个人要学会独立生活,依靠谁都不好使。因为别人也有具体的实际困难,也需要帮助。可能有很多的情况只要勤勉,肯吃苦,多动脑,就会有一番新的天地,情况就绝对不一样。如生活中培养孩子从小自己用过的东西,收抬得整整齐齐放在原处,只是举手之劳,却培养了孩子整洁有序的意识,养成了好习惯,随手即做好。自己的书桌、床铺、衣服、卧室地面自己会整理得干干净净。

孩子勤于劳动,会自觉行动。自己的衣服自己洗,自己的东西不乱扔乱放,见到不工整,自觉地捡起放好,让别人感到自己与众不同。时间久了就会彰显勤劳、爱干净的品质。这些孩子大了还善于帮助别人做事,有一颗为别人做事的心,有时不经意的微小的举动,会获得别人的感激和肯定。

2.如在十字路口,突然发现了有老人行动不便正在经过马路,有的主动地搀扶着老人过路;有的打扫室内卫生,将公共的楼道扫得一尘不染;有的在校主动承担关电、关窗等任务;有的主动清洁老师的讲桌;有的看到地面脏了,主动地拖一拖;有的看到别人的东西掉到地下主动捡起来等,尽管是小事之举却折射出孩子的主动担当精神。心中有他人,内心存善的可贵品质。以后无论到什么地方从事何种工作,都是值得信赖,可依托、重用的人,帮助别人手有余香;帮助别人快乐自己。

3.作为智慧的父母,从小就要注意孩子的自理能力。

因为孩子最终要走出家庭,生存于社会,这就必须具有基本的生活自理能力。孩子从幼小的点滴,能够自己做的,家长不要包办,更不要越俎代庖。孩子吃饭要自己吃,喝水自己倒,别人一叫马上就到。帮助做家务力所能及,打扫卫生,清理垃圾,刷盆子刷碗,样样参与又快又好。

有的家长却意识不到,也可能怕这怕那不安全,不让孩子干。孩子越不干就越不爱干,这既限定了孩子自理能力的发展,又很不利于孩子独立能力的培养。

孩子做的各种事,家长要及时地跟上评价、肯定、表扬和指点,教给孩子正确的做法,树立严格的标准,让其感到自己的行为备受关注,自己的付出无上光荣,从小自信满满,阳光豁达。

4.要培养孩子的独立自理能力,家长首先思想要重视,观念要正确。越是智慧的家长越会早放手,敢放手,越早越好。因为经历即体验,体验会让孩子思想活跃,考虑到怎么干就好,参与的过程会遇到很多突发情况,随时抉择,随机应变。体验是活的教科书,是心手合一。体验会积累丰富的经验,即便是失败,也会自觉反思总结,从中吸取教训,因此每一场体验都会丰富自己的阅历。经历就是财富,助长孩子的成长,金钱难买。

有的家长也许会反驳,如今家庭没有多少事让孩子体验什么?

5.只要肯动脑,事事皆如此。家长创造条件让孩子体验有好多好多,如让孩子体验"妈妈的一天"。从早到晚,做饭洗衣,打扫卫生,从此,理解了妈妈的含辛茹苦;有的跟着爸爸到工地现场体验父亲工作的艰辛,看到父亲汗流浃背,汗水浸泡的衣服,从而触发刻苦学习的想法;有的到了田间地头,感受锄禾日当午,汗滴禾下土的真实。从此,从自己做起自觉节约每一粒粮食;还有的穿上马甲打扫公路,感受扫路工人辛苦,懂得不随意乱扔的意义,自觉行动、自我做起做个文明市民,如此等等。生活处处是教材。没有经历永远不会有深刻的触动,滔滔不绝地说教,其效果永远比不上亲身体验之深刻。

总之,独立和自理是培养孩子基本的社会生存能力,晚不如早,早独立,早受益,早成长,早成就,早成熟,早担当,早感恩,这才是父母送给孩子真正的爱。"舍不得孩子打不得狼。"溺爱只能培养巨婴,摔打出来的才是人物,拼出来的才是高手。

家校共育典点安全教育

我的安全我做主

学校 ＿＿＿ 班级 ＿＿＿＿ 姓名 ＿＿＿＿

刘建华省优秀班主任工作室

各位家长,孩子是家庭的未来和希望。生命可贵,安全无小事。安全第一,平安是福。孩子的安全是我们共同的责任。

一、实施背景

目前,孩子正处自控力差、活泼好动的年龄,所处环境时常存在各种安全隐患。为提高其安全防护意识,做到警钟长鸣,防患于未然。请家长协助,做好孩子的安全教育,及时彻底地排查自身存在的各种不安全因素。

二、安全防范及保证措施

1.家长、老师共同帮助学生彻底排查孩子在家、学校可能存在的不安全因素,填好自查表,发现问题,做好耐心细致疏导。

2.安全教育经常化、制度化、生活化。教育孩子无论做任何事,首先安全第一,让家长、老师放心。

3.平日思想重视,时刻保持警惕,提高避险能力,自觉逃离危险。

（附自查表）

	项目	具体内容	自身排查 A. 有 B. 无	家长排查 A. 有 B. 无	安全保证措施
家庭	家中用电器	是否违规接通电源、操作使用电器?			
		电器充电是否安全、充完电是否及时拔下?			
	饮食	是否食用三无食品饮料、油炸食品、过期腐烂变质、暴饮暴食、好吃零食?			
	交友	是否与散漫、游手好闲、不求上进的人混在一起?			
	打架、榨油	是否常问他人索要钱物?			
	经常要钱	是否向家长要钱频繁、好卖零嘴?			
	防震	思想是否重视认真参加学校演练并有应急措施?			
	液化气、煤气	是否曾忘记关阀?			
	生病时用药	生病时是否用药随意、不计后果?			
路上	上学、放学路上	是否违反交通规则、逆行、抢行、闯红灯、进游戏厅等?			
	步行、十字路口	是否横冲直闯、不顾来往车辆?			
	乘车	是否坐车上打闹、车未停稳上下车?			
	骑自行车	是否带人、逆行、横冲直闯、速度超人?			

	项目	具体内容	自身排查 A. 有 B. 无	家长排查 A. 有 B. 无	安全保证 措施
学校	教室上课	是否玩手机、带危险刀具?			
	体育课	是否打闹、危险攀爬不听老师劝阻?			
	课外活动	是否追逐打闹不计后果?			
	上下楼梯	是否拥挤、推搡、抢行?			

效果:通过排查,家长老师共同协助找到了各种不安全的因素,学生提高认识,增强了应对危险的敏感度,强化了避险意识,做到敏锐观察,快速觉醒、果断抉择,正确应对,及时安全避险。大大提高了孩子的安全防护意识,做到警钟长鸣,防患于未然。

家庭合育典点

家庭目标激励成长法(王子慧)

1.您和孩子达成的共同目标是

高中目标:青云学府

大学目标:省内重点

职业目标:公务员

2.当前,家庭的重中之重

教育孩子:思想、学习、做人、锻炼身体。

家长全力关注、关心,全心培育,加强督促,不敢懈怠。

3.实现目标预期 3+3+4+3=12

(初中 3 年,高中 3 年,大学 4 年,研究生 3 年)

4. 孩子最需孩子怎么做?

需要真干,全力拼上,高效策略,坚韧不拔,永不服输。

5.风险预测

可能会出现:忘掉初心目标,胸无大志。贪玩手机游戏,玩物丧志。自由散漫,浮华拖沓。不思进取,贪图享受。交上损友,盲目追星。恋爱分心,不务正业。不能自拔,我行我素。不听劝导,功亏一篑。

6.实现保障

牢记初心,目标清晰。心无杂念,志虑忠纯。耐住寂寞,自律自觉。激情奋发,锲而不舍。勤能补拙,胸怀家国。感恩父母,珍惜分秒。豁出自我,奋斗几载。光耀家庭,立志报国。

家庭培养目标,家长问卷（王子慧家长）
——刘建华省优秀班主任工作室

1.您想让孩子上哪个高中?　B

A、一中 B、青云学府 C、二中 D、六中 E、民办学校（高额的学费）

2.您希望孩子上什么大学?　B

A、顶尖名牌、985、211 B、省内重点 C、普通本科 E、专科或高职院校

3.您希望孩子未来从事什么职业?　A

A、公务员 B、医生、护士 C、军人、警察 D、工程师、专家、科研人员 E、教师 F、普通工人 G、新时代农民

4.您的想法是否征得孩子同意达并成一致?　A

A、是 B、还没有

5.只有明确目标,才能心往一处想,劲儿往一处奔。您认为自己的家庭目标是什么?　A

A、教育好孩子,把孩子培养成人。 B、多挣钱,给孩子、家人好的物质生活。 C、漫无目标,整日瞎忙。

6.目标是最大的动力。您认为自己的孩子有目标吗?　A

A、有且清晰 B、没有 C、不知道

7.您认为当务之急的是什么?　A

A、和孩子确立目标,激发其干劲 B、各自为政,任其发展。

8.您孩子目前的状态　A

A、听话并能自觉学习,成绩前茅。

B、不太听话,成绩在一般 。 C、管不了,成绩较差。

9.作为家长的您,是否有一种紧迫感? 　A

A、压力相当大 B、无所谓,顺其自然。 C、无能为力

10.常言道:一分严格一分收获;一分付出,一分成色;一分督促,一分进步。您做到　A

A、天天做 B.做不到 　C、不管,继续放任。

11. 国是千万家,家兴才能国强。你认为家庭兴旺根本在于 　A

A、孩子有出息,比挣多少钱都强。 B、多挣钱 C、还没想过

12.家庭成功在孩子,孩子成功在教育。孩子成功才是家庭最大的成功。目前,您对自己孩子的状态 B

A、很满意 B、基本满意 C、不满意。 D、已失去信心。

13.老师为了孩子会竭尽所能,但急需要家长的配合。您是否愿意携手共育,提供强有力的支持? 　A

A.愿意、迫切 B、没时间 C、没必要

14.优秀孩子的背后一定是优秀的家长。你觉得自己做的　B

A、很好,很优秀。 B、很不够,不合格 C、愧疚,不知道该怎么做。

15.孩子正处于教育的关键期。过了这个村儿,没有这个店儿。您的做法会　A

A、全力以赴 B、尽力配合 C、无能为力,说了不听。

16.家长好好学习,孩子天天向上。榜样的力量是无穷的。家长是孩子的第一任老师也是最亲近的人,最重要的是亲自做给孩子看。您认为自己该怎么做? 　A

A、做严父严母 B、听之任之 C、放纵不管

17.作为家长,您向往的理想家庭是　A

A、孩子有出息,尊老爱幼,家兴 业旺。B、只要有人就行。

18.您治家的法宝是什么? 　A

A、千方百计,全力教孩子做人、读书。

B、干自己的事 ,只管挣钱 C、只管生不管育,散养、自我成才。

19.您的家庭愿景是什么？ A

A、人才辈出,孩子担当作为,家兴业旺、一代比一代强。B、没想过

20.为了确保家庭久安兴旺,您准备立下怎样的家风、家训、家魂？

思考:

您认为作为新时代的家长:

1.最大的责任是什么？

尽自己最大努力帮助孩子,让孩子有一个更好的未来,让孩子的人生可以轻松一点。

2.最需要提高的是什么？

尽量做到言传身教,培养孩子热爱读书的好习惯。

3.为了把孩子培养成德才兼备的人,为了您家庭更美好,您希望老师怎么帮忙？

请老师多费心,多关心关注,多和孩子谈心、谈理想、未来,特别是处于叛逆期的孩子。

为何进行"家庭培养目标"家长问卷

调查目的

1.通过这次调查,让家长清晰自己的家庭培养目标,唤醒家长重视、关注和参与孩子教育过程,亲子共成长。

2.明确教育子女是家长义不容辞的首要责任,家长是孩子的第一任老师和最大的责任人。

3.教育孩子是一个长期的、细致的、务实求新、亲子共进的过程,它需要家长耐心、细心、平和的心态和有计划、科学的方法。

4.家庭育儿绝非只是说教,最重要的是家长的实做。榜样的力量是无穷的。好的家庭家风、家训、对孩子一生的影响是深刻的,甚至会影响几代。

5.孩子是家庭的重中之重。孩子成功是家庭最大的成功,也是家风家训

的成功,从而重视对孩子家风家训的传承教育。

6.常言:热爱祖国,热爱人民,报效祖国。作为家长建设好家庭,把孩子培养成有理想信念、有道德情操、有家国情怀、有文化觉悟,敢担当、能作为的好公民。孩子堂堂正正做人,规规矩矩地做事。爱父母,爱家人,有仁爱之心,力所能及对国家和人民做出自己的贡献。

7.家长要全力理解、配合、支持学校工作。家校合育共赢,才能铸就孩子更加辉煌的未来。

8.《中华人民共和国家庭教育促进法》的颁布,将家校合育提到前所未有的高度。顺应时代要求,家校合育大势所趋。一位优秀的家长必定是家校教育的参与者、实施者、助力者,教师是家庭教育的谋划者、引导者、沟通者。只有家校携手,协同发力,才能出彩。

9.百年大计,教育为本,站到时代的节点上,孩子的教育家校责无旁贷,共同提高新一代的素养,为实现中华民族伟大复兴,为实现中国梦,为中华民族永远屹立在世界强国之林,储备合格的后备人才。

家长评价目标激励法 效果反馈

陈晟羽家长评价

家庭目标的意义:首先我觉得家庭教育目标决定孩子的成长,合理地给孩子规划好成长目标,教育孩子要出类拔萃,不要平庸。同时,也要考虑好孩子的兴趣和爱好,减少盲目性让孩子学会自主。作为家长有时候要做到亦师亦友,多倾听孩子的心声,多关注孩子的心理,正确地引导,给孩子树立榜样,给予正确的人生观和价值观,合理帮孩子规划人生。

高依诺家长评价

我觉得"家庭目标"非常有必要,它能够使孩子的目标更加明确,家长和孩子能商榷一个统一努力目标、方向,促使孩子对实现目标产生更大的动力。有了目标才有动力,相信只有坚持努力才能接近,一步步实现梦想。

葛瑗源家长评价

老师搞的这次家庭目标很有意义,让孩子明确了当下和未来的目标,提高了学习积极性。这次家庭目标很有必要,对葛瑷源帮助很大,希望老师和我们家长共同督促孩子学习,成就孩子更好的未来!

李奕萱家长

我觉得家庭目标的意义让家长和孩子树立共同的目标,然后向着这个目标奋进。它作用就是让我们时刻不要忘记自己的清晰目标,时刻提醒自己和孩子为目标努力,我觉得特别有必要,感恩遇到了负责任的刘老师。

张文晖家长

我觉得家庭目标意义能够使家庭成员和孩子能取得更好的成绩,全家追求上进以及做人做事的态度都能发生很大的转变。

家庭目标是非常的必要的,如果一个家庭没有目标,那这个家庭就像是丢失了灵魂。

家庭目标能够使家庭的每一个成员都能积极的奋斗起来,营造一种良好的积极向上的氛围,孩子在这种氛围里才能更好地专心学习、成长。

总之,家庭目标是极为必要的。

辛静怡家长

我觉得家庭目标是奋斗的动力,有了目标才有方向。为了达到目标而努力,所以家庭目标非常重要,必须帮孩子制定好目标,陪孩子一起努力。

崔津语家长

家庭目标的意义在于可以为这个家庭制订一个良好的目标和计划,为下一步规划好方向、目标。对于家庭和孩子来说,产生的影响是比较大的,它可以让孩子知道接下来的方向怎么走,有了目标大家就会一直在努力,不达目标不罢休。

李咏昊家长

目标对家庭、对孩子意义非凡,它如同一场及时雨,解决我们家急需。作为家长非常感谢老师的良苦用心,这是我们家长和孩子福分,深表感激!

"家庭培养目标"反思

自家长会对家长进行家庭目标调查、指导,大多家长认识到了家庭目标导育的重要性。各个家庭随即开了家庭会,家长就自己的目标和孩子的目标商讨并形成了自己的家庭目标。

从此,参与的家庭有了各自的家庭目标,全家人清晰了自己家庭工作重点和应担的家庭责任。全家人心往一处想,劲儿往一处使,凝心聚力,共同迈向美好未来。

这次活动孩子懂得自己的奋斗目标,就是自己家庭目标。更明确了自己在家庭的地位,增加了家庭责任感和担当意识,懂得了自己现在努力的意义,不仅为了自己,更是为了家长的期盼、家庭的兴旺,更为了未来能为国家做点事情。

家庭目标的制定,结束了长期以来家庭无目标、各自为政,漫无目的,家长只管生,不管育的散养局面,使家庭教育回到育人主导的位置。从此,家庭教育和学校教育配合得更加紧密。家长是为主体,学校为主导,教师引领,孩子是核心。家校的培育目标相同,携手共助孩子成长,从而实现家庭共同繁荣。

自从有了家庭目标,孩子和家长的认识都发生了很大的变化,明确了相互关系,应担的责任。从此,家庭有了的主攻方向,全家人凝聚力,更加团结和谐,成员更主动担当,积极性被激发。

更重要的是各个家庭确立了自己的家风、家训,这是家庭教育发展过程中的一件大事。家庭有了做人做事的标准和原则,家的概念深得人心。家庭好,家里的各个成员都好,都要竭尽全力去维护、去奉献,家风家训是家庭真正走向兴旺的必由之路,是家庭的灵魂所在。家庭的培养有了方向,有了做人、做事的标准原则,这为家庭事业兴旺发达,奠定了基础,对促进家庭成员素质的提高,增强成员的家庭责任感有重要意义。

随着《中华人民共和国家庭教育促进法》的颁布和实施,家庭教育处在了更加凸显的位置,国是千万家,家是最小国。家兴才能国强。

目标到底有多重要

现实生活中,我们常说凡事要有个目标。是的,学生有学习目标,工人有工作目标,教师有教学目标和育人目标,农民有生产目标和生活目标,家庭有家庭目标,学校有学校目标,国家有国家目标,可见目标的广泛性和普遍性。

目标有多重要?目标即行动所达到的预期结果。它分为短期目标、长期目标、分步目标和总体目标。

一个人目标越清晰,行动就越有目的性,自觉主动性就越强。

如打篮球,目标就是把球投进篮筐,这也是打球者动力所在。为了多进球,就不惜一遍又一遍地练习投篮,自己不停地琢磨怎么就容易进球?在不同的角度用不同的方法,正面怎么投?侧面怎么容易进?篮底如何做?各个角度变着方式,经常练习才能找到进球的窍门。锲而不舍才能形成自己进球的技能,实现自己多进球的目标。

为了这一目标,不惜一早一晚,一有时间就跑篮球场,没有人催着、逼着、喊着;为了这一目标不怕苦、不怕累,汗流浃背无所谓,肌肉拉伤,跌倒都是小事,天冷、天热都不理会,下着雨刮着风都阻挡不住。寒冷至极,飘着雪花,零下十几度的低温挡不住打球的欲望。

每当看到此景,我总禁不住自问和思索:有这种劲儿,孩子们还会做事不投入,学习不专心,还有什么事做不好?何时我们也能把学生的学习热情调动起来达到这种境界?我们还会担心孩子们学习不好?恐怕不需要老师逼着,家长催着,到那时拦都拦不住了。

由此,目标就是动力源,目标产生内驱力。恰当目标的实现自然会产生成就感,强烈的成就感,促使目标提升更高层次,激发更大兴趣,产生更强的吸引力和欲望。实现目标所产生内心满足感会刺激内酚酞产生,变为一种精神的享受。

任何事只要有了目标和兴趣便成功了,所以教师的根本任务之一帮助孩子找准合适目标,激发和培养其兴趣。

阶段反思总结卡

姓名 _____

一个智力正常的孩子，只要经过教育家的耐心细致的科学有计划的持之以恒的教育，照样可以成为一个很有成就的人。

教育孩子要从大处着眼，从细微处入手。只有关注每一个细节，观察仔细，准确把握，科学引导，适时推进，运筹帷幄，才会稳操胜券。

教孩子学会总结反思。没有总结就没有进步，没有反思就没有升华。

在总结中看到进步，积累成功的经验，找出存在的不足。在反思中探明努力方向，制定改正措施和科学的推进策略。

检测过后，孩子面对自己的成绩定会有所反思，包括自己的思想、学习、纪律等各方面。反思才能开窍，开窍才能产生内驱力。为了更好的进步，帮孩子认真的实事求是的总结、反思。

一、自我反思部分

近期思想状况

影响自己的进步因素有

1.

2.

3.

（牢记：心态平和，宁静致远）

学习方面　成功经验

存在的不足

自觉刻苦程度 _____，

学习方法是否科学高效 _____，

听讲是否认真 _____，

练习是否足量经常 _____，

笔记是否齐全 _____，

其他 _____。

二、家长反思孩子近期的思想、学习

优点

存在的不足

家长希望

帮扶措施

1.

2.

交谈得知,该反思非常必要、及时。让孩子学会正确地看待自己进步,同时,冷静地分析自己思想学习等存在的不足,确定下一步的努力方向。家长帮助孩子总结、分析、反思,这是家校教育有机融合,时机恰当,说服力强,教育效果更明显。

潍坊市家访"金点子"

单位:安丘市东埠中学

姓名:刘建华

题目:面对面"问卷访谈",开启家访教育新途径

内容简介

一、问题提出

家访是家校合育的重要内容之一。

家访的形式有多种,电话家访,微信家访,偶遇家长家访,登门家访等。其中最常见的是:

1.教师到学生家里,面对学生及家长,谈一下学生近阶段的思想、纪律、学习及在校表现。

教师通常先谈孩子优点,再说一下孩子存在的不足。

2.家长当着老师的面,说一下学生在家的各方面表现,使学生在老师和家长巨大的合力之下,在很多被掌管的事实面前,只能低头认账。最后由家长和老师共同提出对孩子的渴望或达到的目标,希望孩子发扬优点,改正

不足,尽快进步。

这种方式的弊端在于:家访往往成了因学生在学校表现不佳或因学习干劲不足、成绩骤然下滑,或因违纪、交友、作业不及时完成等问题而来。其实孩子对自己这些问题心知肚明。这样很容易让家访变成当场揭孩子短处,让孩子难堪。学生由于自己过错在先,大多态度毕恭毕敬。若是"惯犯"则不以为然,任凭老师、家长说,自己保持沉默甚至被迫当场答应,其实内心不服。

由此可见,家访对好多的问题孩子来说效果不佳,甚至很多孩子即便家访过后,仍是我行我素,难以向好转变。

二、如何让家访落到实处,真正起作用呢?

我们尝试了"面对面"问卷访谈法,收到了意想不到的效果。

具体做法

1.提前预约家长,明确家访时间,说明家访目的,提前告知家长,孩子在校的表现,让家长心中有数,思想重视,做好心理准备。

2.针对学生情况设定好访谈问卷。

问卷的内容包括家长部分和学生部分。

家长访谈内容

(1)您最想让孩子上的理想高中(　　　　)

A、高中推荐生　B、一中普通班

C、青云学府、二中实验中学　D、弘毅中学

(2)孩子现在的真实水平(　　　　)(选项同上)

(3)当前孩子的干劲(　　　　)

A、很大,信心十足　B、一般,没什么起色

C、很小　D、不干,不懂事,玩心太重。

(4)您你认为孩子最缺乏的是(　　　　)

A、目标干劲和吃苦精神　B、鼓励督促和严格要求

C、思想沟通　D、物质条件的满足

(5)您对孩子的成绩(　　　　)

A、满意　B、基本满意　C、不满意　D、失去信心

(6)您认为孩子的成绩与家长的督促(　　　　)

A、密切相关 B、关系不大 C、无关

（7）今后将跟孩子（　　　）

A、多沟通，加强督促，严格要求

B、任其发展，无能为力。

C、自己没有时间，没有精力，管不上。

（8）此刻，您认为孩子的学习（　　　）

A、最重要，将一刻不松懈，多关注。

B、家长有自己的事，继续原来的做法。

C、立刻改正，全面重视，全力以赴。

（9）对您来说最重要的是（　　　）

A、孩子学习和做人。

B、赶紧挣钱买房、换车，扩大自己的事业规模。

C、干好本职工作，家庭为重，孝敬老人，多陪孩子。

（10）您认为自己做的（　　　）

A、很好。B、还可以。C、很不够。D、不称职，立即改正。

（11）您对"父母好好学习，孩子天天向上。"（　　　）

A、很认同，迫切需要。B、与己无关，我行我素。

（12）管教孩子方面，您认为（　　　）

A、自己的一套很适合孩子。B、不知怎么管，但自己尽心了。

C、不会管，不想改。D、不需要学习，我是家长，听我的。

（13）孩子的教育您认为（　　　）

A、成功的，令人满意。

B、很失败，有一种负罪感，对不起孩子。

C、责任，尽心，无悔。

家长，孩子即将要升入初三，考什么样的高中备受关注，通过刚才"面对面"的访谈，反思自己以往做法，您打算今后怎么做？

_____

_____

对孩子的调查访谈内容

（1）自己最想上的高中是（　）。现在自己心里（　　　）

A、很渴望。B、一般。C、不想,不抱希望。

(2)目前,你认为自己的差距在于( )

A、干劲。 B、方法。 C、毅力、意志不够。 D、智力不如别人。

(3)克服影响自己学习的因素有( )

A、电视、电脑,手机游戏等。B、交友。C、自己的一些坏习惯。D、其它。

(4)学习上自己最需要( )

A、实干。B、方法指导。C、家庭学习氛围。D、家长督促、陪伴并严格要求。

(5)对家长的做法( )

A、满意。B、还行。 C、很反感只能忍受。 D、讨厌,无法忍受。

具体操作:

(1)当着家长和学生的面,老师对问卷的内容,逐一读给家长听,分别让家长、学生回答。

(2)老师做好详细记录,最后归纳总结。

让家长说出自己在教育孩子过程态度、所做所感及存在的不足。

(3)访谈后,多数的家长都感慨万千,或多或少长吁短叹,深感愧疚,并表示今后一定要竭尽全力改变自己,和孩子多沟通交流。同时,要对孩子严加要求,明确目标,严抓常靠,和孩子共同进步。

对孩子而言,孩子明确了自己的目标,找到了自己的不足和努力的方向,清楚了影响自我学习进步的因素,端正了学习态度。

孩子当场说出了对家长的看法。消除了闷在心里很久的怨气隔阂。

总之,这是一次深层的思想心灵的交流。从此,做家长和孩子统一了目标,明确了各自责任,达成了共识,是真正的家校合育的有效方式。

这也是一次深刻的孩子和家长心灵碰撞并被唤醒的访谈,所有经过访谈的家庭,家长更加尽心尽责,孩子进步明显,家庭更加和谐。

实践证明:"面对面"问卷访谈是新形势下做好孩子思想工作,开展好家校合育的一种极为有效的方法。

学生闲暇自主学情反馈卡

一、提出背景

为确保学校教育的连续性,让学生业余时间过得有意义、有实效,必须充分发挥家长的监督作用,帮助孩子从小养成计划学习、做事的好习惯,帮助教师及时准确地把握学生的业余学情,提高他们的学习有效度,培养他们的学习自控力,我们设计并使用该卡。(附样卡)

学生业余时间学情反馈卡

____ 年级 ____ 班 姓名 ____

星期	按时上学,不能提前(早上7:00,下午1:30之前不准到校,中午午休1小时)	按时回家(上午11:45,下午5:30放学)	早上6:00起床早读45分钟(英语、语文、地理、生物)	晚上回家先做作业7:30—8:158:10—9:009:30前睡觉(做作业,复习、预习数学、英语、语文等)	按课程表整理书包带好上交作业	从周日晚至周四晚上不准看电视、不玩手机、电脑、不外出	是否只限于完成作业	家长评价并签名
	做到没做到	做到没做到	读的什么(出声、读写)45分钟	第一段、第二段、第三段做的什么?	做到没做到	做到没做到	是否	
1				第一段:第二段:第三段:				

2				第一段: 第二段: 第三段:			
3				第一段: 第二段: 第三段:			
4				第一段: 第二段: 第三段:			
5				第一段: 第二段: 第三段:			

家校合育典点

期中目标卡　　姓名 _____

同学们,目标就是导航,目标就是内驱力。

语( )数( )英( )政( )史( )地( )生( )总分( )

采取措施

1.语、数、英 _____

_____

_____

2.政、史、地、生 _____

_____

同学们,一分勤奋,一分收获。你的优秀就是你汗水的凝结。你有多自信就有多强大。11月3日4日,就是检验你的时刻,证明你的实力的时候。现在立马行动,天道酬勤,相信你的汗水不会白流!

家长们,孩子的成长进步离不开您的督促、严抓,对孩子最大的关心就是其关心学习和进步。孩子优我荣!优秀孩子的背后必定是优秀的家长!

怎样学会将心比心

我问孩子：日常生活中,你是喜欢什么样的人? 是说话干脆,做事雷厉风行,关心自己,关注成长。言必行,行必果。干事要么不做,做就做好的,还是做事拖拖拉拉,心不情愿,讲究条件,油嘴滑舌,浮浮巧巧,心不在焉?

答案不言而喻,喜欢前者。是的,大部分人都喜欢前者。那就知道自己平日该怎么做了,就是成为别人喜欢的样子。

其实,一个人能把别人的事当成自己的事,是一种可贵的品质。现实中,总有人重情重义,肝胆相映。他们成为"知己",急别人所急,把别人的事看成自己的事,甚至慷慨解囊,展示了责任和担当。

大且不说,就拿在家里自己有诉求时,经常喊爸爸妈妈帮忙:"我想吃什么? 我想要什么? 你给我拿过什么来? ……"只要指令发出,爸爸妈妈都会跑前跑后尽快满足,可以说有求必应。

但孩子怕惯,一味这样,孩子就认为家长是应该。当一百个事,有九十九个家长都做得好,只有一件做得不够,未满足其要求,有的孩子立刻面无表情,撅着嘴,心生不满。

这是为什么? 因为孩子不懂感恩,是家庭教育的不到位。可孩子是否反思自问:父母吩咐自己的事,有时候三遍两遍还不见行动,再说得多了就烦。有时孩子嘴里还嘟嘟囔囔,宣泄自己的不满。这是否已经违背了圣人所说"父母呼,应勿缓。父母命,行勿懒"。

就拿昨天发生的事。妈妈下班来晚了,因为抢救一重病号,回家时孩子却已经吃过午饭,在看电视,根本体会不到别人又饿又累,其实妈妈在单位就有点低血糖了。可妈妈吩咐孩子烧点热水,孩子却置若罔闻,岿然不动。多遍仍未动,甚至还振振有词,妈妈火了,严厉地训斥了孩子:"从小到大,你吩咐家长做这做那,家长都是极力满足,这么大的孩子,叫你烧点水,好几遍你却不动弹。自己想想这样做行吗? "

这事听起来不大,也很平常。但作为家长何不反思一下:为何孩子会这样？孩子一定做错了,恰恰也说明我们的家庭教育的有问题,缺少理解和感恩。

想到这里,我把孩子立刻叫出来,马上开了个"现场会"。

我说:"孩子,刚才的事无需多说,对错分明,你自己肯定意识到了。你认为自己做得怎样？马上向妈妈道歉。"我表情严肃看着孩子,话中带着几分严厉。

"妈,我错了,以后不敢了。"孩子走到妈妈跟前,低着头说。

我说:"对啊,换位思考,马上知晓对错。一个人有了错误并不可怕,改了就是好孩子。但从另一个角度,知错改错也是一个人进步的良机。相信你!"

"此事吸取的教训是:以后家长无论是吩咐什么,一定要雷厉风行,且不可拖沓磨蹭。因为三遍两遍不见行动,谁还会有那么好生气,好心情？一个连父母的话都不立马执行,还有谁能吩咐的了？至于为什么？那不言而喻。是皮沓,是无所谓,还是压根儿就没有关心、关爱别人的意识,行动是最好的代言。"我略带深沉地对孩子说。

"要想人人为我,我必先为人人;要别人对自己好,前提是自己必须先对别人好。在当今社会,虽不再'三纲、五常',那么多条条框框。但该有的孝道、尊老爱幼等还应该有。尤其在原生态的家庭,当自己不懂事的时候,自己大小事由家长包办,但随着年龄的增长自己也有能力了,懂点事了。本应为家长分忧解难了,自己却学会偷懒敷衍是不行的。"

甭管怎么说,一点小事一种态度,都是教育的契机。当面教子,背后教妻。关键时刻跟孩子说明,旨在让孩子认识到自己行为的惰性。甭管对谁,在家里还是单位该伸手的时候就伸伸手。无论什么时候,无论何地人人都喜欢相互尊敬。你敬我一尺,我敬你一丈,方能保持关系融洽,温馨自如。

暑假自立、自主、自律、自强卡

学生近两个月的暑假,如何过得充实,有收获,有意义?我们实施"事别'假日',刮目相看,悄悄变优,弯道超越"计划。

一、早晨自立(18 分)

1.早起(5分)						
2.锻炼（5分）						
3.洗刷（2分）						
床铺整理(2分)						
地面 （2分）						
书桌干净(2分)						

二、早读(10 分)

内容	方式	目标	是否达成

三、上午、下午　自主、自律、自强

时间	学科	内容	方式	达到目标
上午 第一节(2分)				
第二节(2分)				
第三节(2分)				
午休 午餐(2分)				
下午 第一节(2分)				
第二节(2分)				
第三节(2分)				
锻炼 晚餐(2分)				

一、假期阅读,厚积薄发(每页1分,每读完一本书,另奖100分)

总任务	目标(本)	每天阅读页数	阅读天数	达到目标	收获/感想

二、练习字体(5分)

目标:规范大方、快速(钢笔字、毛笔字、英语书写)

三、生活技能(每做1项1分)

做饭	买菜	洗菜	炒菜	端饭	刷碗、筷	卫生

四、特长发展(每项5分)

特长发展	时间	目标
琴		
棋		
跑步		
打球		
小实验		
魔方		
书法 / 画画		

五、拜访朋友计划(共 5 分)

会见人			
电话号码			
地点			
时间			
事情			
目的			

六、丰富生活经历、体验(一次 50 分)

动手体验为主

七、旅行计划(20 分)培养自主,激发主动性,计划做事的好习惯。

时间			
地点			
目的			
住宿位置			
交通工具			
餐饮			
行程			
服装			
携带物品			
安全注意			

八、手机管理(每天 10 分)

时间	内容	守信、守约奖分	违规(上交、代管,隔天还给)	总分	兑现奖励

消费指南:

为激发孩子自主学习、做事的积极性,约法如下,有法可依,照章而行。避免不当使用,歪曲用意,适得其反,弄得家庭鸡犬不宁,硝烟弥漫。

1.积分管理:假期结束,算出总分,按比分折算出钱数。平日所有的花销全从里面支出,所买物品提前申请,符合"急需而必要"条件,剩余部分自己管理,家长监督。

2.若所买物品积分不够,可提前预付,但比平常多付分 20%,相当于超前消费。若一周不消费奖 10 分,两周 30 分,三周 50 分,一个月 100 分,时间越长,奖分越多。

3.建立积分簿,积分公示,接受监督。

通过以上,让孩子从小学会独立自主,自力更生,尽早摆脱饭来张口,衣来伸手的习惯;体会家长挣钱不容易;学会理财,学会节约,从小学会好钢用在刀刃上,培养计划行事和节俭自律的品质。

历练优秀品质,铸就人生梦想
(学生篇)

孩子你想成学霸,考个重点大学,上"985""211"大学,实现人生的跨越、光耀家庭吗?

学霸自有学霸之法、学习习惯、学习品质。我总结了全国 40 多位高考状元,汇成"学霸之品质",供你学习借鉴。让我们用学霸的学习习惯、学习品质严于律己,奋楫笃行,实现美好人生吧!

A、志向远大,目标明确。　　（　）

B、特别刻苦用功、专注高效。　　（　）

C、有很强的毅力,始终如一,不达目标决不罢休。（　）

D、有强烈的竞优意识,舍我其谁?　　（　）

E、有严格的计划和执行力。　　（　）

F、有强烈的家庭责任感,特别感恩父母、老师。（　）

G、爱好广泛,都喜欢阅读、博览群书。（　）

H、善于动脑分析总结,有自己的一套学习技巧。（　）

I、自觉预习功课在先,超前学。　　（　）

J、课堂专心听讲,积极和老师互动,多思善问。（　）

K、课堂笔记条理,不同颜色标注,重点难点分明。（　）

L、自觉复习,做题巩固。（　）

M、各科均衡发展,有自己的优势学科。（　）

N、善于背诵经典、名著。（　）

O、书写规范大方,赏心悦目。（　）

我已经拥有了 _____。

孩子,如果你有了以上三种学习品质,恭喜你现在的学习一定是优秀的,成为学霸只有一步之遥;如果你有了两种,那你一定是学习中上游以上,相信你马上就有大的起色;如果你才拥有了一种,那你的学习正在进步的路上,未来可期;如果你只拥有了尝试的想法,难能可贵的是,你下决心马上付诸行动,你将成为了不起的自己!

历练优秀品质，铸就人生梦想

（家长篇）

常言道："自古数百年兴家无非积德，天下第一等好事还是读书"。

家长们，你想把孩子培养成学霸，考个重点大学，上"985""211"大学，实现人生的跨越和光耀家庭吗？

学霸自有学霸之法、学习习惯、学习品质。我总结了全国40多位高考状元，汇成"学霸之品质"。让孩子用学霸的学习习惯、学习品质严于律己，奋楫笃行，实现美好人生。

A、志向远大，目标明确。　　（　）

B、特别刻苦用功、专注高效。　（　）

C、有很强的毅力，始终如一，不达目标决不罢休。（　）

D、有强烈的竞优意识，舍我其谁？　　（　）

E、有严格的计划和执行力。　　（　）

F、有强烈的家庭责任感，特别感恩父母、老师。（　）

G、爱好广泛，都喜欢阅读、博览群书。（　）

H、善于动脑分析总结，有自己的一套学习技巧。（　）

I、自觉预习功课在先，超前学。　（　）

J、课堂专心听讲，积极和老师互动，多思善问。（　）

K、课堂笔记条理，不同颜色标注，重点难点分明。（　）

L、自觉复习，做题巩固。（　）

M、各科均衡发展，有自己的优势学科。（　）

N、善于背诵经典、名著。（　）

O、书写规范大方，赏心悦目。（　）

具体做法

1.家长对照自己的孩子拥有了哪一些好习惯，在（）打"√"让孩子学人之长，走向优秀。

2.家长静下心来，正确定位自己，分析孩子思想是否纯洁，学习干劲是否充足,是否竭尽全力?

影响自己孩子进步的东西如手机游戏、看杂书、交友,是否能够严格控制?书写是否已经规范一流?学习方法是否高效,适合自己?课前是否做到预习,带着疑难听讲?课堂上是否专心致志,积极思考思考参与,踊跃发言?笔记是否主动记,记得全,整理复习及时?课后作业是否认真、独立完成?有没有糊弄、敷衍、抄袭他人。平日该背过的、会写的,是否真的背过会写?平日在家是否认真学习、完成自己的功课?在家里,手机、电脑是否真的爱不释手,到了痴迷的程度?平日是否学校三令五申不准带手机,自己严格遵守做到?常言道,好习惯是成功的一半。自己孩子养成哪些好习惯?

3.家长严格要求,责无旁贷。

严就是爱,宽就是害,松松垮垮害一代。自古就有严父慈母之说,一分严格,一分收获;一分付出,一分成色。优秀孩子的背后一定有优秀的家长;优秀的家长一定培育优秀的孩子。父母对孩子严格要求,就是对孩子、家庭最大的负责。孩子的教育无小事,事事都是大事。孩子成长过程中,略有不慎疏于管理,结果必逊色。孩子小的时候,无标准,等孩子大了,想严管已经严不起来,孩子不听了,管不了了,孩子的最佳年龄已经过去。当下至关重要,恰好火候。

作为家长,平日无论多忙,一定要关注孩子。每天都要过问,孩子干了什么,干得怎么样?该背的背过了没有?该写的会写了不?写的是否认真规范?要亲自过目,切不可大而化之。只听孩子一面之词,皆大欢喜,到终来只会自欺欺人。若不务实,让孩子感到好糊弄,有空可钻,一定要警惕。因此,要亲自过问,当面检查,做到心中有数,施教有方。

家长思考:你打算怎样帮孩子养成优秀学习习惯?

家校携手,齐心共育调查

刘建华山东省优秀班主任工作室

尊敬的家长:

您好!优秀孩子的背后一定是优秀的家长,只有家长优秀孩子才会优秀。培养孩子成人、成才是家长、老师共同的心愿和义不容辞的责任。您听了今晚的家长会有何感想？您印象最深刻的是什么?最实用的是哪些？为了咱孩子优秀,您打算怎么做？您希望班主任怎么做？您对孩子的思想、纪律、学习、健康、未来有何期待？请分享您的想法。

1.您听了今晚的家长会有何感想？

2.您认为印象最深刻的是什么?最实用的是哪些？

3.为了孩子优秀,您打算怎么做？

4.您希望班主任怎么做？

5.您对孩子的思想、纪律、学习、健康、未来有何期待？

_____ 家长 2022.9.15

（附家长分享）

家校携手，齐心共育调查

李雅娴家长

尊敬的家长：

您好！优秀孩子的背后一定是优秀的家长，只有家长优秀孩子才会优秀。培养优秀孩子是家长、老师共同的心愿和义不容辞的责任。您听了今晚的家长会有何感想？您印象最深刻的是什么？最实用的是哪些？为了咱孩子优秀，您打算怎么做？您希望班主任怎么做？您对孩子的思想、纪律、学习、健康、未来有何期待？请分享您的想法。

1.您听了今晚的家长会有何感想？

刘老师从身边人身边事说起，既站在老师的角度又站在家长的角度分析了孩子学习和生活上面临的问题，为孩子指明了今后的奋斗目标和学习方法，同时也点明了家长需要做的事项，确实是一次真心实意的交流。

2.您认为印象最深刻的是什么？最实用的是哪些？

让孩子树立远大的目标，远离负面影响，逐步养成好的习惯，聚沙成塔，逐步优秀。因材施教，灵活形象的学习方法非常实用。

3.为了孩子优秀，您打算怎么做？

父母是孩子的一面镜子，要求孩子做到的我们先做好，同时加强和老师的沟通，积极听取老师们的建议并积极配合。

4.您希望班主任怎么做？

对孩子严格要求，和家长保持密切有效的沟通。

5.您对孩子的思想、纪律、学习、健康、未来有何期待？

希望孩子学习进步，身心健康，快乐阳光。

家校携手，齐心共育调查

张筠笛家长

尊敬的家长：

您好！优秀孩子的背后一定是优秀的家长，只有家长优秀孩子才会优秀。培养优秀孩子是家长、老师共同的心愿和义不容辞的责任。您听了今晚的家长会有何感想？您印象最深刻的是什么？最实用的是哪些？为了咱孩子优秀，您打算怎么做？您希望班主任怎么做？您对孩子的思想、纪律、学习、健康、未来有何期待？请分享您的想法。

1. 您听了今晚的家长会有何感想？

通过今天晚上的家长会，刘老师将家庭教育中对家长的指导逐一展开讲解，让我们了解了家庭教育的重要性。孩子的学习是一辈子的事，家庭教育也是。通过刘老师的讲解，让我们了解了家长如何更好地掌握教育方式来辅助学校一起教育帮助孩子学习成长，解决了家长心里急需要解决的很多疑惑，具有很强的实用性。我们家长以后对孩子的教育要严而有度，要能做到时时处处以身作则。

2.您认为印象最深刻的是什么？最实用的是哪些？

本次家长会印象最深刻的是(1)在家庭教育中家长的责任，作为家长应该为孩子创造良好的家庭学习氛围，用行动显示出对知识的重视与渴望，孩子就有可能对学习产生热爱。(2)在教育孩子方面家长要以身作则，给孩子做好表率，首先家长要放下手机，远离网络，这样孩子才能远离手机，远离游戏和网络。

3.为了孩子优秀，您打算怎么做？

在日常生活中作为家长我们一定要多去真正地了解孩子，不要因为工作繁忙等原因造成对孩子的忽略，只有真正地了解孩子，才能从根本上知道怎样跟孩子相处，怎样去帮助孩子。

4.您希望班主任怎么做？

俗话说"严师出高徒，慈母多败儿"希望老师从严教育孩子，多关注孩子心理健康和个性引导。

5.您对孩子的思想、纪律、学习、健康、未来有何期待？

希望孩子在新的学期里认真学习，不断进步，严格遵守学校的各项纪律，做一个身心健康的学生；希望孩子未来能树立正确的人生观、世界观、价值观。

家校携手，齐心共育调查

李鑫泽家长

尊敬的家长：

您好！优秀孩子的背后一定是优秀的家长，只有家长优秀孩子才会优秀。培养优秀孩子是家长、老师共同的心愿和义不容辞的责任。您听了今晚的家长会有何感想？您印象最深刻的是什么？最实用的是哪些？为了咱孩子优秀，您打算怎么做？您希望班主任怎么做？您对孩子的思想、纪律、学习、健康、未来有何期待？请分享您的想法。

1. 您听了今晚的家长会有何感想？

刘老师教书育人经验丰富，桃李满天下，为孩子能够有这么优秀的老师感到欣慰与自豪。

2. 您认为印象最深刻的是什么？最实用的是哪些？

孩子从小立志，家长以身作则。

教孩子独特记忆方法，提高记忆效果。

3. 为了孩子优秀，您打算怎么做？

以身作则，放下手机，晚上到孩子陪孩子做作业，自己在一边找一下课外书阅读，写完作业检查孩子背诵。

4. 您希望班主任怎么做？

经常跟孩子谈理想，就像家长会上的例子，一个个生动有力，多介绍一下学霸学习方法，预习、总结、分析等等。分享独特的记忆方法。

5. 您对孩子的思想、纪律、学习、健康、未来有何期待？

希望孩子能够做到严于律己，主动学习，刻苦学习，努力学习，夯实基础。坚持不懈，积极参加体育锻炼，练就健康体魄。在东埠中学各位名师指导下一步一个脚印，考入一所理想的大学，实现自己的理想。

第十部分 父母身体力行

父母做孩子的什么榜样

一、父母为何要做孩子的榜样

榜样的力量是无穷的。父母一定要做好孩子的榜样,因为孩子自制力不够,好多的事没有标准,很容易受到周围一些消极因素的影响。只有父母一举一动能高雅得体,语言文明,孩子自然会效仿,久之成习,形成的就是高尚品格。

相反,父母自身松垮,做事无标准,言行不一,口若悬河,敷衍了事。孩子就会跟着模仿,也会出言随意,事不务实。因此,父母身正,有令必行。父母身不正,有令则不行。这对孩子的影响是至深的,也或者是终生的。孩子一旦形成认真踏实的性格,务实干练的做事风格,对今后人生发展至关重要。当今需要的就是责任担当,主动作为的创新型人才。

因此,优秀的家长,要时刻以身作则,用自身优秀品质影响孩子。要培养孩子为人正派,认真诚信,严谨自律,忠诚担当,务实肯干,积极进取,乐观豁达,成熟稳重的品行。

相反,父母巧言令色,投机取巧,自由散漫,浮夸敷衍,好逸恶劳,消极颓废,自私自利,孩子看在眼里,记在心里,长大亦如此。因为孩子是家长的影子,和家长如影相随,一脉相承。

二、父母要做孩子的哪些榜样

1.要做勤俭的榜样

从小培养孩子节俭意识。日常能用的东西不要动辄换新的,能修修再用的就修修再用。能穿的衣服、鞋子不要一扔了之买新的。孩子从小就要懂得朴素和节俭,"衣贵洁,不贵华。"勤俭是一种品德,是我们永远的传家宝。豪华的房子、家具、车子、华丽的衣服,并不能提升个人的内涵品质,真正的高贵在于内心高尚的心灵和修养。生活平平淡淡才是真,朴实无华,更容易赢得别人尊重。平易近人,更彰显个人高雅。

2.做"有序"的榜样

有的家庭平日收拾的整齐划一,一尘不染;有的脏乱差,孩子的铺窝、学习桌到处乱七八糟。即使住再大再豪华的房子,也会住成垃圾场,但家长却视而不见。这对孩子会有怎样的影响?这样能培养一个爱整洁,讲秩序的高雅孩子吗?

在家庭这样,到了学校以后踏上社会能好吗?究其原因,这与家长的榜样、教育、生活习惯、要求有直接关系。

3.要做言而有信,说到做到的模范

教育孩子最重要的是诚信。家长不要轻易承诺孩子,因为承诺了孩子,孩子就会静看父母的举动是否当真。一旦许诺得不到兑现,孩子就会觉得家长不讲诚信,骗小孩,就心生埋怨。心想反正家长都不讲诚信,自己做不到也没有什么,跟着家长学呗。所以家长要一言九鼎,言必行,行必果,言行一致才能让孩子信服。切勿拿学习成绩作为交换的条件,如考到多少名,会给你买什么,满足什么条件,这是功利化的学习,会严重误导孩子。

学习本身是孩子自己的事,是其分内的责任,是成长必须,生活必须,应该学好。让孩子从小心知肚明,自己的事必须自己做好。

4.做讲卫生的榜样

平日在班里,有的孩子打扫卫生又快又好,他们穿着朴素整洁,落落大方,桌凳一尘不染,东西整整齐齐。而有的卫生不会干,不知打扫哪里,东一笤帚,西一拖把,丢三落四。

究其原因根在家庭。有的家长在家什么活儿都吩咐孩子去做,打扫卫生、做饭、洗衣、刷碗样样都行,做得有板有眼,相当成熟。家长重视孩子从小做家务,注重培养其生活自理能力,孩子受益终身。

但也有的家长意识不到,认为孩子还小,怕这怕那。什么活儿都不让干,什么事都是自己扛,等孩子大了知道偷懒磨滑了就更不干了。

孩子什么依靠家长,家务活从做,地面再脏也不主动拖,东西掉在地上不主动捡,视而不见,自己的衣服脏了不自己洗,等靠家长。

孩子一切事情靠别人,一定不懂感恩,更不理解家长的辛苦,家长再累也不讨好。其实这一切都不埋怨别人，是家长自己亲手包办造成的。

孩子小，有些东西不会做情有可原。父母要亲自教，孩子就会从不知到知，从不会到会到熟练、形成技能。教孩子做事，比教会孩子学习更重要。家长不能陪伴孩子一辈子，对孩子最大的爱莫过于从小培养其生活自理能力。让孩子多历练，经历就是成长，经历就会成熟，经历就是能力，经历就是孩子一生的财富和幸福的基础。

5.要做计划做事的模范

日常生活中，有的人做事很有计划性，运筹帷幄，主次分明，轻重缓急，按部就班，有条不紊。如周末安排几点做家务？几点购物，购什么？列好清单，从不乱购、狂购。什么时候回老家看望父母？事事安排得井井有条。这样的做事风格也潜移默化着孩子，天长日久，孩子也会学会计划做事，一旦养成习惯，孩子会受益终身。

6.要做好学习的模范

常有很多家长抱怨孩子耍手机，打游戏，就是不学习。有的家长气得咬牙切齿，但无计可施。

殊不知孩子不学习原因在家长，因为家长不学习，经常看手机，从不读文字的书籍报刊。父母所说的话与孩子的学习无关，孩子的思想家长不了解，孩子的学习情况一概不知。孩子处于好玩的年龄，诱惑力太大，连大人都难以抵挡，加上孩子自制力有限，自然心不由己。

学习是纯属脑力劳动，枯燥无趣。需要孩子静下心，坐得住，动脑思考，所以孩子不愿意学习。

试想若家长好学，经常和孩子探究一些未知的问题，交流思想观点，遇到不统一一起查资料、辩论，孩子还有心去玩吗？假如家长都练字，写字很漂亮，孩子会熟视无睹，书写潦草吗？家长都善读经典，平日说话引经据典，文质彬彬，善于总结反思，孩子还会语言粗俗，其语文成绩还会不好吗？

相反，家中连书本难以找到。家庭只成了吃饭、睡觉的地方，毫无文化气息，孩子不学、厌学也属情理之中了。因此家长好好学习，孩子天天进步，不无道理。

7.要做孝敬的模范

家庭本是你敬我爱的港湾，这里有老有少，有大有小，聚在一起才成为一家人。很多家庭尊老爱幼,你敬我让,和睦相处,相亲相爱,相互理解、包容、关心,相互促进,整个家庭凝心聚力,人才辈出和谐幸福,让人羡慕。

父母是面镜子。父母孝敬爷爷、奶奶、姥姥、姥爷,问寒问暖,无微不至,天经地义。孩子自然看在眼里,铭记在心里,效仿在行动上。孝敬不是遗传,但比遗传更重要。有的人说父母孝敬做出榜样,实质是在给自己的孩子上实践课,孩子也会这样做并传承下去。

相反,有的父母不注意,对自己亲生父母态度僵硬,说话粗鲁,没大没小。以后自己的孩子也同样对待自己,以牙还牙,以暴制暴,因为这是自己亲手酿造的苦酒,只有自己"独享"。

可见,孝道是中华民族优良传统,是家庭教给孩子最重要一课,是父母在践行责任、义务和感恩,是父母给孩子们的示范,也是自己修行积德的具体表现。

8.做和雅的模范

有的孩子不会表达,在外不是和这个打架,就是和那个不和,整天出师不顺,是什么原因呢? 来自家庭。在家父母说话强硬,不让人。而有的同样的话却和颜悦色,悦耳动听,即使遇到意见分歧,也会娓娓道来,以理服人,以和为贵,和平共处。

父母说话交流的方式,影响到整个家庭的和谐度,最受影响的是孩子。和雅说话是良好的家风,对孩子今后成长、在社会的交往都会产生重要影响。

由此,家长榜样的作用无处不在,有什么样的家长就有什么样的家风,就有什么样的子女,就有什么样的家庭未来。

9.做遇事沉稳、三思而后行的模范

日常有的家长遇事会很沉稳冷静,深思熟虑,拿出最佳方案,关键时刻能化险为夷,取得意想不到的效果。有的却思考简单,直来直去,意气用事,刀山敢上,火海敢跳,不计后果得失。

其实根在家庭,当父母做到遇事三思而后行,分析出利弊、影响,拿出最佳对策,孩子自然学会凡事分清好坏,该做不该做,做了有什么影响? 养成习惯,一生少犯错误,度过平安人生。

10.做雷厉风行的模范

日常有的家长做事干练果断,不拖泥带水,做事讲究快与好,这对孩子的影响极大。然而有的拖拖拉拉，什么事都做不好。

因此，必须培养孩子的时间观念，守时、珍时、高效，让孩子懂得世界上没有等待。

做事目标需要清晰，有效率意识和争先创优意识，孩子久之会效仿。

要懂得冠军只有一个，鲜花和掌声背后一定是汗水的凝结。唯天道酬勤，但天上绝不会掉馅饼。孩子一旦养成惜时竞优的意识，就会为人生赢得更多出彩的可能。

总之，父母在孩子一生成长中的作用是重要、独特而无可替代。难怪都说优秀的父母才能培养出优秀的孩子，这优秀包括优秀的习惯、高尚的人品、伟大的性格、拼搏的精神、干练担当的作风等等。正是这些成就孩子优秀的人生、优秀的家庭，形成优良的家风。

国是千万家，家是最小国。兴国必先兴家，家兴才国强。正是无数优秀家长培养出的优秀儿女拼搏奋进，汇成磅礴之力，推动着中华民族伟大复兴和中国梦的实现。

第十一部分 答疑解惑

好学生到底好在哪儿

好学生定有好学生的品质,有其独到之处,纵观教育教学实践,却有此理。

首先,好学生有心理优势。

优秀学生尤其前五名。他们平日成绩名列前茅,自信、阳光,平时学习课堂听讲专注度高,不易分神,该读读,该写写,有张有弛。课堂上自觉笔记,全面清楚、调理、认真,记到点儿上。跟老师互动默契,有问必答,思维同步。有求必达,自我要求严格,对学习不折不扣,保质保量完成老师的布置的任务。

其次,责任担当的意识强。

在他们看来,学习是必须的,是基本的责任,是对老师的忠诚,从无投机取巧和糊弄之心。认真就是水平,"认真"二字贯穿学习、做事的点滴。无论平常周末假日,还是家在校,始终如一,绝对善始善终。

第三,自觉建立起和老师之间的高度信任感。

无论课堂还是课下,无论学习还是做其他事,视为老师对自己的信任、器重和厚望,所以必须一以贯之,踏踏实实,这样才对得起老师。把自己视为老师的得意门生,是老师的骄傲和自豪。若自己做不到,首先对不起老师,对不起老师的期望、关心、关怀和鼓励,是给老师丢脸,是对老师信任的背叛。

第四,好学生对自己的要求高。

就拿课堂背诵来说,好学生认为自己必须背过,而且背熟要会默写,时间要争取前几名,越快越好,绝不可能拖沓,咔咔拌拌,所以背起来,往往如饥似渴,一气呵成。在他们心理上从来没有背不过,背过是义不容辞的责任,是小菜一碟儿。

相反,学习差的学生有什么目标,对学习无所谓,从来就没考虑过,自己也能背过,甚至会争前几名。他们几乎不会顾及到老师怎么感受。当老师检查时,在他们看来,背不过无所谓,因为还有比自己更差的。凡事他们不是向前看,和好的比,而是专盯不好的、和差的比,常常不以为然,不以为耻。

第五,主动自觉性高。

好学生对作业认真及时,按时按质完成。但这仅仅是他们学习的小部分,真正的超越是他们完成作业之后,还要自觉地复习、预习、拓展练习。而学习差的同学从不主动,全靠别人催着逼着。平时敷衍了事,得过且过,不以学习为天职,而是漫不经心,心不在焉。做作业不管会不会,糊弄完即可。

第六,好学生兴趣广泛。

平时,他们爱好阅读,经常阅读各种经典著作,常常爱不释手,见缝插针。喜欢写作,注意及时归纳总结,形成系统的知识网。无论学习什么,他们绝不似是而非,似懂非懂,而是扎扎实实,一步一个脚印。所以无论哪一科,优秀的学生都会齐头并进,科科都好。

第七,学习单纯投入。

好学生学什么像什么,做什么事都非常专一。绝非心事多多,坐立不安,做事蜻蜓点水,走马观花,绝没有糊弄之想法。

第八,好学生有很强的上进心。

不只学习凡事都往前比。经常谁谁什么比我背得快,谁哪一科比我考得好,谁书写得比我好。即使在赛场上也不敢落后,平时一起散步也走在前面,也就是无论什么事,都要抢个先头儿,有很强的争强好胜心理。

第九,好学生目标清晰而强大。

好学生时时清楚自己是干什么的,干得如何?怎样才会出彩?每干一件事,总是目标明确,绝不会漫无目的,漫不经心。执着谨慎,目光如炬,专心致志,全力以赴,自觉抵制外界各种诱惑。目标坚如磐石,心有定海神针。

好学生悉知自己为什么学习?是为谁辛苦为谁甜?心中牢记:为自己美好的前程而学习,是为父母的期盼而学习,是为了未来能为国家做点事情而学习。牢记嘱托,不负众望,有强烈的家庭责任感、家国情怀和报国之志。

学生学习差的原因何在

学生学习差的原因何在?

一、首先主观原因

1.很多孩子学习目标不明确,动力缺乏

学习上被动消极,只能靠家长逼着、催着、靠着,有的甚至认为学习是给家长、老师学的。他们压根儿不明白,学习是自己的事,是未来生活的必需;学习成就美好;学习是世界上最美好的事,是为了自己的美好前程而拼搏,不敢半点儿儿戏。

2.孩子不懂感恩父母

好多孩子认为:家长为自己所做的一切全是应该,毫无感恩之心。自己一直把上学当成苦差事,枯燥又乏味。其实,只有感恩父母把自己含辛茹苦养大,懂得父母不容易,知道励志奋斗,成就自己,改变家庭,改善生活环境,让父母不再辛苦,过上幸福生活是自己分内责任。以此,作为自己的前进动力,这才叫懂事、开窍,大凡这样的孩子哪有学习不好的? 反之,一个连父母都不感恩的人,他能感激谁,这叫自私。一个自私之人只能自我、贪婪,绝不会有大的出息,更谈不上孝敬父母,报效国家。所以学习、做事找不到动力源,表现为慵懒躺平。

3.学习之外的诱惑太多

手机、电脑、电视等电子产品会让他们心生乐趣,快乐又刺激,但殊不知正是这诱人的乐趣,无情地消耗了他们宝贵的学习时间,夺走了他们的健康,毁掉了他们的青春韶华,使他们的大脑碎片化,无心学习,一落千丈,毁掉一生美好前程。

4.从小知识落下

孩子成绩一直不如意,致使学习的自信心每况愈下,消耗殆尽。自己对自己感到无能为力而失望,有时候偶尔良心突然发现,心里也想着学习,可往往是三分钟的热度,想学又学不进去,学了一通也不见成绩提升,只能失望收场,伤害加深,最后只得自暴自弃。他们渴望被帮助,尤其心理上需及时地安抚、引导和肯定,长期缺乏关爱,造成久旱而无甘霖,心灰意冷。

5.学习上方法单一,不爱动脑

课堂上他们不看黑板,不回答,不跟老师互动,自己常忙自己的私事,做小动作,交头接耳,嬉戏打闹是平常的事。

6.缺少责任心和挑战精神

好多的孩子认为学习不是什么重要事,爱会不会无所谓,与自己关系不大。该怎么玩就怎么玩,心理素质好得很,他们绝不会因为背不过不吃饭,更不会因为不会做而废寝忘食,挑灯夜战,攻坚克难。

7.学习流程不科学

科学的学习流程是预习→听讲→复习→作业。好多的学生从不预习新课,毫无心理知识上的准备去上课。

课堂上又不参与,不互动,老师提问,闭口不答。

课下不主动复习,造成知识"消化不良"形成夹生饭。

作业抄课本,用手机搜答案,不会的从不主动问,糊弄完事就万事大吉。由于依赖手机,造成大脑休眠毫无钻劲,考试略微变化就啥也不会。

学习的重要品质是学会思考,"学而不思则罔,思而不学则殆"。很多学生学习上懒动脑,怕动脑,不动脑。越是成绩不佳的学生做作业时都从不复习课本,就直接做作业。

问他们为何不学习?他们回答作业都完成了。在他们看来,做作业就等于学习,只要完成了作业就一切可以了,就不用学习了,这未免太愚弄自己。

其实,好学生都是做作业之前都是先复习,然后做作业,作业只是所学内容的冰山一角,作业不等于学习。

8.学习上无时间观念

平日学习拖沓磨蹭、不专心,甚至手里拿着玩的,嘴里吃着东西,趴着歪着,抖着腿。在家做作业,不时出来进去,喝点水,吃点水果,没有霎时安静的时候,学习定力不足,效率低下。半天本子上不见东西,自己在屋里,不出声、不动笔,学习桌上守着分神的东西,真可谓:

一门作业做半天,心事忡忡心难安。

足不出屋把门关,整天作业做不完。

不复习,不预习,不动口,不动手,无特长,无爱好,

连点阳光都不见,你说可怜不可怜?

9.学习的好习惯没有养成

(1)大声朗读的习惯

好多的孩子读书不出声或者声音小,蚊子声,蚊子气。背东西没有声音存入大脑,大脑就收不到信号的刺激,声音无法储存。背得慢,不扎实,容易忘,易被干扰,易分神。读书不出声的孩子,语感养成不够,理解缓慢,记忆效果差。

(2)良好的思维习惯没养成

大多的孩子只知道是什么,不问为什么,造成只知其然而不知其所以然。不会提问题,疑问是打开求知大门的钥匙,问一个问题要胜过回答几个问题。如果会问问题了,说明动脑思维了,真地学进去了。思维让人豁然开朗,产生乐趣。

（3）计划做事的习惯没养成

学习无计划，常表现得随意，自由散乱，想干什么就干什么。不会统筹，更不分轻重缓急。任时光流逝，岁月荏苒，不觉可惜。

（4）没养成有序的习惯

学过的知识从不整理，重难点不分，眉毛胡子一把抓，造成知识鱼龙混杂如同八宝粥。

（5）无预习复习的习惯

不预习，对欲学内容一无所知，甚至毫无心理准备。上课理解好，预习很重要；课堂记得牢，预习第一招。不复习前后知识不衔接，不趁热打铁，知识不扎实，容易忘，学习效率事倍功半。

二、客观原因

1.家长不重视学习

没有认识到学习的重要性，也不会向孩子传播引导灌输为何学习？学习好与差有何区别？导致孩子学无目的，学习上稀里糊涂，拿着上学不慎重。不注重现实教育。学习好的上好大学，能找一份想要的工作，能去想去的地方，能做想做的事，能过想要的生活，实现自己的人生价值。

2.家庭环境不够，无学习氛围

有的整个家里几乎找不到一本阅读的书籍，更甭说什么国学经典名著。家长平日不阅读，孩子就不会自觉读。相反，有的家长带头读书，并及时与孩子分享讨论，享受书中的乐趣，汲取其中的丰富营养。这样做家长孩子互相受益或被书中的乐趣吸引，产生欲罢不能的感觉，久之就会产生阅读的兴趣。所以孩子爱阅读是因为有了爱阅读的家长引导，榜样的力量是无穷的。

3.家长的工作决定

家长正好是创业的年龄，大都忙于生计，没有时间管理、陪伴孩子。有的都不跟孩子住在一起，甚至长期不见孩子的面。他们只关注孩子的生活，对其学习过问只是粗线条的，作业写了吗？考试怎么样？至于孩子的思想和学习的过程关注不够甚至不管不问。

4.教育孩子的方法不佳,不会引导

家长采用的教育方法普遍单一的"命令式"。靠口头说教,说不服就高腔训斥、打骂。大多家长不问为何,孩子敢怒而不敢言。孩子哪能不想学好,可学习真的是个"技巧"活,受到各种因素的限制。孩子学习成绩不好,更需要我们耐心、细心、平和的心态去跟孩子沟通,找出症结,分析造成的原因,采取切实有效的措施,持续关注鼓励肯定,和孩子共成长。十年树木,百年树人,久久为攻,方能静等花开!

综上所述,造成孩子成绩差的原因是多方面的。水有源,树有根,成绩不佳定有因。无论任何事,当我们进行思考,不难发现其中的症结。只有我们用心、用情去陪伴、唤醒,沟通理解和真爱,培养孩子个人、家庭、国家的责任感,用耐心点燃其心中的希望,激发其奋进的内驱力,孩子未来将是一片光明。

孩子,你的未来依靠谁

作为父母,不管你是什么人?从事何职业?身居何位?一定要从小告诉自己的孩子。

1.父母真情告白,"一切为了自己的孩子"

父母可以从生活的关心、基本的物质条件的满足,力所能及,创造尽可能的机会,尽上父母的责任,因为生了、养了责无旁贷,只能竭尽全力。自己的未来依靠父母吗? 显然不是。

2.孩子责任担当,不忘初心,乘愿前行

很多父母回想当年自己上学,由于没把握住机会,留下了诸多遗憾。很多和自己的同龄人,当年努力刻苦,意志坚定,坚持到底,现在都衣食无忧,美满幸福。父母从内心羡慕他们,后悔自己当初的选择,渴望自己的孩子能完成父母当年的夙愿,拥有美好人生。

3.想象很美好，一切靠自己

孩子怎样看待学习，这是很重要的。如果不想学习努力吃苦，那孩子想要的生活是什么？有什么好办法能够得到？上学成就梦想。希望在自己手里，美好自己创造。

4.家长肺腑之言

当家长的没有不希望自己孩子好的，反而不希望看到孩子未来愁眉苦脸的样子。只要孩子懂得努力付出，肯吃苦，未来可期。如果慵懒躺平，不思奋斗，肯定一事无成，将来后悔。

5. 父母想帮忙，但无可奈何

父母想帮助孩子，但学习是孩子自己的事。自己就要尽心负责，父母不会代替孩子听课、背诵、完成作业。孩子自己的事必须由孩子做。有个别孩子上辅导班，完全是家长被迫无奈，孩子也不情愿，所以结果事与愿违。

6.相信孩子，依靠孩子

只要孩子懂事开窍，感恩父母，责任担当，才会自觉主动，尽心尽力，一切美好就在眼前。很多事取决于孩子有没有责任心？能否担当？态度能否认真？能否主动而为？希望孩子自己的路要自己走，未来吃什么饭？自己说了算，一切幸福美好都在自己青春韶华的奋斗中。

孩子，你是如何理解
"学习是人生最大的幸福"

一、问题的提出

现实中，有很多的孩子学无目标，动力不足，认为学是苦差事，枯燥又无聊。平日学习被动消极，只能靠家长逼着催着，既然孩子不想学，那为何家长还要逼着学呢？因为家长知道学习是人生最大的幸福，是实现人生跨越的最佳捷径。这又为何？

1.上学时间短,见效快,终身实用

总算起来小学 6 年,初中 3 年,高中 3 年,共 12 年。从 6 岁开始上学,18 周岁即实现人生跨越,开始精彩人生。短短的 18 年,通过上学自己从无知变得有知,从简单变得有哲理,实现人生完美蜕变。

2.上学完全依靠自己的努力、自觉有恒、独立自主、自力更生、取得成功。同时因自己的成功,光荣家庭,奉献国家,真正实现人生的价值。

3.上学的年龄正好是人生心不成熟,其他事难成的大好年华

黄金记忆,少年记骨。只要勤动脑,多动手,多动口,听老师话,锲而不舍,即可实现梦想,这是离梦想最近的距离。

4.上学时,个人成长进步最快,环境优美,真可谓占天时、地利、人和

求学地点主要在教室、家庭,论条件冬有暖气,夏有空调,安全舒适,条件优越,物质充裕,无忧无虑,思想单纯只为学习。无丝竹枝乱耳,无穷困之劳形。有家长关心备至,学为己用,全家众星捧月,父母代劳一切,岂不幸福!

5.吃不了上学的苦,只能受更大的苦

看炎热的夏天,骄阳似火,啥事不干都大汗淋漓,但建筑工地上,几十米的高空,不乏戴着橙色安全帽的劳动者,依然扎钢筋,打浇筑,汗水浸透衣背,变成一道道盐碱,他们晒得像黑大汗,但不顾个人安危,拿命挣钱。

据了解一个刚刚毕业的大学生,才二十几岁的小伙子,往往工资是他们的几倍,这似乎太不公平!对呀,是什么原因?是知识无价。因为这些人都是大学生,他们在大学里学建筑设计,上 4 年的本科,经过专业学习。而扎钢筋,打浇筑是纯粹体力活,不需要上大学,更无需专业学习,很容易就能学会。

可世间万物无论什么东西都渗透着一个似乎不变的真理:物以稀为贵,人以学为贵。事情越难的越有价值,而一学就会的往往一文不值。

生活中有多少人感慨:假如人生能重来,自己一定要抓住机会好好上学,往死里学。还经常听到他们说:当年人家谁谁,脑子也不比咱好使,但

是就是能干。坚持下来了，最后成才了。但现实终归是现实，这一切历经岁月的洗礼，生活的煎熬得出的结论是：早知现在何必当初，但世界上没有卖后悔药的。

回想以前的那个年代，多少人都因为家里穷，家长无能为力。又没有严管自己的孩子，而失去了上学的机会。现在似乎才明白了，现实就不可改变，时光不等人。他们的亲身体验，发自肺腑之言是最有说服力的。

6.上学会让人扶摇直上，步入青云

有很多农村普通家庭，世代面朝黄土，背朝天，只有靠天吃饭。曾在他们幼小的心灵里播下了家境贫寒的种子，萌发过对富有的向往。他们明白：这一切只有通过上学来改变。他们唯一能做的就是好好学习。他们不能抱怨，因为抱怨不管用。只有感恩父母所创造的不易机会，珍惜分秒，干劲冲天，考上了大学，才能找到理想的工作，改变自己，改变家庭。实现想要的生活，去想去的地方，得到想要的一切。而他们如今没有背景，没有靠山，只有凭自己的奋斗，于是艰苦的环境成为他们奋起的动力源。父母的不易使他们下决心要改变，他们唯一靠自己。他们拼过春夏秋冬，熬过孤独寂寞，为的是用最短的时间，12 年（小学 6 年、初中 3 年、高中 3 年）走出艰难，脱去贫贱，改天换命。

7.身在福中，感恩前行

回看现在班里的许多孩子心无目标，拿着学习当儿戏，归根到底是他们有优越的条件，阻碍他们向前。不愁吃不愁穿正使他们失去奋斗的源泉。

我曾想如何促使他们转变？帮他们树立目标、远大理想，可是收效甚小。一切的苦口婆心的说教不如他们触及心灵的体验，艰苦的条件才是生活的考验，更是奋进的良师，唯一的出路靠上学改变。上学成为人世间最大的幸福，只用十几年的努力，换取一生的幸福，这是多么划算！只有自己的努力才能实现了自己幸福，实现家庭因自己而幸福，实现为国家的需要做点事的心愿。

家校携手，攻坚克难，砥砺前行

一个班级犹如一个家庭，一个单位，无时无刻存在着各种各样的问题。如何来应对这些问题，需要家校携手，共同谋划，商讨正确的解决策略。

1.树立正确目标，拧成一股绳前行

凝聚力是一个班级最重要的向心力和驱动力。它使班级每个成员心往一处想，劲往一处使；它是团结向上的力量，是正气之源，奋进之能。

当前班级出现的情况是学习好的同学，没有起到应有的带头作用，各自独行，形不成强大竞争力和比学赶帮的局面。有的自以为是，自我感觉良好，只看到自己在自己班里还行而不和其他班最优秀的相比。有点自傲自负，不谦虚。我们深知，学习只有更好，没有最好。学习最大的敌人就是骄傲和自我满足。

平日表现：纪律散漫，要求不严，课堂随便下位，值班长多次提醒不以为错。带头违纪，不懂礼貌，不尊重老师，更不自尊、自重。这么小年纪显得比老师还能，缺少基本的低调和谦让。毛主席说，谦虚使人进步，骄傲使人落后。

不讲团结，专结交不学习、纪律差的，搞帮帮派派，这个很危险。"近朱者赤，近墨者黑"。平时言语粗俗，粗话满口，降低了自我形象。

学校的根本任务就是立德树人。为党育人，为国育才。班级每学年都有优秀学生、优秀学生干部、优秀团员等各个级别的荣誉评选，有的孩子虽然学习差不多，但得票不高，就因平日不树立自己的威信，言谈举止不注意，难以服众。

书写方面，字迹潦草，缺乏规范、一板一眼。自我要求不高，行动迟缓，现在已经把书写拿到一流重视，若不惊觉必吃亏，至少不占优势。

综上所述，好学生首先是思想好，品德好，学习一流。尊敬师长，听老师的话。他们是学生学习的标杆，行动的模范。仅凭学习成绩，沾沾自喜，自高自大,语言不逊,是绝对不行。

谈到综合素质,有的平日毫无顾忌班级纪律,心中无规范,肯定得分不高,仅凭两次文化课考试,难以优秀。在此说明以引起思想足够重视,关注规范自己日常行为。综合素质可用于推荐生选拔,若综合素质、语、数、英达不到 A 就没有资格被推荐。其实略加思索便知,孩子的学习还行,为何综合素质没有达到 A?一定事出有因,是品德出了问题。

2.成人比成才更重要

大部分学生都在好习惯养成的路上。有的自己要求不高,课堂纪律涣散,自以为是,学习成绩还行,但对学习以外活动不参加、不积极,如班级卫生不打扫或打扫不彻底,被老师找着。和他们一块儿的值日生都知道,每次都糊糊弄弄,长久便形成不佳印象。

自己的个人卫生搞得一塌糊涂,长期桌面书纸论堆,桌凳混乱不堪,极不雅观,多次点名而不整改,同学很有看法。自己的周围常有垃圾视而不见,不主动捡起、随手乱扔,个人卫生习惯不好。

课堂纪律懈怠,被任课老师点名,影响了教师讲课情绪。个别不思悔改,不以为耻。在体育课、微机课、美术课也有类似的发生。不仅不带好头,还起哄,甚至出洋相,让其他同学感到无是非标准,品德有问题。大家嘴上不说,心里不服。自习课只要老师不在课堂,他们带头违纪,影响整个班风的形成,可以说这种风气十分有害,给班级管理带来很大难度,大大影响了个人和班级的进步和出色。

这里不可否认与家庭的重视和引导有很大关系。大部分家长是感激老师和自己一道培养教育孩子,认识到孩子品德的重要性。可也有的认为自己的孩子挺好,只要学习可以那犯不了什么大事,睁一只眼,闭一只眼,导致孩子不认识自己的过错,多次劝教仍然我行我素难以起色。我们认为学校是育人灵魂之地,立德树人,立品为先。好习惯铸就孩子成功,坏习惯小毛病可毁掉孩子,比成绩更重要的是做人。

3.解决目标不高,动力缺乏的问题

大部分家庭没有明确培养目标。在孩子培养问题上走一步看一步,缺少远见卓识和科学规划。家庭成员各自为战，缺少统一而清晰目标的引领。孩子是家庭的重中之重，父母的期望是什么？孩子的理想又在哪里？需要家长怎么做？孩子怎么学？影响孩子思想进步的因素有哪些？其危害是什么？如何避免？

有很多治家有方的做法，家庭成员经常开家庭会，统一思想，各抒己见，共谋未来，达成共识，各尽所能，共奔美好。这是优良家风的传承，是兴家旺族的好做法。

4.解决家长对孩子关注度不高的问题

大多家长口口声声关心、关注、关爱孩子，但现实中多数忙于生计，全部心思用于挣钱，真正关注孩子的寥寥无几。没有做到的都有充足的理由，正如孩子考试不好都事出有因一样。但现实告诉我们：孩子的成长没有等待，更不能重来。关键时刻需要家长靠上，用心陪伴，会陪伴。要懂得孩子需要什么？怎么引导？方法要正确，原则要分明。要洞察仔细，抓住关键，要做到细微之处。要经常加强自身学习，和孩子及时进行思想沟通，把握孩子思想脉搏，施教有方，当然孩子内心佩服。任何一点疏忽大意，都有损孩子成长。

5.解决家庭"手机沦陷"的问题

对孩子学业成长有致命影响的当属手机、网络游戏。若不认识或认识不到位，孩子学将不学，前功尽弃，毁掉前程。

据我们班调查，周一至周五不拿手机的孩子屈指可数。周六、周日不看手机十不至一，统计到这里一片笑声。他们都心有灵犀懂得很，全班皆哗然。一周不拿手机则全军覆没。

在一个全民皆手机的时代，已无洁身例外。手机强大智能，各种新奇笑料已无法抵挡。有人说要增强孩子的防腐拒变能力，试想大人都难以抵御，更何况孩子？大人有时上瘾却回头斥责孩子，分明是在自己带头，根本没有资格管孩子，说了白说，难怪孩子产生心理对抗。

据说手机之害使人体磁场被打乱，注意力难以集中，意志力消失。长期看视频，淡化自己抽象思维能力，无法深度思考，降低记忆力；无法使人专注做事,性格怪僻、暴躁。在此郑重呼吁:为了孩子,为了家庭的和美,全家总动员戒掉手机。

6.解决家教不得法的问题

目前,家教仍以口头说教为主,很多孩子被说皮了,骂聋了,家长气崩了,但孩子仍旧不管用。

思想上,孩子乱七八糟知道的多于父母。家长再按传统一套,又缺少新颖的方法,直来直去,生搬硬套,根本说不到孩子的心里。不等家长开口,孩子明白得很,家长说一句,孩子有一万句等着,搞的家长像鸭子吃了筷子回不了脖。

在学习上,家长学识少,平日又不学习,跟不上孩子的步伐,孩子很不服。

只有家长重视自身学习,做好孩子的榜样,可谓家长好好学习,孩子天天向上。经常和孩子细心沟通,对孩子适时引导,多倾听孩子的心声,切忌刚愎自用,"硬碰硬",专制作风已过时,民主和谐正潮流。

7.家长普遍重成绩,轻过程管理

大多数家长只看重孩子分数高低,不过问孩子错误原因;只注重孩子最后的结果而轻视学习过程。如孩子的思想、干劲、方法、专注度、定力等视而不见。当看到孩子成绩好,虚夸一场,高兴得不得了,但又夸不到点上,反作用巨多。看到孩子成绩不好,批评责骂,拳脚相加。我们说孩子考试只是一段时间孩子思想、学习、方法、干劲的综合的反映,好必有道,要总结经验,以力再战。若不好,更需要和孩子静下心来找找原因,多陪伴,多查常靠,激励奋进。

家长真正的关心是对孩子思想、学习过程的关心,绝非只关注结果,搞秋后算账。这样只会导致亡羊补牢,无济于事,两败俱伤,无益孩子成长。

8.不该拿来学校的,绝对不能拿

上学贵在心专,志虑忠纯。忌随意所欲,显摆得瑟。那就需要家长严管常查,如有的拿手机、电子手表、口香糖等。

以上这些东西与学习格格不入，它们是分心棒，会惹事端，学习上心不在焉。

切忌给孩子零花钱，或让孩子保管钱，这样只会惯坏了孩子。

总之，家长们，教育无小事，事事皆大事，时时刻刻皆教育。唯细心、耐心、关心、一刻不敢掉以轻心，否则后果难以想象。

教育如同盖大楼，除了有好的图纸设计，每一道工序都需要严把质量关，方能成就精品。但唯有和教育孩子不同的是，大楼盖不好叫"豆腐渣"工程，可毁掉重来，只是经济损失，而人却不能重来，毁掉的定是孩子的一生。

9.家长正确面对孩子的问题，忌班级群里牢骚满腹

青春期的孩子有这样那样不尽如人意的地方，这个年龄段心智尚未成熟，缺乏应有的能力和做出正确的是非抉择。作为家长一定要弄清事实真相，不能只听孩子的一面之词。要站准角度，心平气和，怀着解决问题的态度和善意，不夸大其词，不供火浇油，通过沟通妥善解决各种问题。严禁为孩子争理撑腰，加油助威，让孩子觉得自己的家长很厉害，这使孩子思想膨胀，扭曲事实，小事办大，简单变复杂，好事办糟。这绝非明智之举，到中来就是"惯子如杀死子"。

为什么学习好的孩子
首先是听话的孩子

日常教育实践发现：学习好的孩子首先是听话的孩子。他们在家听父母的话，在校听老师的话。

一、为何孩子要听父母的话

我们每个人受之于父母，是父母生命之延续，寄托着父母无限的期望。父母望子成龙，望女成凤，希望自己的孩子成人、成才，成为对社会有益的人。

1.父母的话里包含着对儿女的真爱

生活中,父母常告诉我们:天冷了,要加衣了,于是就早早地把衣服拿出来准备好。每当出门前,父母会叮嘱我们,路上要慢点,注意安全。当我们身体不舒服,首先逃不了的是父母的眼神,随之而来的是父母嘘寒问暖,跑前跑后端水拿药,做好吃的。每每夜深了,我们还在加班加点,经常会听到:别熬夜,早点睡吧。

如此生活之点滴,看似平常,有时甚至免不了我们感到心烦,埋怨父母的"唠叨",但句句饱含着父母对子女深深的爱,也唯有自己的父母才会这么做。

2.父母的爱是我们最大的奢侈品

年轻时,往往不理解,等自己成了人,成了家,也有了自己的孩子,才觉得父母的"唠叨"是一种幸福,会让多少人永远羡慕,是不可多得的"奢侈品"。每每如此,都会后悔当初自己的无知、调皮和不懂事。

有句话说得好,拥有的时候不一定珍惜,失去的时候才会感到可惜。现在随着自己年龄的增长,我越发理解之深刻,深感其中的内涵。有"唠叨"的孩子像个宝。

3.父母的爱是最真挚的

自己从小经常听到父母说过诸多的"不要",如不要和别人打架;不要欺负弱小;不要擅自脱衣;不要随意拿别人的东西;不要轻易接受别人的礼物;不要乱花钱;不要吃过多垃圾食品;做事不要马马虎虎,心不在焉……如此等等。这都是父母发自内心的最真诚的劝导,是因为他们生活已经历过,是多年总结的经验,或目睹或亲身经历,或吃过亏的,或有过教训的。这绝非信口开河,是发自肺腑,我们必须牢记于心,谨慎于行,切忌当作耳旁风。常言道:不听老人言,吃亏在眼前。到那时会后悔晚矣。

4.父母的爱是最细致的

我们经常也听到父母说:要早起早睡;要大声读书;要讲礼貌;学习上

要加紧;要有不服输的精神;要勤勉,要不耻下问;要认真对待生活中的一切;要关心他人,爱护公物等等。这也是因为他们走过路过,切身体会,深知其中之奥秘。父母对子女总有千言万语。见子女面,父母是说不尽的叮咛,让我们从小养成好习惯,做个好人。培养严谨求实的作风,勤勤恳恳,埋头苦干,为美好的人生奠定坚实的基础。

由此,父母是最亲的人,最懂得自己的人,最渴望自己出人头地的人,最希望我们有出息,做个好人,他们说的每句话都是掏心窝子的。这里没有任何的掺假,无需任何怀疑。是真心希望我们少走弯路,减少失误,少吃亏,走好自己的路,做个好人。倘若连这样的话都听不进去,我们岂不是真傻!

二、我们又为何听老师的话呢

首先,上学的目的就是跟着老师来学知识、学习做人的。因为"师者是传道、授业、解惑也"。老师是人类灵魂的工程师。老师既是文化的传承者,又是人类文明的传承者。求学的人应以虔诚、敬畏之心,"一日为师,终身为父"。师如父母,只有好好听老师的话才能认真学习,虚心接受老师的教诲,倘若把老师的教诲当儿戏,教师所教的知识不慎重对待,那真是愧对老师一片冰心。他日必后悔当初自己无知,知识没学会,做人也一般,但机不得失,失不再来,后悔晚矣!

其次,"亲其师,方能信其道"。学生首先感到老师可亲可敬,亲是因为老师爱生如子。老师对每一位学生关心、关爱,如同我们的父母一样,从思想到学习到生活到健康,老师会无微不至。平日在学校老师除了教授我们知识,更重要的是对我们思想上的关怀、引导和教诲。当孩子不在状态,学习心不转时,老师会及时提醒并帮助我们心分析其原因,加以说教引导;当我们身体不舒服,老们会跑前跑后联系家长;当孩子之间发生矛盾时,老师会千方百计,直言不讳,孰是孰非,公平了断,让我们口服心服。老师以为人父母之心关爱着我们,老师的话如春风化雨,润物无声,他们是我们人生成长中的贵人。

再次,老师是我们生命中的贵人。

我们从幼儿园到小学，再到初中、高中一直到大学，无时无刻都和老师朝夕相处。从老师那里汲取着知识智慧和做人的道理，为我们人生奠定坚实基础。这是我们人生最值得回忆，也是最丰富多彩的经历，是我们人生的宝贵财富。其实，每个人从呱呱落地，是父母给了我们生命，给了我们吃穿等物质，而老师却让我们明事达理，分清是非对错、知荣辱，教我们成人成才。老师是我们除父母之外最亲近的人，是我们人生受益最多的人，是我们人生的真正恩人。我们的点滴进步无不渗透着老师的辛勤汗水，难怪有人说师恩难忘，恩重如山，足见老师和学生之间恩情之深。

仔细想来，其实老师和我们本没有丝毫血缘关系，但为学生们的成长，老师却做到呕心沥血，默默无闻，无微不至。他们是真正的具有春蚕之品格，蜡烛之精神。

但有的孩子真的太幼稚，认为学习是给老师学的。自己的作业常不完成，该背过的背不过，该会写的不会写。检查时有的错误连篇，书写潦潦草草，态度敷衍，被老师找着不仅不承认自己的错误反而振振有词。有的甚至和老师顶嘴，觉得老师太苛刻，是故意和自己过不去，于是产生心理对抗。个别还和老师对着干，态度蛮横。仔细想来，岂不太幼稚，不懂自己来干什么的，枉费老师的一片心机，拿着青春开玩笑，是多么愚蠢之举！

纵观我们生活的周围，大凡有成就之人，哪一个不是老师苦口婆心，点滴教化的结果。再看整个社会，唯独老师和家长有共同的目标，希望我们能青出于蓝而胜于蓝，希望学生能够成人成才，为家庭添彩，为国争光。

最后，老师这一行又是唯一不图回报的。他们一身正气，两袖清风。正如鲁迅先生所说，"俯首甘为孺子牛"。

孩子英语成绩差意味着什么

自己教了 30 多年的英语,曾半路接过几届英语成绩很差的班,深知英语成绩差的"味儿"。

1.首先基础弱

大部分学生 单词不会写,甚至不会读。背的背不过,语法不明白。句子不会译,阅读读不懂,写作不会写。

2.书写差

大部分学生写的不规范,字迹潦草,书写速度非常慢。这是为何?

因为他们不感兴趣,不愿意学,平日动手太少。单词生疏,写得又慢又差,勾、画、涂、改随意成习。字母不规范,写得很潦草,没有养成严谨的学习态度。

3.好习惯没养成

好习惯成功的一半 。要学好英语,必须养成好的英语学习习惯。孩子英语成绩差,好习惯一点也没养成。

学英语有哪些好习惯?

开口并动手的习惯。学英语最好的方法就是读写。即读着写,写着读。读什么就写什么,写什么就读什么。

为何这样做?

因为英语是一门有声语言。读是声音在大脑的储存。大量的有节奏的朗读有利语感形成。写是词形的印证。通过写,会让记忆更扎实。因此,学英语要读写同步进行,"3+1+1+1"最高效。即连读三遍读音,音形对比分析一遍,手写一遍词形,说出其词意。

读英语,一定大声、快速、清晰,决不能含含糊糊,慢通通,口齿不清。读得清楚到位,书写同步跟上,边读边写,默契配合,既培养了学生发散记忆,又提高记忆效果。

教学实践发现:英语差的班级,大部分孩子首先不开口。因为他们不会读,害怕读错,被别人笑话,被老师批评。

他们不动手,学得越差的孩子越懒动手。他们通常读英语的时候,只是静静地、呆呆地看,不出声。要么只是小声嘟囔,要么动笔不动口,手口不配合。有的写英语,只能看一看写一写,不过脑子。好不容易当场记住了,放下笔就忘了。甚至当场听写过关了,但稍后又很快忘掉。主要原因是记忆方法、流程不佳。

实践证明,没有声音的储存,写得再多也不管用。因为我们的回忆主要以声音回想为主。他们靠死记硬写缺少声音储存,必然导致难以回忆。

4.学习差的孩子不自信

自信是成功的第一秘诀。孩子不自信,成为学英语学习的最大的顽敌。因为好多孩子,自小学英语就一直不好。上了初中英语成绩更差,自己越学越没劲,因为无论怎么努力也没有成绩,自信心消耗殆尽,于是想干脆放弃。

调查得知:基础没打好,好习惯没有养成,更可怕的是孩子没了自信。他们共同的反映,单词记不住。费了九牛二虎之力写会了,隔天又忘了。句子背不过。即使好不容易背过,到第二天又背不过了,他们中很多怀疑自己缺少英语的细胞。

原因探析

造成孩子学习英语越来越差的根源是什么?

通过长期的教学实践和观察:

教师的关爱欠及时、详致。客观上说所教班级学生太多,教师对学困生个人情况难以把控细致及时,当发现学生成绩不行再关注,往往已经晚了。因为冰冻三尺,非一日之寒,再怎么抓已经难以取得如意成效。

学生对老师的讲课方式不感兴趣。爱好和兴趣是最好的老师。很多学生不喜欢老师的讲课风格。因为教师死啃课本,枯燥乏味,无聊之极,自己不想学。

少英语学习情景和氛围。因为学生身处汉语环境,开口就讲汉语,几乎没有说英语的机会。思维全用汉语,汉语影响根深蒂固。这也造成孩子学了英语,过后没有重视,巩固不够及时到位,又不学以致用。尽管在校一周五天,每天只有一节英语课。课堂上,孩子开口的机会少的可怜。大多英语教师用汉语辅助教学。孩子就用汉语的思维来学习英语。

课堂上,老师怕完不成教学任务,自己唱独角戏。一言堂,满堂灌,很少有学生开口的机会。即使让孩子课堂回答,为了节省时间,也只是让几个好的同学。英语差的孩子几乎没有展现的机会,得不到足够的关注和重视,导致越来越差。

孩子的书写跟老师有直接的关系。

榜样的力量是无穷的。规范漂亮的书写是一个好老师重要的素质之一。一个书写好的老师,他教出的学生书写都是一流的,因为天长日久,学生耳濡目染跟着模仿。很多教师自身书写不过硬,板书不规范工整,平日不重视书写。对学生的书写难以做出严格的要求和标准化训练。孩子书写必然潦草、不规范。

学生自身的因素。

学生平日思想不重视,没有认识到书写的重要性。平日书写潦草已经成习惯,随着年级的升高,写的内容多了,就想快完成,只要速度而忽视质量。

打铁还需自身硬。由于教师自身的因素和要求不到位,导致孩子自身对书写的要求过低,好多孩子的书写潦草不规范卷面乱勾、乱画、乱涂。

与教师的要求密切相关。

平日老师只要求学生背过,而不要求背熟会写;只要求写完而不要求写好;写得不好,老师也没帮其改正。

学生懒于动口。

我们常说学语言开口为贵。大凡成绩差的孩子都不开口或者开口的声音小,对大脑的刺激不够强,导致记忆不深刻,开口声音小了良好的语感难以建立。孩子读英语生硬、不连贯,甚至读破句子。自己读的技巧一点儿不会,什么语调、时机爆破、连读、重音停顿,通通没有,甚至部分学生单词不会读、不认识。

综上，致使口语成绩较低，因为别人读的自己听不懂，自己读得不够标准难得高分。

孩子复习英语的时间不科学、不延续甚至严重不足。

每天不能保证 30 至 40 分钟。有的一天不说句英语，不足以建议好的语感并正潜移。前面学的没有时间巩固，新学的内容又没有预习，导致越学越没有自信，体验不到成就感。

有好多的孩子，只要老师不布置作业。很少自觉复习当天所学，错过最佳巩固时机，结果到了第二天单词不会写，句子记不住，课文没背过，习题当然不会做。尤其英语基础弱的孩子，首先不感兴趣，全是老师逼着学，缺乏热情投入。俗话说爱好和兴趣是更好的老师。越不感兴趣，越不愿意学，越不愿意下功夫，成绩就越差，导致恶性循环。

由此，造成孩子英语差的原因是多方面的，有主观的也有客观的。只要我们一开始多关注、引导、肯定、鼓励，方法科学，培养兴趣，激发自信，靠个人刻苦努力，学好是没问题的。最怕口懒、手懒，静眼看着，一旦落下，很难赶上，这将严重影响自己今后的发展。

育人探究在行动

学生究竟累在何处

日常，有的同学学习总是不慌不忙，有张有弛，计划严密，执行力强，但也有的慌里慌张，东一榔头西一棒，漫无目的，满头虱子，不知先拿哪一个。

究其原因是孩子做事无计划，主次不分，没有目标的缘故。试想，这样的学习会高效吗？会一流吗？会不累吗？为何会这样？

一、累在无计划、磨蹭上

实践表明，无论学习还是做事有无计划会天壤之别。

无计划做事表现为学习上先学什么、后学什么不知道，学会多少，背过多少，要求如何？没有要求。所以行动迟缓，磨蹭、敷衍、拖沓便是常见之事,常一分钟的事,五分钟还完不成。

有计划则截然不同。学什么,学多少,多久完成,达到什么目标?都非常清楚。他们的时间观念强,学习做事珍惜分秒,雷厉风行,务实高效。这种好习惯一旦养成,做什么都会很强的时间观念,快、好为标准,自觉行动。这种好习惯,当走出学校踏入社会受益终身。

相反,孩子做事无计划,缺乏主动和自觉,都是别人催着、逼着、不情愿。他们的成绩会好吗?大多不佳或不够突出,得到的表扬少,批评和责备多。由于学习上的不够尽心,自己其它面的优点和成绩很少被关注,这会使自己自信降低,勇气不足,甚至在小小的年龄就表现出,不求上进,甘拜下风,个别的自暴自弃。

日常多见,有些孩子语、数、英成绩不高,地理、历史、政治、生物也不突出,其实四门背科只要肯下功夫,多背勤背,跟上练习,拿点成绩是不难的。都知道背过就是成绩,可有的连背不背,只得二三十分,弄个不及格,这是动力严重不足的表现。

二、累在不自信

故有人说的好,学习成绩不是吼出来的,更不是打骂逼出来的,而是肯定、表扬、夸出来的。表扬出来的孩子自信阳光,性格开朗,而责备、打骂出来的孩子自闭、孤僻、怯懦,因为夸孩子看到的是孩子的优点,长此以往越夸越自信。自信是成功的第一秘诀。孩子受到了表扬,自己行动被肯定和关注,自己的心理会得以强化,就会表现得更自信。

相反,孩子遇到批评时,往往觉得这也不是那也不是。想做好,但又不知如何是好,心怕干不好,会遭到批评。常常产生自我否定,自我怀疑,无所适从。长此以往,就养成了凡事自己无主心骨,只会听人家的,不是发自内心、自觉去干,带着一种任务观点糊弄完事算完,而不是快又好为标准。

三、缺少关注、肯定、表扬

培养孩子要及时肯定、表扬和鼓励,让孩子干劲迸发,自信增强,自觉行动,更加努力,做到更好,实现自我超越。

实践证明:关注、肯定、鼓励对孩子是最好的加油站。其实不只是孩子,就连大人做事也十分在乎别人的关注和赞美。当孩子学习时,我们不仅只关注孩子学了什么,更关注其学会了什么,用什么方法学,学习的态度如何,是否专一,心无旁骛,这些都至关重要。

课堂上为何同一老师讲课,学生的成绩有那么大的差距?

多年的课堂实践观察得出:越学习好的孩子,课堂听讲越认真,他们目光如炬,积极思考,踊跃回答问题。该读的读,该写的写,笔记条理清晰。

另外,好学生会全面发展,各学科都好。很少有偏科的,因为他们什么科都重视,什么科都以学好为目标,所以学起来会认真学,绝不会偷工减料。他们已经养成了认真对待学习的好习惯。于是各科成绩都好,各科老师都表扬。

总之,孩子平日生活在老师的表扬鼓励当中,他们很少因为学习被老师点名。在他们内心的深处都烙印着老师的肯定、表扬和赞美的眼光,这样自己就会越自信,学习就会越自觉主动认真,良性循环。

学习好的,在课堂上思想专一,重视学习,学起来更加全神贯注,全力以赴。这样优秀的学习品质就会养成,成绩是培养孩子自信的最好办法。

四、累在欠主动、自觉、无内驱力

有些孩子学习不认真,不刻苦,办法不先进,态度欠主动自觉,所以成绩不佳。得不到老师的关注、表扬、鼓励,从来没有感受到学习是给自己带来快乐和刺激。相反,学习成为自己受打击、批评、指责的导火索,这样越学越没劲,感到无滋无味,就如同炒菜忘了加油、盐。

综上,无论学习和做事,最大的鼓励是自己付出努力后得到了成绩被别人肯定和赞美,这也是孩子内驱力最好的催发剂。

五、累在少成功体验

很多的好学生这样谈自己学习体验:上学最令他们兴奋的时刻是发些卷子,取得意想不到成绩的时刻。这一切都是在老师、家长的关注、表扬、肯定中发生,为了这一个往往需要长久的,持之以恒地付出艰苦的努力。此时此刻,觉得一切值得,内心真正体会到:成功无需任何理由,她是努力拼搏的结果。当目标一定,当毅力成为奋斗的永恒,当不服输的劲儿变成不竭的动力,就会珍惜分秒,全力以赴,爱学、好学、乐学,哪有不成之理?

育人实践探究在行动
揭秘老师的孩子为何"学习好"

一、问题提出

每逢和朋友谈论教育,常听到"老师的孩子普遍学习好。"或"老师的孩子哪有学习不好的?"

这是近水楼台吗?大家都不禁自问。

就自己 30 多年的教育生涯,一起共事的老师算起来真不少,纵观他们的孩子,都普遍学习较好,考的大学也不错,从事的工作也非常满意。

说实在的,多年来我一直在思索:为何老师的孩子学习好?是遗传的原因吗?是老师格外聪明吗?

二、原因探析

假如说教师格外聪明。

在中小学特别是乡村或城镇学校教书的老师,大多来源于各教育学院的毕业生。他们当年高考的成绩仅在 500 分左右甚至有 470、480 分,也就是他们当时在高中学习的水平,在班里中游就不错了。真正的像是北师大、华师大等"985""211"学校,当时的高考成绩都在 640 分以上,他们高中时在班里名列前茅。他们大学毕业后考研、读博,大都在大高中或大学当老师。

俗话说,"龙生龙,凤生凤,老鼠生来会打洞。"老师的孩子聪明是遗传的原因也就不攻自破。由此得出:老师的孩子特别聪明的说法不成立。

难道是老师自己"早"教的?

经过长期探究得出:在孩子上小学之前,大多父母的确为了孩子尽快适应学校生活,都会教一些简单的识字、算数,给孩子一些指点。

当自己孩子某一学科不感兴趣,甚至出现吃力及时予以辅导。但这种现象到了初、高中就变得不太可能,因为即使家长能够辅导上,也只是某一学科,在初中那么多学科(语、数、英、物、化、政、史、地、生)全辅导不可能。即便有全能的家长,初中孩子作业较多,时间紧张,难以插空。

由此,教师父母全辅导孩子不现实。还有,很多教师家长教人家的孩子能行,但教自己的孩子往往缺乏耐心,容易发火。有时,孩子埋怨和老师讲的不一样,家长干着急,"自己的孩子难调神"。大多家长教自己的孩子时,都犯同一的毛病,望子成龙,望女成凤,心情急切,动辄就会高腔,孩子不愿意配合,甚至情绪很对抗,两败俱伤。教师的孩子全是教师自己辅导绝对不现实了。

那到底为何?

三、真相告白

直到我读过《卡尔·威特的教育》,才豁然开朗。书中有这样的陈述,"启蒙教育最适合的时间是二至三岁,从那时起开始培养孩子的兴趣、爱好。通过正确的方法,发展孩子的智力。耽搁或迟疑都是错误的,会给孩子造成不好的影响,唤醒孩子对知识的热爱,这种热爱会持续一生"。

对呀,再回想我们大多家长,在孩子2至3岁的时候做了什么?

几乎所有的做法雷同,最关注的是孩子的物质生活,只要吃好,营养到位就会发育得好。关注孩子的安全,常常紧紧盯着孩子,一步不离大人的视线。

在2至3岁,大部分家长仅限于教孩子一些基本的礼貌,如见人要问好,至于语言智力的开发,做不到。甚至大部分人不认可,认为孩子还小,不懂事,没有必要过早地教孩子一些知识性的东西,或者认为怕孩子累坏了脑子,以后不聪明了。所以不注重孩子的好习惯养成,如公共场合有的竟随地大小便,踩草、折树、摘花常有的事儿;玩过的玩具随手一扔,有的甚至不带回家,家里的东西随手一放,无固定地方;饭前卫生不讲究,没有做到饭前要洗手;也没有培养孩子节约意识,做到人走灯灭,节约用水,家长不注意及时提醒。

家长说话也不注意,跟孩子交流不用普通话,习惯用地方话。有时大人的不佳情绪还会直接地影响到孩子。平时吃饭孩子爱吃就吃,想睡就睡,作息没有规律。大人不注意及时地对孩子进行调整。孩子从小吃饭都是父母喂,不固定地点,追着吃,哄着吃。自己做的不爱吃,好吃零食等,这些看似平常,小事一桩,可随着孩子年龄增大,都会成为孩子生活做事的坏习惯,严重阻碍孩子的健康成长。

现实中,大部分家长由于自身的原因,平时不学习,不懂儿童心理,对育儿知识一无所知,不警觉,无意识,导致孩子从小在原生态家庭"自然"养成了各种不良习惯。

《卡尔·威特的教育》一书中指出:大部分人把孩子的学习寄希望于学校,甚至在上学之前,在家庭的一些坏习惯已经养成,甚至根深蒂固,这绝对归咎于家庭。

综上所述,在孩子2至3岁,甚至上学之前,家长没有重视孩子智力的开发,没有激发孩子对知识的热爱,思维的引导,观察兴趣及一切好习惯的养成。孩子只是散养式的、自由的,随意的,生活化的,这种无拘无束的习惯,在接受相对统一规范的学校生活,势必感到不习惯,处处是障碍,是约束和规矩,于是孩子产生了厌倦、不满甚至逃避学习或学校生活。

正如卡尔·威特所言,孩子在2至3岁是孩子宝贵的时期,培养孩子知识和智力活动的兴趣,再从游戏和体育锻炼中得到乐趣。孩子将比同龄人更健壮,更健康,更坚强,孩子的体力,智力会得到迅速的发展,而不只是具有野性的体能,极其厌恶学习知识和智力娱乐的粗鲁人,他将成为一个坚强健康,有思考能力的人。

至此,我默然意识到孩子在2至3岁之前家庭教育的重要性,这是孩子大脑播种好行为,收获好习惯;播种好习惯,收获好性格;播种好性格,收获幸福命运的关键期。当善良、诚信、经典、兴趣、爱好、习惯植入孩子强大的内心，一切突出、优秀、卓越都顺其自然。

而教师的孩子普遍学习好的真正原因是教师在孩子启蒙阶段，即孩子入学前的家庭教育方面，思想上特别重视孩子的学习，引导学习思维的培养，甚至几乎在所有教师父母带孩子期间都无一例外地重视故事的讲述、经典诗词的背诵、识字、算术的早教。

在不同场合，给孩子更多的展示自己的机会，这使得孩子获得更大的自信，并以此为豪，坚持天长日久地训练孩子观察、思维、语言、想象、记忆。建立孩子以学习为荣，以学习为趣，训练培养孩子从小文字思维的兴趣和习惯，而非教师的家庭这方面就普遍逊色，这并非父母不重视，他们大多认为孩子还小而忽视孩子言传身教的，甚至过多关注了孩子物质生活和无聊的玩乐。在孩子幼小时候压根就没有建立对文字思维和识字的自豪感。直到孩子上了幼儿园，家长才发现自己的孩子不如别的小孩知道得多，少表现欲。没有人家孩子自信，不突出，少了被表扬关注的机会。其实，孩子全然不知其妙，只因家长重视的晚了点和长期的缺少关注，没有持之以恒，但却造成了孩子一生的落后。

育人实践探究在行动

"家"对我们喻示着什么

家是我们成长和出发的地方，又是我们心灵的归宿和疗养的港湾。那里是每个人的根系，那里总有放不下的亲情和挂念。回家，让心灵不再漂泊，不再孤独寂寞。

家是生我们养我们的地方。它如同花盆，给了我们生命，给了安定的生活，给了呵护，给了亲情、温暖和温馨，提供给我们生活必需的营养。

育人的真正根基在家庭，家是我们人生的第一所学校。

在这里，我们咿呀的学语，从无知到有独立认知、修养的个体，大部分知识源自家庭，受之于父母的言传身教。父母是我们人生的第一位导师，好的父母胜过好的老师。生于此，长于此，天长日久，潜移默化，如影相随，耳濡目染,形成个人独特的家教、家风。

家庭承担着最大的责任是育人。

有其父必有其子,这说明家庭教育的重要性和家风的传承深刻的影响。

孩子进了学校,家庭主要承担着孩子的思想指导。如何做人做事、言行举止、交友及文化学习的引导,家庭配合学校做好思想教育工作,监督孩子文化知识的掌握情况,家庭教育重要而不可替代。

就当前的学校教育来说,学校班额较大,人数过多。学校老师不可能对每个学生面面俱到,完全契合自己的孩子。一个孩子成功对一个家庭则是百分之百,对一个班级只有几十分之一。尽管在文化课学习上,学校有专业从教的老师,学校为主导。但自己的孩子绝不能完全依赖学校,学校不是万能。自己的孩子有其独特的个性,知子莫如父母,家庭的指导必须跟学校老师配合好,学校教育才能更适合自己孩子的发展,使孩子更好地成长。

家庭教育的主体地位不可忽视,更不可缺少,重要而不可代替。

为配合学校教育,父母经常赋予孩子思想正能量。凡事分清好坏,该做不该做,做了有什么影响?教育孩子,堂堂正正做人,规规矩矩做事,认认真真学习。帮助孩子树立正确的人生观、价值观、时间观,做事观,做到一身正气,原则分明,立场坚定,诚信友善,雷厉风行。

家庭的主要职责之一,就是培养孩子做事的定律和各种优秀习惯。

孩子的定律和优秀习惯会助力孩子的成长。等孩子上了大学,远离了父母,家庭教育的重要性更加凸显。

试想一个十六七岁的孩子,之前从来没有离开过父母,他们在家都是被父母伺候,什么事都是父母包办,上大学要去一个陌生的很远的地方,甚至到了几千里的外省,人生地不熟,一系列的问题会接踵而至。

如何适应新的环境?如何与同学相处融洽?如何保证自身的学习安全?如何趋向学校最好的资源?如何表现更加突出优秀等等,无一不拷问着父母,让父母心生担忧。因为父母不在孩子身边,没有人会及时提醒和监督孩子。一切靠他们自己,靠定律,靠好习惯,其中最重要的是孩子的独立生活能。遇到事能否独立思考,独立行动,不依赖别人?能否主动寻求帮助,学会和别人协调、合作以及宽容、理解别人,能否抵住各种诱惑?无论何时孩子能否做到心中都有定海神针,坚持原则,目标坚如磐石?

当前,对孩子威胁最大的是手机,也是最考验孩子定力和好习惯的关键。

在大学里管理相对轻松,没有了高中生的清晰目标和干劲,大学不会整天像高中那样考试,又离开了父母的监管,缺少了老师的紧盯,环境相对宽松。有好多整日沉迷于手机游戏、视频,熬夜成习,荒废学业,挂科的风险增大。有多少人因为玩手机而前功尽弃,或者肄业回家,因此,家长的担忧不无道理。

平日,有的孩子家长的电话不回,家长问起原因,说学习紧张,其实是在玩手机。起初,家长信以为真,直到考试过后,孩子学习多门功课不及格时,一切才恍然大悟。孩子原来进了大学就是处于失控的状态,他们就如同断了线的风筝,家长心有余而力不足,又不能面对面看着,电话里说又不听,真是"将在外,君令有所不受"。

十年寒窗苦读,金榜题名是多么不易,多么需要珍惜!除了个人的努力,更重要的是全家的全力以赴的支持,一个孩子身上寄托着全家人的希望和嘱托。

像这样已不是个例。在大学里甚至一些名牌大学,有多少孩子因自律不够,管不住自己,整日沉迷于网络游戏,拿着学习当儿戏,学将不学,勉强毕业,其实根本没有什么真才实学,等到了社会上招工,屡招不中。更不乏有的大学期间直接挂科,被学校开除。这些人是忘掉了自己的初心,忘掉了家庭的责任,辜负了父母的期望,留下终身遗憾,因为迷恋网络游戏而丧失前途,多么不值得!

相反,自律强的孩子,尽管上了大学,仍然目标清晰。有自己明确的规划,知道大学毕业以后要考研、读博,更美好的前程在等待;清楚自己玩的结果什么都不是,深知青春是用来奋斗的,而不是用来荒废的。所以他们在学习上干劲十足,如同上高中那样,成为大学的学霸,成绩斐然,遥遥领先。每学期都拿到奖学金,有的入党了,有的进入学生会,各种活动都积极参与,不仅学习好,各方面都表现出色。很多大三就被推荐研究生了。这些孩子都表现出很强的自律、自觉,他们使命在肩,时不我待。

好的家风,带来好的家庭。

等到孩子参加了工作,并且成立了自己的家庭。很自然地就会把原生态家庭积淀的好的传统传承发扬。如孝敬父母,友爱兄长,与人诚信友善,自强不息,厚德载物以及好的潜心育儿方法,这些都是多年的优秀家风、家训已成为家庭每一位成员内心深处的一种品质,一种心灵的传承。

因此,当家人聚在一起,家成了一种温暖的港湾,心里的感觉踏实亲切,而且无拘无束。聚在一起是亲情,离开家是放心不下的挂念。每当回家就会归心似箭,到了家里一枝一叶总关情,事事总是一种美好的回忆,总有说不完的心里话。

可令人遗憾的是伴随着时代的发展,生活节奏的加快,现代家的概念悄然淡化。不再是那茅檐低小、温馨温暖的陋室,而是统一整洁的现代高大楼房,家变成人们吃饭、睡觉的固定场所。有人说家是旅馆,更有人说家是饭店。人们工作忙碌了一天,到了家就是好好歇歇,睡个觉,但少了点温馨的味道。通常各自拿着手机,打着游戏,聊着天,刷着视频,各忙各的事,以至于彼此之间感到冷淡,没有什么交流,亲情被忽视。家如同一群熟悉的陌生人住在同一个宾馆,在一个桌子上进餐一样。

什么原因导致如此境况?

是手机淡化了亲情,是智能吸走了他们的注意力,使家人变得冷漠。我不禁疑惑起来:若长此以往,家还是温馨的港湾,亲情浓缩的地方?是个人心灵的归宿,是增长智慧,增加涵养的地方吗?但愿如此。

看了手机后的忏悔

自己身为老师,看到当下的手机泛滥,严重影响孩子的学业和身心健康,深感痛惜。自己经常教育孩子:手机是新时代的鸦片,但比鸦片危害更大,波及范围更广,不光孩子连大人无一幸免,人见人玩,无不上瘾。

让我们数落一下手机的危害。

它剥夺了人民的健康。因为一看手机或打游戏就是几十分钟甚至几个小时,坐着一动不动,太有害健康。它耗尽了你的青春年华,颈椎、腰椎病大大增加;它伤害着你的眼睛,长时间的高度集中,眼睛目不转睛,强光刺激、电子辐射,疲劳过度,眼疾病增多;它使人脑记忆碎片化,记忆力下降;它使人的性格变得抑郁、焦虑、暴躁、脆弱;它使人长期处于强磁场下,对人体危害巨大;它使学生学业水平下降,甚至毁掉他们的好前程;它使家人的亲情淡漠,和谐度降低……

或许有人反驳,看手机也是在学习呀?

是的,不错的。但看书是文字思维、是抽象的,它是用左脑。当我们看纸质的文字时,会留给大脑的是广阔的思维空间。

人看书越看越有内涵和修养,增长智慧。而看手机视频,是动的画面,形象直观,浅显易懂,无需动脑思考,多为滑稽笑料、猎奇和刺激,纯属娱乐,过之烟云。

因此,常一看了之,一笑了之。它带给了人们短暂娱乐和快感,满足了人们的精神诉求,却不留什么痕迹。试想看手机后学了多少知识,增长了多少才智?什么都没有。只是一时痛快、短暂的兴奋,就是玩玩而已,脑子却空荡荡的。

我们深知一分耕耘一分收获。但生活毕竟是现实,绝非虚拟。学生是必需读书的但书是纸质的文字,要经过大脑思考,正如农民耕种,是需要付出辛勤的汗水;工人需要实干,是需要动手、动脑的配合;更不必说教师、医生、工程师、科研人员都必须静下心,坐得住,潜心钻研,攻坚克难,砥砺前行。如今大部分人受到手机严重影响，几乎静不下心，浮躁得很，不能精心钻研。

纵观我们的时代，信息爆炸、科技日新月异。科学技术是第一生产力，人才是强国的关键。如果我们都躺平，整日抱手机、玩游戏，我们的人才素质如何保证？国民的素质上不去，还谈什么中国梦、强国梦、中华民族的伟大复兴？

自己身为一名成年人，自以为自制力还行，多少年如一日学习、锻炼身体，没有什么不良的嗜好，也由于自己过去的自觉自制，感到身受其益。

除了自觉锻炼的好习惯，还经常地练练字，写写感悟。但随着智能时代的到来，现实的生活也确实需要手机来处理一些事情，因为现在无论什么都在手机上进行，如短信通知、上级的要求文件、朋友的相互问候、网购、美团等等，我们似乎不能一概拒绝，所以免不了拿着手机，动动手指，但每次总会额外发现很多刺激的和吸引眼球的东西。于是就常常抵不住诱惑，偷偷翻上几眼。每次还自我安慰：不能多，只一点点，自己不会上瘾的，也绝不会影响自己的生活和工作。但往往难以招架，看了这个，还想看那个，每次都会超出预时，不知不觉 20 分钟，40 分钟也正常。特别到了晚上，心理上感到一天的事都完成了，应该放松一下了，经常会超过一小时，然而得到了什么呢？无聊，眼睛发涩，颈椎僵硬、空虚和后悔。

我常想一个成年人尚且如此，何况孩子？每当玩后，自己真的后悔，后悔自己为何经不住诱惑，成为手机的"俘虏"？若把看手机的时间用来读书，该有多大的收获？后悔自己不知不觉浪费的宝贵时间；后悔直至眼睛发涩流泪发出了强烈的抗议，还会置之不理；后悔看了手机，总结自己的收获时，却是空空如也；后悔自己吃了一回亏，上了一次当，却仍不长智；后悔每每如此。于是怀疑自己的脑子也被碎片化了，也彻底沦陷为智能的俘虏。千言万语是自己的无知、无志、无为也。忏悔至此，我的心似乎在流泪，甚至在失血，时光一去不能复回。

此刻，我觉得没有资格来说教别人，"自身不正难以正人"，明明自己有错在身，并且难以自拔。

今后我若能清醒一点，有一点点自控，我会痛彻心扉的去改正。逐渐缩减时间，用身体的运动或读书来充实心灵的空虚，珍惜现有的光阴，去做有意义的事。不再愧对良心而后悔，从而更有底气的更理直气壮去说服别人。

育人实践探究在行动
学生"乐"在何处

常言道："人各有乐"。我常想作为学生乐在何处？

1.乐在"收获"时

常言道"有付出必有收获"。"春种一粒粟，秋收万颗子"。学习亦如此。

当学生面对学习上的一个个难题，经过自己的一番刻苦用功终于解出来了，内心产生了成功的体验而感到愉悦。当学生背诵某些内容，做出某一难题，完成某一任务，在大小考试中取得理想的成绩而特别高兴，感到无比的快乐。此时此刻，自己认为自己的付出完全值得。除此，自己内心产生必胜信心、决心和恒心感到快乐。

反之，有好多的学生渴望学习上取得满意的成绩，于是自己努力呀努力，可到头来还是没有起色，于是自己懊恼失落，失去了信心，甚至怀疑自己，从此不再用功，最终自暴自弃，他们不仅不快乐反而会觉得很郁闷不自信。

2.乐在"趣"上

常见无论天气多冷，甚至都零下十几度，北风呼啸，雪花飘飘。学校的操场上仍有一帮打篮球的学生，他们身着单薄，赤手空拳，奔跑灵活，争抢激烈。他们生龙活虎，热火朝天，丝毫不在乎那么几个飘落的雪花，更忘记了是零下十几度的严寒。他们个个热汗白流，满身热气腾腾，伴随着每一个进球，还不时发出喝彩声，笑声连连，怡然自乐，何也？趣也！真的，是他们对篮球的狂热，抵挡住了严寒，可见兴趣的魅力。

反之,大部分同学在教室里,冬有暖气,夏有空调,可谓舒服之极。灯光通明,老师配合精美的课件,使用多媒体上课,形象易懂,抑扬顿挫,绘声绘色,栩栩如生,可有的孩子依然不感冒,或交头接耳,或小动作不断,甚至个别昏昏入睡,度日如年,又为何呢? 无聊也。

"爱好和兴趣是更好的老师"。当孩子们的兴趣一旦被激发,他们便尤如猛虎下山,脱缰的野马在平原奔驰,所向披靡。只有想不到,没有他们做不到。激发培养孩子的学习兴趣,才是老师最重要的责任。

3.乐在"好奇心"得到满足时

我们常看到一些不爱学习的孩子,厌恶甚至逃避学习。对学习糊弄敷衍,漫不经心,得过且过,浮皮潦草。学习时很不专心,坐不住,但奇怪的是他们一旦看动画片就会目不转睛, 稳如泰山;一旦玩游戏就会全身心投入,眉飞色舞,满是兴奋,甚至别人大声的叫多遍都听不见,真可谓是两耳不闻窗外事,一心转打游戏,为何呢? 好奇、刺激、投入也。

学生对知识学习,的确有些枯燥,甚至无聊,因为绝大多数需要背,如历史、政治、地理、生物、语文的古诗词、文学常识和古诗文部分,都需要用心记忆。但学贵有法,贵在有趣。

老师的责任贵在激发鼓励孩子去探索,让孩子弄清来龙去脉,画图示意让孩子直观易懂。地理的学习,画图标注如同驾车行程。有人说学习枯燥无聊,是因为自己未发现其真正的妙趣,的确如此。

比如没有吃过榴莲的人,看到榴莲的外表满身是刺,哪知内部果肉香甜可口。初闻其味儿会觉得臭不可言,讨厌至极。但当吃上一口,自己会感到臭中有香,香喷可口。再多吃上几次,甚至垂涎欲滴,再闻到榴莲的气味就会留连忘返,难忍上瘾。

由此,凡事总有个认识的过程,都是由不知、不识,到认知、了解、熟悉,需自己亲自体味、感悟的过程,伴随着自己的理解而自然改变。

4.好者不恶,乐此不疲

班里有个叫赵 X 瑄的孩子,平日不善言谈,人品憨厚、老实,纪律很好,但课上常常发呆,要么早上第一节课就打盹儿。

我感到很奇怪,心想莫非这孩子晚上熬夜,干了什么东西？后来,才得知他从小喜欢电器,各种的电器他都爱不释手。有时为探明其中的奥妙,网上买新的或去一些废品站拣点旧货,回家拆卸然后再重组。

另外,别看他年龄小,对各种焊接包括铜焊、弧焊都很有研究,经常焊东西。还有他自己做过各种电子脉冲,令高中甚至大学的老师感到吃惊。很多身边的不懂他的人认为他是胡搞八搞,甚至被认为不务正道,浪费时间。他自己也经常听到有人冷嘲热讽,但他丝毫不在意,似乎执意一绝,目标一定,兴趣不减。自己常常深更半夜在他自己的地下实验室里,常常通宵达旦,如醉如痴。如今他亦凭着自己的兴趣,被很多好大学抛出橄榄枝。这是爱好的魅力。

有人怀疑,求学的年龄不专心读书,弄这些有出息吗？

众所周知,物理的发明创造绝非易事,它需要扎实的物理知识,仅凭初中课本所学的可谓皮毛。孩子若真的喜欢,在学好文化课的基础上,在大学专门学物理专业,更重要的搞这些技术发明必需有专业老师指点,闭门造车到终来很可能竹篮打水一场空。

难道没有例外了吗?我们熟知世界举世闻名的英国物理学家法拉第是铁匠家庭出身,发明了电磁感和单极电车。世界发明大王爱迪生,只上了三个月的学,去拥有两千多项发明。不管怎样,孩子既然对此感兴趣,难能可贵。不管结局如何,他已经走出了第一步,有自己的思维、兴趣和目标,他感到很是精神享受。或许在他的眼里和心里没有任何能够阻挡自己前进的步伐,为兴趣而活其乐无穷。

当前我们正处在一个科技创新的时代。创新是一个民族永恒不竭的动力,创新是一个民族的灵魂。培养孩子的创新思维和创新精神,乃国之所需,时代所需。我们应以时代的责任感去关心呵护。坚信他的未来可期,也期待更多的好奇之花,遍地娇艳,我们的科技强国指日可待,中华民族屹立于世界强国之林,近在咫尺。

学习成绩不佳的孩子"脑子笨"吗

一、问题提出

学习成绩不佳的孩子脑子笨吗？有很多人认为，学习好是脑子聪明，成绩不佳的孩子脑子笨。

二、事实结论

经过长期实践探究发现:学习成绩不佳的孩子,大部分不仅脑子不笨,而且是聪明人。

为何会这样说？从平日来看,这些孩子不仅反应敏捷,做事一点不差,只是其心思不在学习,对学习不感兴趣罢了。

三、观察探究

1.就性格方面:他们中大部分不喜欢静的东西,耐不住寂寞,但对动的东西特别感兴趣。如跑跑跳跳,打游戏等参与性强的,通过参与可获得快感和乐趣的,他们会表现积极,生龙活虎。

2.就学习而言:他们长期对学习不感冒,思维僵滞,不参与课堂,学习无责任心。有的错误地认为,自己不是学习的料,学习成绩长期低迷,自信心降低,不愿意学,不想学。

四、具体表现

学习上消极被动,不情愿,全靠别人说着、催着、逼着、紧着。学习时坐不住,不时地出来进去,走动走动或者吃点东西,难以安心。学习态度不端正,糊弄公事。平时读书不出声,书写潦草,抛砖打瓦,不用心。

1.学习好的可贵品质就是认真。常说认真就是水平,认真就是态度,认真是做好每一件事的前提。如果不认真甚至糊弄,则什么事都难成。

2.学习上不听话,常常投机取巧。学习好的孩子在家听家长的话,在学校听老师的。尤其拿着老师的话像"圣旨"不折不扣地执行,而且只能做好,不能走样和打折,更不能心存半点糊弄之心。因为学习主要在学校进行,如果老师的话不听,不去认真照做,那学习效果绝对不能保障,学习成绩肯定不理想。因此要想学习好,首先是听老师的话,按老师的要求去做。

3.学习成绩不佳的孩子,心里不静。我们深知宁静致远,这些孩子学习上不用心,是因为他们静不下来,挂心事太多,心里不"纯",学不在焉。

4.关键在课堂上,学习不好的课堂纪律普遍差,随意说话,做小动作,交头接耳,不敬畏课堂。课堂是学习的主战场,要想学习好,听讲最重要。课堂上把握不住,课下无论下场多少功夫,都是白费。另外课堂上偷懒。会的不回答,不会的也不回答。不参与课堂,不记笔记,更不会主动问问题,好似课堂与自己无关,以上都是学习的大忌。

5.当前影响孩子学习最大的是手机,他们大部分沦为手机的牺牲品,尤其是打游戏。有的孩子沉迷手机,废寝忘学。有的交上损友,不干正事,游手好闲,不学好。有的原来成绩不错,现在每况愈下,到了学将不学,厌学逃学的地步,都是手机游戏或交友的原因。游戏是公认的"祸害",是它不知毁掉了多少孩子的前程,只要手机在手,学路不通,好人难做。交友亦不可小看,太凡学习不佳,交往的朋友全是一个类型,因为什么人交什么人。他们都是不求上进,不愿学习,成绩普遍较差,厌学情绪严重,家长管不了,老师说了不听的。

6.朋友圈子影响。"近朱者赤,近墨者黑"。跟着学习好的、品德高尚的人,孩子的学习、人品都不会差。如果一旦打了档,入了伙,想学好就太难了。要想自己优秀,朋友圈子很重要,交往了优秀的,自己不优秀都很难。而交往了乱七八糟的,学习不好,纪律很差,思想有问题,好逸恶劳,想优秀不可能,只能越学越差。

7.学习不佳的孩子大多表现为做事没有毅力,无责任心。学习没有目标,不知道为何而学?学好学差所谓,没有家庭的责任感,缺少感恩之心。在他们看来,学习是儿戏,是负担,是烦恼,是厌倦,不是必须学好,而是无所谓。

五、根源探究

为何造成这一局面?

1.首先家长对孩子学习负有重要责任。大部分家长对孩子上学期望目标不具体,不强烈,致使孩子目标模糊,甚至缺失。经常听到有的家长对孩子学习都是粗线条的要求"好好学"。试问好到什么程度?是顶尖,是前茅还是中等?太笼统了。有的家长希望孩子"考个好大学",却不知什么是好大学?为什么要考好大学?它和一般大学有什么不一样?家长们一概不知。

2.家长没有激发孩子对未来美好的向往的内驱力。至于孩子的什么成绩,如今干劲是否有足?思想是否积极上进?在校什么表现?是否听老师的话,严守校规校纪?这些与学习密切相关的啥也不知。

3.家长的不配合,家庭教育跟学校教育出现严重的脱节。导致孩子对学习的重要性认识不足,干劲缺乏。

4.家长要求不严、不到位,盲目依赖学校。

自己的孩子自己管,有的孩子从小在家是散养,思想放荡不羁,非常自私、缺乏教养。

家长是孩子的第一任老师,实际上是孩子正确人生的一面镜子。家长的思想正派,孩子思想正派;家长努力学习,孩子天天进步;家长要求严格,孩子积极向上。一分严格,一分收获。严就是爱,宽就是害。

5.现实中,有的只专注于挣钱,疏于孩子的管理。有的家长竟认为孩子还小,不急!大了再管晚不了。常常自我安慰"树大自直",可等到孩子懂事,一上学发现孩子成绩不行,方方面面被落下。便开始惊觉,如梦仿醒。在家里,家长说了不听,于是全部希望寄托于学校老师,希望老师严格管教自己的孩子,因为自己说了不听,管不了了。

试想,老师面对那么多孩子,能管得了吗?为什么会造成今天的这个局面?其实很大的原因是在于家长自身。有的家长没有学习意识,从来不学习。不会管孩子,只会一味地惯,管晚了。学校不是万能,老师也不是神仙,解铃还需系铃人,自己的孩子责任难脱。

6.家长的管法不当。有的只管学习,不管思想纪律。做人上有的则是"护犊子",为孩子争情理,是非不分。站在孩子的一边,替孩子求情说理,甚至合伙把枪口对准和你全心培养孩子的老师。

7.有的方法粗鲁,只管结果,不管过程。他们平日不管孩子学习过程,考了试算账,连打加骂甚至棍棒皮鞭;还有的家长极不负责,孩子似乎与其责任不大,从来不管不问;还有的"保姆式",大事小事全管,弄的孩子不能独立,毫无自理能力,培养了低能的巨婴,本心是爱,但变成溺爱,害了孩子。

8.孩子学习成绩不佳,其核心的原因是从来都没有明确目标,动力不足。

学习本是自己的事,是为了自己的美好前程而拼搏,不仅为自己更是为了家庭,为了父母不再辛苦,为了以后能为国家做点事情。

只有孩子目标清晰远大,才会把当成自己的事,才能对自己的行为负责,才会全力以赴,不敢半点懈怠,才肯吃苦。学习好的孩子哪个不是"攻城不怕坚,攻书莫畏难,科学有险阻,苦战能过关"?要有不达目的不罢休的态度。要有钉子的精神,要坚定自信:成功无需任何理由,因为它是拼搏的结果,当目标一定,当毅力成为奋斗的永恒,当不服输的劲儿变成不竭的动力,就会爱学、好学、乐学,哪有不成之理? 要有很强的时间观念和效率意识,无论学习还是做事,必须要有很强的时间观念,要有严密的计划。先做什么再做什么,如何做到快又好,要只争朝夕,切忌拖沓挨靠。

孩子要树立竞优意识,自己想怎样。怎样做就会更好,要知道冠军只有一个,鲜花和掌声背后全是汗水的凝结。凡事要高标准严要求,要么不做,做就要做到精彩。

育人实践探究在行动

学生除了学习还有多少"乐趣"

一、问题提出

纵观当前孩子的学习普遍状态:慵懒浮华,拖沓敷衍,被动消极,被迫被逼;个人没有目标,没有家庭的责任感,不知感恩;个人没有学习计划,不分主次,很是无聊,好吃懒动,手机成瘾,好高骛远;而目前的大局势,上学如同角马过河。我们在电视上看到茫茫的非洲大草原上,野牛角马大迁徙,只顾奔忙,不问前程,一路奔波,随波逐流,不由自主,毫无自我。

二、现实状况

1.作业如山,被动逼迫。绝大部分学习却只是呆呆的,看上去整天忙碌,作业啊作业,作业如山,天天做不完。倘若问学生,你们周末干什么?他们回答:做作业! 你晚上看电视吗? 不! 因有大量的作业要做。你为什么要做作业? 因为老师检查,会量化扣分。

2.作业等于学习的全部,敷衍应付。对学生来说,做作业无可厚非。但纯粹为了作业而作业,甚至把做作业当成学习的全部,这种做法非常有害的。

学生以学习为主这也没有什么不对。但两耳不闻,整天做作业,且做作业的方式,多数是机械的,被动地抄袭。是为应付检查而做,那就失去作业的意义了。

3.疲劳战术,压力无法释放。平日周末,学生已学了一周,适当地放松一下,是非常必要的,因为孩子本身一周没有见过阳光,很需要到室外呼吸一下新鲜的空气,欣赏一下自然之美,放松一下心情,缓解自己的压力,更有利于学习新的知识,迎接新的挑战。

4.家长盲目攀比,逼学严重。可遗憾的是这已经成了很多孩子的奢望。要么待在家里,因为父母认为人家的孩子都在学习,上辅导班学习特长,自己的孩子也应该马不停蹄。大晴天儿公园里风光无限,树木成荫,空气新鲜,好多人有说有笑享受快乐,却不见几个学生的身影,图书馆里也是寂寥无人,也不见孩子阅读的影子,他们到底去哪儿了?

是的,他们在家学习或者去了辅导班。在辅导班里,他们有的都忙着辅导功课,甚至晚上 10:00 还在加班加点,辅导机构的门外,还等着接孩子的家长,我暗自佩服他们真的有点豁上了。

三、根源探究

我也常想这背后的原因,到底是为了什么?

1.家长亚历山大,把希望强加于孩子。有一部分是家长的原因,因为在他们看来,学生就应该学习,而且是马不停蹄。学生不应该放松,放松便是游手好闲,不务正道。因为他们的内心还或多或少的"残留"自己当年不努力的遗憾。他们把所有的心愿寄托在自己的孩子身上,避免孩子因为不懂事,不努力而重蹈自己的覆辙。为了让孩子拥有想要的未来生活,不再像自己那么辛苦。所以万般无奈,逼着孩子学,想方设法让其不要输在起跑线上。

可家长万万没有想到,物极必反。有的孩子家长说了不听,打了不管用,越逼迫就越不学。

2.忽视孩子精神需求,孩子学习与痛苦绑定。其实想一下,孩子蛮可怜的。首先他们也是有着自己的思想和精神需求的活人。他们需要学习也需要放松,他们需要努力,也需要跟家长的沟通,理解交流,肯定、赞美、关注。他们有付出,更要有收获的快乐。很多情况下,他们睁眼就是学习,何时能放松一下自己? 平日上学在学校里学,节假日在家里学,他们连基本的放松时间都没有。学好了,进步了是应该;没学好退步了会遭到家长的斥责,同学的冷眼,老师的批评。谁能理解他们? 他们有苦不能诉,想做的又不能做,因为他们都会知道,人家都这样,都从这个年龄过来,于是乎,所有的一切只能是"任人摆布"又自不情愿,所以只好被动应付,表现出动力不足。常常在学习上,目标不明,自由散漫,拖沓,好习惯没有养成,不会自主学习,作业时抄书,电脑搜,手机查,不思考,不复习,不预习,书写潦草,糊弄事儿。这种学习方式何乐之有?

3.自己的兴趣爱好特长被无情封杀。弹弹琴,唱唱歌,画画,做做小制作,野外考察,都成为自己的奢求。因为这些东西早已冠名于浪费时间和精力,浪费金钱,甚至不务正业,玩物丧志。

4.除学习外,这个不行,那个不合适,内卷严重。只有一个劲儿地学习,在家里学,在学校学,早上学,晚上还学,周末、假日更要学,因为想弯道超车,自己不学别人学就被落下。在这种没有自主,没有爱好,没有精神满足的环境下,连身体的锻炼时间都没有。现在在初中班里60%以上的孩子,眼睛都是近视的,据说随着年级的升高这种状况会更加恶化。总的观察,现在相当部分的孩子厌学、逃学,毫无主动可言。

自然在这种强大的压力之下,学生只有被逼、被催学习,就是为家长学,为老师学,而自己学习的主动性荡然无存。

实践证明:当学习变成自己的责任,成为自己的内需,孩子就会明确目标,内驱力增强,内化为自觉行动。只有当目标一定,当毅力成为奋斗的永恒,当不服输的劲儿,变成不竭的动力,孩子们就会爱学、好学、乐学,哪有不成之理?

可当前,有多少孩子知道主动学,无需别人的催逼和高压。俗话说:"强扭的瓜不甜。"只有孩子真正认识到:学习是人世间最美的事,是为了自己美好的前程而拼搏,绝不能半点儿戏。美好绝不会空想如愿,坐等其来,必须经过自己勤勉,靠不懈的努力、执着来实现。态度决定高度,意识决定行动。本在黄金年龄,孩子们应当奋起之时,绝不可浮华拖沓,应惜时如金,分秒必争,激情四射,拿出超人的干劲才能梦想成真。

第十二部分 问题破解,见招拆招

揭秘中国学生记忆单词
为何如此辛苦及应对策略

摘要:单词是构成英语的最基本材料,学好单词是学好英语的前提和基础。现实中,大量的学生单词记忆困难,是造成英语学习困难的主要因素。

调查研究发现,其主要原因是教师的引领不够,学生的记法不科学,记忆流程不完整,巩固不及时,学不致用所致。

经过多年的教学实践,探索出快速高效的科学记忆法"3+1+1+1+1"读写结合法及"54321"及时巩固法,较好地帮助学生攻克单词关,树立了自信心,为学好英语打下坚实的基础。

关键词:音形分析、音节记忆、尝试推断,科学记忆法"3+1+1+1+1"读写结合法、"54321"及时巩固法。

引言:凡初学英语的人,大都有共同的感受——单词难记;凡学英语不好的,都因单词记不住,这似乎已成为固定的说法。单词为何这么难记?而自己教学已 37 年,所教的学生算来已达上千人,但无论是好的还是中等的、差的,也无论是学业有成还是正在求学的,很少听到学生说英语单词难记。相反,都反映英语单词很有趣,很好记。为什么会出现这么大的反差呢?

一、问题提出

我怀着一种不解和好奇,调查了很多学生的学习、记忆单词的方式和教师的词汇教学,发现了大量的问题,分析归纳、找到了症结所在。为了让更多的学生尽快突破单词关,自己有责任尽快揭开这个谜底。

采访、调查发现:大凡说英语单词难记的学生,记法都不科学,记忆流程不完整。

1.记法不科学是指学生普遍存在以下情况:

(1)机械背单词。

(2)音标不过关,部分读音不准确,或根本就不会读。

(3)记忆时,只读不写或只写不读;从不写音标,更不会根据音标记词。

(4)纯粹"背"单词,不记用法 。

(5)复习巩固不及时、不得法。

2. 记单词的流程不完整。没有从音标→词形→词性→汉意→用法入手,只是一遍一遍地泛写。如 desk, desk, desk ,desk…学生不读,一连写数遍,费好大的劲。倘若问他 / 她 d-e-s-k 怎么读,是什么意思?何种词性?怎么用? 学生却一概不知。另一常见方式,学生只读如:banana b-a-n-a-n-a b-a-n-a-n-a banana 香蕉,这里虽然有了读音、词形、汉意但缺少词性和用法,学生对词的用法不了解,使记忆只停留在表面而不深刻,记忆的只是一个个孤零零的拼写,好不容易才记住却很快又被忘记,导致学生的学习自信心严重受挫。平时,部分学生将 first 写成 frist; grade 写成 gread;tired 写成 tierd,think 和 thank 相混等,都是记法不科学造成的。

调查还发现,相当一部分学生写单词不会依据音标,这也是一种严重缺陷。

二、原因探析

我们知道,音标是单词的读音,音标和单词拼写之间存在着一一对应关系(除了少数的字母组合和特殊的发音外)。根据音标记忆单词这是绝对的规律。学生初学英语或许对音标陌生;或许写单词再写音标有点麻烦;也或许是教师指导或要求的疏漏。但现在各年级的学生做法几乎相同,写单词从不依据音标,学生都机械背单词。这样,学生便忽视了词形与音之间的联系,记单词也就失去了最基本的依据和最得力的帮手,走入了枯燥的孤立的畸形"死背"。这种记忆是乏味的、艰辛的、事倍功半的,是走不通的。当学生大量付出而不见收获时,不仅不能产生成功的体验反而压抑了学好英语的自信心。这正如农民种庄稼,该播种的时候播了,该施肥的时候也施了,该浇水的时候浇了,除草、灭虫都很及时,即一切该做的都做了,但就是收获不行。农民除了失望和灰心还有什么,是否该反省自己的种法和管理方法有问题了?

以上是中国学生普遍"流行"的记忆单词的办法,费时多,收效低。更重要的是由于这种方法不科学,记忆流程不完整,教师对单词的教学过于单一。有的教师讲授单词就是领着学生读读音,至于单词的用法只字不言,造成了学生记词就是纯粹背单词,把学生推向了"死记硬背"的边沿,学生形成了记忆单词低效的思维定式,这是极其危险的。以上方法在起始阶段,学的内容少且相对简单,学生还可以抵挡一阵。但随年级的升高,所学词汇量增多,难度加大,学生就难以适应。

另外,学生对所学的单词巩固不及时,没有抓住记忆的关键期,最后导致学习失败。

要彻底改变学生学习费时多,收效低的现状,更为尽快拯救那些在记词方面痛苦挣扎的学子们,实现课堂生词学习的快速高效、寓学于乐,让学生产生一种成功的体验,帮助学生树立学好英语的自信。

三、具体方法

(一)过好音标关是关键

经过多年的教改探索并反复实践得出以下方法。

起始阶段,一定学好音素即单个音素发音准确,不同的音素组合在一起,能流利读出,而组合成音标能准确拼出,且对重音、次重音符号、对失去爆破等能够正确使用。因为对整个初中学段调查发现,能自己正确拼读出单词音标的寥寥无几。由此可见,绝大多数学生的音标是不过关的,这一发现是惊人的。学生学生词自己不会读,只得跟着老师鹦鹉学舌,学生不动脑,正误不分。教师的发音直接影响着学生,难怪我们的学生都在背单词,也难怪学生记词是如此辛苦,就这百分之百的规律都被忽略,这难道不是走了一条弯路?

音标等同于数学的小九九(这是学好数学的根基),也等同于汉语的拼音(这是学好汉字的基础)。英语实际上是拼音文字,音标是单词的名称和密码,学好音标等于掌握了记单词的简易工具,这是突破单词的基础和关键所在。

（二）运用音型分析——尝试推断——运用法，就是以音标为基础的记词法。

如［træns pɔ'tei ʃn］，[ke mis tri]，推断出 trans por ta tion ，che mis try ，教师根据音节领读音标拼写对应的字母组成并让学生重复记忆，然后进行组词造句练习，以加深学生对单词用法的理解，学生跟随教师重复所造的句子和词组。接着学生进行自我推断一遍，然后读写巩固，所用的方法是"3+1+1+1+1+1"即连读三遍读音，拼读一遍词形，接着手写一遍，说出其词性，说一遍汉意，说一个包含该词的句子或短语。这些句子和短语以课本出现的句子和短语为主，这样做的好处是让学生拼写单词的同时，熟悉了该词在文中的用法，使学生既学了单词又预习了课文。

（三）如何快速记汉意？

我们采用以下方法。

1.能用实物示意的一定用实物，直观形象，如;水果、学习用品、家电、衣服、食品等。

2.联想记忆。一些无法用现实事物示意的，像动物、肉类可用自己的生活经验进行联想，使学生见到现实事物时能迅速表达，不感到陌生。

3.动作联想。这特别适于动词的记忆。

4.组词、造句运用法。以上几种方法，都是学生动脑参与的，所以不会感到枯燥乏味。

四、这一流程的原理分析

1.这一记忆过程是科学的、完整的。首先是以语音为基础，通过音形对比观察，找出异同点，重点记忆不同之处。记忆的过程有读音——拼写——词形——词性——汉意——用法。

2.可操作性强。学生只要坚持训练一段时间，教师家长加以监督，学生很快即可学会，这样学生得到的是一种科学高效的方法，收获的是一种好的记忆习惯。

3.该法体现了开口领先，读写跟上，学以致用的原则。

4.该法培养了学生观察、分析、对比记忆和模仿运用的能力，使学生养成动脑的好习惯，避免了枯燥乏味死记硬背。

5.该法有读有写有运用,使学生做到多种器官并用,有利于集中学生注意力,提高记忆效率。

6.该法读写结合且读三遍写一遍,时间上正好是读三遍的时间恰好等于写一遍的时间。读是写的声音储存,写恰好是读的词形验证,读写结合,省时高效。

五、巩固措施

为巩固所学的效果,将短时记忆转化为长时记忆。根据艾滨浩斯遗忘曲线规律,人所学知识在48小时以内遗忘最快,因而把握记忆的最佳期就是遗忘最快的48小时内进行循环巩固。我们采用"54321"巩固法,即刚学过生词的当天,要学生写5遍,第二天写4遍,以此类推,第5天写1遍,这样五天共写15遍。

据统计英语国家的人对一个词达到熟练程度需28遍再现,而我们虽然只写15遍,但效果却好得多,因为我们抓住了记忆的关键期,循环记忆,趁热打铁,才事半功倍。大量的调查和反复实践都证明了这点。

加强学生的组词造句训练,鼓励学生进行适时的阅读和写作,课堂经常让学生进行口头造句训练,课后的作业有阅读积累本和写作本,这样既加强对所学单词的理解和运用,又扩大学生的阅读理解面,提高阅读理解的水平和学以致用的能力。

六、实验结论

单词属拼音文字,要实现省时高效,首先过好语音关,要记法科学,记忆流程完整,巩固及时,学以致用,养成良好的记忆和思维习惯。教师的教法和引导也是至关重要的。

以上是自己三十多年的教学实践反复试验得出的结论,已使数以千计的孩子受益,再次奉献给莘莘学子,帮助其尽快渡过单词关,为英语学习打下坚实的基础。

目前课堂，
孩子所处的状态及应对策略

理想的课堂,孩子坐立端庄,目光炯炯,专心致志。教师讲解激情昂扬,学生积极参与,热情高涨,课堂气氛活跃。

一、目前现状

事实果真如此吗? 且看真实的课堂景象。

平日,班里有相当一部分孩子"无欲无求","懒"字当先,不动口,不动手,呆呆地趴在桌子上,犹如一群昏昏入睡的绵羊,倦得很。他们毫无上进心和不服输的劲儿,任你怎么激发、打气儿,都无济于事,甘愿如此。

欲望是一个人做事的最原始的触动力。当一个人连学习欲望没有,说明自己对学习无目标,无要求,处于被动、消极、倦怠、无所谓的躺平状态,那是多么无聊。

二、应对策略

如何克服?

首先,树立清晰可行的目标。目标是导航,目标是动力之源。目标可分为长期目标和短期目标。长期目标即以后打算干什么? 为何这样做? 自己一定想清楚。近期目标就是把大目标切分成一个个小目,平日怎么做? 要标达到什么要求? 自己要有准确的规划。

另外,要有思想准备。实现目标所遇到的困难是什么? 怎样攻坚克难?

其次,寻找心灵的榜样。

榜样是一种奋进的力量。全面了解考察自己的想法,寻找自己敬佩的人或者崇拜的偶像是谁? 自己觉得他们哪方面打动了自己? 自己怎样就能达到他们的水平?

另外,寻找时机和偶像沟通,向他们取经,借鉴他们的成功的经验和做法。平日自己取得的成绩和进步与其分享,存在的不足寻求他们的指点和帮助,自己感到永远有一种被关注,被激励的奋进的力量,同时,自己的心灵会不断得到慰藉。

再次,增强家庭的责任感。

1.平日教育孩子对家庭要明确责任。父母给予了自己生命,养育之恩大于天,自己当涌泉相报。父母不容易,也不是一直青春常驻,他们也有年老,需要照顾的时候。他们有自己的"奢想",到全国好玩的地方去玩玩,品尝品尝全国的美食。我们为子女的有责任也让父母生活得更美好,让他们以自己的子女而光荣,这也是自己奋斗的动力所在。

2.对于国家要有责任。我们非常幸运生在盛世中华,长在红旗下。做有理想,有纪律,有道德,有文化,敢担当能作为的创新型人才,为中华民族伟大复兴而努力奋斗!

我们要从现在起刻苦学习,增长本领,严格历练,苗壮成长,时刻准备着为共产主义事业而奋斗终生!

3.心怀梦想,奋斗致远。

自己的梦想是什么?

对理想三部曲进行美好畅想,即自己的高中目标是上什么样的高中?需要什么样的干劲和成绩?怎样突出自己的优势,克服弱势学科?加大干劲,寻求科学的方法,激发兴趣,稳扎稳打,奋勇向前。

想好的事就要下决心去实现。理想变成现实,要靠实干出力出汗,需要坚强的意志,耐住寂寞。实现理想的路上会遇到各种困难,需要下决心,用智慧一步一个脚印,有计划地去实现。要乐观自信,既要经受现实的考验,更要看到实现理想之后的成功喜悦,所以每天信心饱满,激情奋进。

还要学会逆向思考,我为何这样做? 这样的结果是什么? 怎样就会出彩? 若胸无大志,学无目标,思想涣散,动力缺乏,那答案可知,未来只能平平庸庸。因为目标缺失,行动迟缓,消极被动、拖沓磨蹭,不思进取,愧对青春,不可能出彩。更不可能光耀家庭,报效国家。这本不是一个少年,一个血气方刚的少年该有的样子,要经常自问:自己的责任何在? 理想志气何在? 小小的年龄如此躺平,岂不令人笑哉?

如何才是唯一正确的道路?

珍惜青春芳华,要胸怀家国,立志报国。初心永在,使命担当,披荆斩棘,不负韶华,方能出彩自我。

4.最后,要趁早脱离对父母家庭的依赖,克服小富即安的生活带来的满足感和麻痹感。

下决心,从小立志,立长远之志、鸿鹄之志、立中华之志。珍惜当下安定生活环境,居安思危,去掉慵懒和安逸思想,经常想能为这个国家做点什么? 不负青春,无愧时代,心怀人民,为中华伟大复兴做出应有贡献!

课堂观察与思考
课堂上,怎样的孩子学习好

课堂上,怎样的孩子学习好?

1.大声读书的孩子学习好

大声读书,声音会以声波的形式存入大脑,声音越大刺激性就越强,记忆就越久,孩子背得就越快,信息记得扎实,回忆时候就越容易。大声读书的孩子都有共同感受,回忆时就如同有一播放器在耳边,进行声音唤醒。

另外,大声朗读会训练口、眼、脑的协调反应,因为口读必先眼看着,然后声音才传入大脑。大声读书的孩子语音、语调,语速会综合形成好的语感。当然,大声的重要性远不止这些,长期的大声朗读的孩子口才好,表达清晰到位。眼的囊括视域宽,大脑反应、归纳、理解速度快。

2.课堂积极发言的孩子学习好

课堂是学生学习的主要战场,老师所讲的知识主要发生在此,重点、难点、易混点等。能回答问题的孩子,说明参与老师的反应,跟上老师的节奏,明白老师所讲内容。若闭口不答,孩子跟不上,或反应太慢,或思维分神被打断,或不感兴趣。总之,知识没有学扎实,好习惯没有养成。

不会抓课堂就如同战斗中失去了主战场。课堂必须学明白,学扎实,加上课下及时温固知新方能学好。若课堂都听不明白,学不扎实,心存疑惑,课下再不及时复习,课前不预习,想学习好是不可能的。

近几年,还有一种怪现象,就是个别学生课堂不学,课下学;在校不学,去上辅导班。这都是不会学习,浪费钱,浪费时间,不讨好的做法。

3.课堂上听话的孩子学习好

这些孩子尊重老师,敬畏课堂,目标明确。上学就是专心学习的。

课堂上,老师叫他们背,他们就快背,背得熟;叫他们写,写得快,写得好。老师检查他们回答准确流利,因此,会经常得到老师的肯定、表扬和鼓励。

在老师的眼里,他们被称为"爱徒"。老师对他们的期望高,考试时,他们往往以最好的成绩回报老师。

在课下,他们喜欢和老师接触,经常和老师说说心里话,谈理想,谈人生,畅想美好未来,畅所欲言。他们是老师"掌上明珠""眼中红人",跟老师的感情非常亲近。自古有"亲其师,信其道;尊其师,奉其教;敬其师,效其行"。老师也因他们而自豪,常常把他们挂在嘴边逢人便夸,多少年了还一直如此,常幸福满满。

4.对学科感兴趣的孩子学得好

学习如同吃饭,孩子的口味各不相同,各有所好。有好文的也有好理的,但好者不误。往往对该学科爱好的就好学、主动学,课堂上就活跃。当遇到感兴趣的内容会十分亢奋,思维敏捷。有时为了把事弄个明白,搞清楚,他们会提前预习,全方位涉猎,课下会查阅资料,探究求证。在探讨的过程中有自己独立的思维和看法,业余时间会主动下功夫,有时会痴迷,达到如痴如醉的地步。他们以自己兴趣为荣,经常和老师畅所欲言,分享探究成果,可谓无师自通。这些学生被称作老师专业学科上的"知音"。试想学生达到这种境界还愁厌学,学不好吗? 当然不会,他们都不用扬鞭自奋蹄。爱好和兴趣是更好的老师。我常想:老师的责任是什么? 就是千方百计激发学生学习的兴趣,绝非只在于教会了多少"死板"知识。当学生的某一学科,某一领域的兴趣被激发,就可以这样说在这个学科甚至某个领域,孩子已经成功了一半。

5.课堂上,目光如炬的孩子学得好

经常我们会发现课堂上有的孩子学习津津有味,目不转睛。他们盯着黑板,盯着老师的一举一动,时刻聚焦着老师的眼神。我们常说"心之官则思"。眼看什么,脑子就思考什么。当孩子学习时思想专一,志虑忠纯,一心想学会,他们不仅定力好,而且习惯好。相反,有的课堂上低着头,趴着歪着,做着小动作,什么画画、抖腿、咬手指,注意力分散,心不在焉,肯定学不好。

学习如做事,必须有专心致志、坚如磐石的优秀品质。反之,朝三暮四,心神不定,学什么也不可能好。

6.眼勤、手勤、口勤、勤动脑思考的孩子学得好

众所周知,成功源自勤奋。在学习上勤奋最关键,也是最核心的。如学习好的,在课堂上往往读书最大声、最激烈忘我。高效读书表现为:口读着,手写着,背诵的时候列着导纲,或用重点字提示或者画图分析。

勤动脑,思考是什么? 为什么这样而不那样? 追根问底,不耻下问。眼睛在课堂上一定要看清,看得到,看明白;手勤就是勤写,勤记,勤动手是验证,会加深记忆印象。

读写要结合,写一遍的效果等于读三遍,但读着写,写着读,二者结合起来效果扎实得多。勤思考就是理解为先,心里通透,拨云见日。眼、口、手、脑结合效果最佳。

课堂实践证明:学习不好的孩子往往占着一个"懒"字,表现得懒动口,懒动手,懒动脑,整天懒洋洋地打不起精神。当孩子懒在了课堂,就会成绩不佳,连学习的自信消耗殆尽。

综上所述学习关键是抓课堂。课堂如何学得好? 那就是:

读书大声第一招,听话认真发言早。专心致志、兴趣高,勤奋执着善思考。

孩子作业拖沓磨蹭为哪般

关键词:动力不足、被动应付、"掩耳盗铃,自欺欺人"、无计划

一、问题与分析

三十多年的教学实践和观察得出:做作业拖沓磨蹭的孩子具有以下特点。

1.动力不足

做作业只是形式上的学习,它并不等于学习的全部。

一则作业不能涵盖全部的学习内容,完成当天的作业不等于全部都学会,还必须复习当天所学。

周末的作业完成后必须复习一周所学。该背过的背过,该会写的要会写,更重要的是做好预习,这是学好新课的保证。无论什么学科只应付所谓的作业,只说明孩子把作业当成学习的全部,完成作业就是全部学习,就不用再学习了,这是极其错误的,属典型的学习无动力。

2.被动应付

作业是老师布置给全体学生,目的之一就是怕学生不自觉,一点不学,学习落下,尤其基础差的孩子,从来不复习不预习,连作业不完成,只能越来越差。

另外,作业老师检查。学生不做作业,老师会批评,班级会量化扣分,这是被迫的不得不做。

平日很多的学生做作业,不管知识会不会,抄上即可,有时不会的就想办法,手机搜,同学传,电脑查。即使做了,交上了,却什么也不会,经常"掩耳盗铃,自欺欺人"。

3.无计划做事

很多的孩子做作业时,悠着自己的性子,很多在周末、假日先玩为主,直至万不得已,拖到不能再拖才完成,真正学习的好学生会这样吗?

好学生对作业的态度截然不同,他们有空就写。他们认为早晚必须做,早写完早轻松,拿出时间来忙自己的,大量阅读、练练字、弹弹琴、背背古诗、搞搞创作……太多有意义的事。所以他们时间计划性很强,先做什么?再做什么?达到什么目标?还能多干点什么?他们认为时间是宝贵的,节省出来是自己的。他感到时间在飞逝,时间不够用,所以要做时间的主人。业余时间博览群书,壮大自我,使自己更加优秀。

二、措施与做法

那么顶尖的学生又如何做作业呢?

认识到位,责任感强。

越是优秀的学生,对作业的态度越是认真,认为作业是老师对自己的考验、考察、考核,要绝对的做好。他们认为,既然要做就一定要做好,快做早完成、不能磨蹭,不敢有半点马虎,糊弄之心。于是他们做作业时专心致志,高效率,认真书写,一气呵成,绝不敢坐立不安,心不在焉。

自律自觉,时不我待。

顶尖的学生只把作业看成小部分、分内的、必须的学习,大量的是他们自己主动要学的要做的。他们对作业从不发愁而都是极速完成,然后做自己的事儿。他们心思专一,往往以读书为命,做到"两耳不闻窗外事,一心专读圣贤书"。他们谈学习为乐,有空便读书;他们的字写得工整规范;他们学习不需要别人督促而是自觉主动。他们学习时勾、画、读、写,笔耕不辍;他们常惜时如金,严密计划,满身正气,时时刻刻都在历练过硬本领,发展个人爱好特长。他们的信心坚定,相信"天道酬勤""功夫不负有心人""有志者事竟成"。

3.目标清新,笃行不怠。在他们的心里学习已为己任,为自己的第一要务,必须全力以赴,不敢懈怠。学习是人世间最美好的事,是为自己的前程而拼搏,从不敢半点儿儿戏。他们长期养成了,无论学习还是做事,都雷厉风行,敢为人先,一丝不苟的品质和为人处世的态度,为成功的人生奠定坚实的基础。

总之,教育孩子无论何时,从小学会有目标,有计划,培养自律自觉、严谨认真的习惯,助力成长,受益无穷。

小小进步记录档案袋的妙用

关键词:被关注、被激励、被表扬,被肯定,激发自信、内驱力

一、问题的提出

学生由于各方面的差异,学习成绩不同是客观存在的。承认这种差异并尽力缩小这种差异是我们教育者梦寐以求的, 这也是多年来一直萦绕在自己心头,有时是魂牵梦绕,百思不解;有时千方百计,但收效甚微;有时感到万般无奈,但又必须正视和面对;有时也曾信心百倍,因为自己那

颗对教育赤诚的心,对孩子的痴心不改的爱,曾有多少人为之绞尽脑汁,曾有多少人努力追求。

这里不乏古今中外的大教育家孔子、陶行知、苏霍姆林斯基,也有信心十足的布卢姆,因为他们的共同观点是学生学习差的原因并不在学生的智力,而在于教师没有找到恰当的适合他们的方法。

在现实教育、教学中,大都称学习上的弱者为难啃的硬骨头。

长期的教育、教学实践证明:学习成绩不佳的学生明显缺乏自信心、干劲不足、自由散漫,学习上责任感不强、自卑感很重,经常因学习受到教师的批评多,得到表扬的机会很少。为此,我们采用建立个人进步档案袋的做法,收到明显成效。

二、具体做法

1.名言、警句作为座右铭树立自信心。

即在袋的封面上均用中、英文书写的学习方面的名言、警句,以帮助学生树立自信心。如自信是成功的第一秘诀;我自信我成功;天才在于勤奋,聪明在于积累;天才只不过是百分之一的灵感加上百分之九十九的汗水罢了;在科学上没有平坦的大道可走,只有不畏劳苦沿着陡峭山路攀登的人,才有希望到达光辉的顶点;光荣的桂冠从来都是用荆棘编成等等。当学生看到这名言、警句学生自然产生对伟人的崇敬,同时受到精神的鼓舞,使自己产生必胜的信心。

2.档案袋是检查督促学生学习的好帮手。

档案袋内是一个普通的练习本,这是用来检测学生对知识掌握的情况的记录本,即对学生每天所学的内容进行不同形式的检查的内容及结果还包括教师的评价、鼓励、日期和学生的改错。本子的背面有一个表格,上面有日期、过关的结果:全部掌握、掌握得一般、掌握得不够;自己的评价:高兴、满意,基本满意,不满意,还需继续加劲等。

以上的内容均在学生听写完,教师批阅,然后自己亲自填写。

三、这样做的好处

(1)融合了学生的心理,不论学生的当时学习状况如何都想进步,这是无疑的。

（2）对测试后的结果是自己对自己做出评价,即自己记录自己的学习情况,谁都想写得好点。

（3）测试的目标具体,难度降低。督促自己要努力学,加强责任心,即学过及时复习,迎接老师检查。自己对自己更好的评价,从而督促学生对所学知识进行有效的复习,且注重学习的效果,增强了学生学习的责任感和自觉性。

（4）这便于自己与自己比较的同时也与他人比较。因为同样的内容别人能过关,自己为什么不能;前面为什么能过关,现在为什么不能过,这些都能激发学生自己学习的主动性和自觉性,成为学生学习的真正内驱力。

四、产生的效应

（1）首先老师在当天的课堂上及时表扬过关者名单,将不过关的空着,使过关者感到光荣、体验自己的成功,从心理上更产生自信自强,只要刻苦努力我一定能成功。

（2）对不过关的及时关心和帮助。若较难的内容则重新辅导及时督促,直到全部过关,这样连续过关几次,自然增强了产生成功的自信,特别是教师及时的表扬,让他们感觉到自己在备受关注;及时享受到由于学习的成功而产生的喜悦。

（3）极大地调动了学生的学习积极性。头一天学过的内容,他们总是争先恐后地去过关,使他们把学习当成了自己的事,责任感明显增强。

（4）到了周六,学生取回自己的记录本,将本周检查过关的内容系统复习,对于过关出现的错误反复复习,作为下周一过关的内容,做到周周清,使学过的知识更加巩固系统。

（5）学生的整体成绩大大提高。

五、结论

一个小小的进步记录档案袋,记录了学生的学习进步,增强了自信心、责任感、干劲和上进心,对于减少两极分化大面积提高教育教学质量,是一个极为有效的办法。

潍坊市中小学(幼儿园)金点子成功案例申报表

单位:安丘市东埠中学

类别	教育管理	题目	小小进步记录 档案袋的妙用	参评 主体	刘建华
问题的提出	学生由于各方面的差异,学习成绩不同是客观存在的。学生学习差的原因并不在学生的智力,而在于教师没有找到恰当的适合他们的方法。教学实践证明:学习成绩不佳的学生明显缺乏自信心、干劲不足、自由散漫,学习上责任感不强、自卑感很重,经常因学习受到教师的批评多,得到表扬的机会很少。为此我们采用建立个人进步档案袋的做法。				

问题的提出

　　学生由于各方面的差异,学习成绩不同是客观存在的。学生学习差的原因并不在学生的智力,而在于教师没有找到恰当的适合他们的方法。教学实践证明:学习成绩不佳的学生明显缺乏自信心、干劲不足、自由散漫,学习上责任感不强、自卑感很重,经常因学习受到教师的批评多,得到表扬的机会很少。为此我们采用建立个人进步档案袋的做法。

解决问题的方法

　　1.名言、警句作为座右铭树立自信心。自信是成功的第一秘诀;我自信我成功;自然产生对伟人的崇敬,同时受到精神的鼓舞,使自己产生必胜的信心。
　　2.档案袋是检查督促学生学习的好帮手。档案袋内是一个普通的练习本,这是用来检测学生对知识掌握的情况的记录本,既对学生每天所学的内容进行不同形式的检查的内容及结果还包括教师的评价、日期、学生的改错。本子的背面有一个表格,上面有日期、过关的结果:全部掌握、掌握的一般、掌握的不够;自己的评价:高兴、满意,基本满意,不满意,还需继续加劲等。
　　以上的内容均在学生听写教师批阅后,自己亲自填写。通过以上的做法收到明显的效果,即:(1)融合了学生的心理,不论学生的当时学习状况如何都想进步,这是无疑的。(2)对测试后的结果是自己对自己做出评价,即自己记录自己的学习情况,谁都想写得好点。(3)测试的目标具体,难度降低。(4)这便于自己与自己比较的同时也与他人比较。激发学生自己学习的主动性和自觉性,成为学生学习的真正内驱力。

效果

　　(1)老师及时表扬过关者名单,使过关者感到光荣、体验自己的成功,从心理上更产生自强,只要刻苦努力我一定能成功。
　　(2)对不过关的及时关心和帮助。
　　(3)极大的调动了学生的学习积极性。使他们把学习当成了自己的事,责任感明显增强。
　　(4)学生做到周周清,使学过的知识更加巩固系统。
　　(5)学生的整体成绩大大提高。

县市区意见

　　同意上报

市评审意见

　　同意上报

学生行为表现的背后是什么

多年来我一直注重观察学生日常行为表现,思考、研究这些行为背后到底隐藏着什么?家庭环境、家风、家长素质到底对个人的成长有多大作用?

一、首先是家庭意志力的反应

何为家庭意志?就是一个家庭全体成员有共同的目标以及为完成目标所表现出来的决心和意志品质。

通常家庭目标清晰,家庭成员关系和谐。家长教子有方,跟子女沟通顺畅,亲子关系良好。

孩子在家尊老爱幼,礼貌待人,思想积极正派,为人做事正统。

孩子学习上目标清晰,乐观向上,在班里团结同学,尊敬师长,友爱他人。

课堂上规规矩矩,认真听讲,做事有板有眼,学习会扎扎实实,稳重内涵,和老师互动良好。

相反,大凡日常不守纪律,嬉皮笑脸,学习懈怠,做事敷衍,松松垮垮,行动张狂,谈吐粗俗的学生,说明家庭意志力不强,家教不严,教子无方。

二、学生在校行为表现实为家风的真实反映

常说"环境造就人"。说明人的成长受环境的影响之大,可以说有什么样的家风就培养什么样的孩子。家庭是一个人生活、生长的最重要的环境,家风决定家庭的生态状况,是家庭的根。家风纯正,孩子正统。

我的家风是"忠厚传家,诗书继世"。从小父母教导要忠厚待人,日常生活中得以贯之,始终秉承并作为做人的重要准则,家里的所有孩子个个都为人忠厚。

人立品为先。忠厚的品格如同家庭的根基,根深方能叶茂。个人无论身处何方,也无论身居何职,总离不开忠诚担当。

忠厚是做人的品牌,即忠于家人,忠于朋友,忠于本职,忠于上级。做人厚道,这是为人处世,干好工作的前提。

一个人若没有"忠"则无信，正如人踮着脚走不了几步。交友无忠则无信之基，忠厚最关键。若忠厚不在，没有敢与之为友。相反，人人心有暗防，时刻保持惊觉，唯恐受其害。若对单位不忠，领导、同事感到此人言而无信，单位就不敢重用，试想谁敢把重任让一个不忠于自己的人担当？

在班级也如此，有的孩子为人忠厚，人品一流，做事忠忠诚诚；学习为本，老实巴脚，大气负重，威信很高。但有的投机取巧，拈轻怕重，连作业偷工减量，一片耍心，拿着学习不当事，天天不务正业。

三、学生表现是家庭管理水平的反映

家长管教有方，宽严有度。孩子自然守规矩，心生敬畏，心有底线，行有规范。若管教松垮，甚至散养，孩子无规无惧，嬉皮笑脸，打打闹闹，习以为常。

在学习上爱学就学，不愿意学就不学，一切任由自己，这样不仅学习不会好，反而纪律涣散，往往会成为班里的老大难。我们称这部分学生是潜在的"定时炸弹"，纪律的"钉子户"，他们会给班级管理带来极大难度。

四、学生行为是家长意识的反映

有的家长对孩子时刻关注、关心，从日常行为，言谈举止，他们最重视孩子的做人，严格要求，孩子心服口服，言听计从。

当然也不乏有的家长意识淡漠，平日不管，对孩子的各种小毛病视而不见，任其蔓延，结果想管的时候却管不了。

其实，自古便有"惯子如杀子"之说。对于家庭来说，父母对孩子最关键、最大的责任是管教。严就是爱，宽就是害。管在关键时，重在思想和做人。从小要把做人的标准教给孩子，使他们处处有底线，事事有原则。

育人如同种树，十年树木，百年树人。从小管在实处，重在细处，孩子就会一本正行。如果从小不管，误失关键，以为树大自直，必后悔晚矣。

综上，培养孩子成人比成才更重要。因为从小做个好人，诚实、守信、友善他人，尊老爱幼，博爱众生，广做善事。不断修身养德，长大一定是一个有益于家人，有益于国家和社会。他们走得正，站得直，老实本分，这底线和标准也是人生的原则。也告诉我们：孩子从小教育，抓"早"字，需要"严"字当先，立德为先，先成人后成才，这是我们最应该做的。

五、孩子在校的一举一动是家庭教育的综合反应

父母素质高,孩子从小受影响,包括父母的学识水平、思想觉悟、格局的大小、人品高低都对孩子未来人生产生至深的影响。

孩子是父母的影子,父母是孩子的第一任老师。父母的一言一行,对人、对事的态度与处理方式孩子都会看在眼里,记在心里,久而久之,潜移默化,耳濡目染。

父母素养高,见多识广,做事从容淡定,计划在先,运筹缜密,孩子当然会效仿。

父母平日勤俭持家,勤于整理,家庭整洁有序,孩子也会仿效。

父母做事干练,高标准,严要求,孩子暗自学之。

总而言之,优秀父母背后一定有优秀的孩子,而优秀孩子的背后一定是优秀父母的教导。孩子的一举一动无不是父母的影射,所以平日班里有的刻苦学习;有的卫生打扫快速干净:有的对同学百般热忱,团结友爱,对老师彬彬有礼,这不就是家庭父母教育的具体展现吗?

总之,父母职责育儿成人。关键成什么样的人?把什么样的家风传承?为国家、为社会培养怎样新生代的问题?家长责任重大,责无旁贷。家是最小国,家兴才国强。

建立"友谊互助组",增加关注度,实现共同进步

一、问题提出

现实中,每个班里总有那么几个调皮的孩子,平时学习不好,纪律很成问题。自习课经常交头接耳,说话,做小动;课间追逐,连体育课都常被老师批评。平日班主任大部分的精力花在他们身上。

说教效果甚微,真的拿他们没有什么好办法。

二、分析与探究

他们真的"无可救药"吗?

仔细一想,他们也有很多闪光点,健康、活泼、爱劳动、讲义气。多数很

讲礼貌,见老师常问候。学校运动会积极报名参加,为了班级荣誉,争先恐后地参与,也就是除了学习之外,他们还是地地道道的好学生。

常言道"人无完人,金无足赤"。他们做人做事有自己的是非标准、原则立场,只是学习上定力不够,好习惯没有养成,成绩差。他们也都想进步,但或许没有别人进步明显,自信严重不足。因为长期得不到肯定和表扬,他们的心理常常失落孤独、郁闷。

理解万岁。我们应该理解他们,因为他们也是来自每个家庭,寄托着家长的无限期望。家长不是不急,不知道如何急;也不是不管,是不知道怎么管。平日家长说得多了,孩子埋怨唠叨,管得急了,怕这怕那出问题,难道他们真的无药可救吗? 谁不希望自己的孩子出人头地呢?

三、见招拆招

办法总比困难多。再难的问题,只要潜心地研究总是会有出路的。

理解和关爱是解决这类问题的关键。爱是教育的前提,从爱出发一切问题将会迎刃而解。

1.从优点自信出发

我们成立了互助组包括班长和值班长,确定好需要帮助的人。

制定实施方案。一见到优点,立刻表扬,并对他们取得的成绩进步记录其进步档案。记录一天的表现,课堂纪律如何?所学的知识学会了多少?该背的自己背过多少?课堂听讲是否认真?笔记是否齐全?写书写是否认真工整,和同学们相处如何? 在班里做了哪些善意的举动?

2.抓住时机,每日谈心

当看到他们取得成绩进步,及时地给他们肯定,以夯实强化他们的自信,树立他们做事的正确原则和标准。

3.及时记录进步,增加自信

当看到他们的进步及时记录与成长档案,让全班同学知晓。持之以恒去做,使他们的生活学习更加自信。

4.及时总结表扬,增加关爱肯定

每天做小结,每周一大结,周一班会表扬。

通过友谊互助组活动的开展,实现了以优扶差,以优促差,专盯优点,树立自信,强化督促检查,我们都知道"近朱者赤,近墨者黑"。

五、效果显现

通过以上对他们的行动关注、评价肯定和表扬,实现动态过程化管理。我们相信,"一花独放不是春,万紫千红春满园"。同学们的相互帮助也融洽了他们之间关系,加深彼此间友谊,促进了好学生责任担当,原来常被忽视冷漠淡化变为关注、关心、肯定、帮扶,让他们重新燃起希望之火,共同奔向美好。

孩子间的差距究竟差在何方

平日班里的孩子成绩好差悬殊较大。成绩好的能干,听讲认真,自觉自律。相反,成绩差的干劲不足,容易分神,拿着学习不当事。但又细想这到底是什么所致?

经过仔细地观察、研究得知:他们差的是目标,是志向,是责任感,是不服输的劲儿,是自觉自律,是习惯等非智力因素。

早读时,发现班里有的孩子专心致志,有的眼睛四下看;有的大声读书,有的只静看;有的连读带写,有的却大而化之,纯粹敷衍;有的整早在忙忙碌碌,激情四射;有的却磨磨唧唧,无所事事,一早上没有收获。

从检查的结果看:有的背得很熟,有的卡卡绊绊;有的完成所有的任务。

综上,表面上是孩子干劲的大小,注意力是否集中,而深层的原因又是什么呢?

首先,目标清晰与否,强大与微小? 志气大小与有无? 是否根植于心底,还是口头?

其次,是否责任明确? 是否有家庭责任和国家情怀,强与弱? 家庭格局大与小? 家庭教育是否形成共识? 是否孩子初心已在? 有无强烈的愿望? 是家长的管理水平高低,方法是否对头,管理是否到位? 学生是否知行合一?

如何改变?

立志在先,责任明确。要孩子干劲冲天,必立志在先;自觉主动,必发自内省,内心才会崛起。

赵启源,清华大学自动化系的一名新生,高考成绩705分。可有谁能相信？三年前他却是刚入高中时的班级倒数第一,但他有个爱好,平时特别喜欢读科幻方面的书。当他了解到上大学自动化专业就能专学科幻方面的知识,他就萌生了到大学里专门学习的想法。于是在电脑上查了一些大学自动化专业,发现最好的就是清华大学。但是他却低下了头,因为他目前的成绩是班里的倒数。

怎么可能考上清华？对他简直是异想天开。可他又一想,自己才刚上高中,还有三年的时间,说不定自己就是一匹黑马。痛定思痛,决心已定——"考清华"。心想:说不定三年苦战,突击城围,杀出一条血路。于是他暗下决心,把考清华的志向埋在心底,放在铅笔盒,写在书本封面,贴在床头。

从此,每天早起晚睡,当自己困了想睡懒觉的时候,他便会用闹铃叫起,心里不住地告诫自己:不能偷懒,赶紧起床！就这样三年如一日,珍惜分秒,最后以优异的成绩圆梦清华自动化系。

有很多的人惊叹之余会问:是什么让他产生如此巨大的力量？

是志向。"志"是什么？就是自己未来想干什么？成为什么人？

"志"就是把自己的梦想植于内心,不断激发自己前行的力量。

"志"就是对未来美好前程的憧憬化作前行的原动力,就是自己实现理想中的自主自觉,发自内心的强大内驱力和自奋力。

一个人,一旦"志"形成于心,就会有一种强大的精神力量鼓舞自己,心无旁骛,勇往直前,战无不胜。一旦立志于心,就会主动自觉,只争朝夕,全力拼搏。一旦有了志,学习、做事雷厉风行,精益求精。平日会更加自觉约束,千方百计,孤注一掷。一旦有志,就会有一种不服输的精神,从失败中汲取教训,锲而不舍,不达目的决不罢休！一旦立志于心,关键时刻信心坚定,笃行不怠,随时会爆发出一种超人的能量,只有想不到,没有做不到。

纵观现实:人贵有志。难怪人们常说"志难立"。这也正是我们的好多孩子缺乏的。他们心中无志就像日月无光。平时无欲无求,无动力,消极慵懒,一切靠老师催,家长逼,自己却根本不把学习当回事。自己无目标,家庭无责任,对国家更谈不上尽责。整日磨蹭拖沓,自由散漫,能拖就拖,能靠就靠,很不情愿学习。

事实证明:一个人若不情愿做事,一定不会积极出击。一个消极情绪的人绝不会激情四射把事做好。像劳务市场上的打工的慢悠通通,死挨烂磨,毫无激情,想把事情做得出彩出众,门儿都没有。

那谁来给孩子立志?怎样立志?

首先,学校老师通过"理想前途"的教育,让孩子从小立志,确立好自己的理想目标。

日常多进行正面的宣传,尽可能多地向孩子讲述有识之士、英雄模范人物、科学家、国家功臣等,观看他们的英雄事迹,树立自己正确的人生观、世界观、价值观,增强他们为国家、民族复兴而奋斗的意志和决心,自觉把自己的命运同国家民族时代的未来结合起来;增强自己的使命感和责任感,做到从小立志长大成才,立志报国。

同时家庭要有清晰的目标,经常召开家庭会议,明确责任,达成共识,共奔美好。从小学学会自立担当,立志越早越好。一旦孩子树立起了自己的家庭目标必主动而为。

由此,立志是激发孩子奋斗的最好可燃剂。一个人有了志就有了目标,眼中就有了光,也有了动力、追求和向往。而无志则漫无目的,行无方向,必然会朝三暮四,自由散漫,磨蹭难免,躺平、不思进取。

大志方能成大业,大业必先立大志。古今中外皆如此。

当一个人有了冲天之志,自主勤勉,自律自觉,哪有学不好的?

因此,人最重要的便是立志,"人非志则不达"。立大志则成大业,立小志则有小业,不立志则一生碌碌无为,难成其事。

当我们千方百计帮助孩子树立了志向,我们说这些孩子离成功并不远矣。因为其思想行动让人放心,什么违纪、不务正业,拿着学习当儿戏等都会自动消失。心存志气的孩子,哪个不是目光如炬,阳光自信,激情奋进?这才是青少年该有的样子,是国家真正的希望所在。

怎样看待成功与失败

人人都有自己的梦想。有梦想就要努力前行,要前行总会遇到困难和挫折,要克服困难,就会有挑战,就会产生痛苦,就会有失败、挣扎、成功、高兴和体验。

成功和失败之缘。

失败是成功之母。我们可以这样理解,要有成功,必先经过挫折、失败。世上本无常胜将军,失败乃兵家常事。失败必不可少,每失败一次,就向成功又迈进了一步。一次次的失败、挫折就一次次地更靠近成功。当把所有的错误都犯完,就是一个胜利者。因此,我们也可以说,成功就是失败加失败再加失败,从失败中总结反思,分析原因,吸取教训,强化自信,砥砺前行,甚至迂回曲折几个回合,最后成功。

如何看待失败?

首先应该悦纳失败。正视失败因为人人自身一定会有不完美、不尽如人意的地方。但失败不可怕,它是一种惊醒,告诉我们症结所在,给了我们指明今后努力的方向。我们没有必要后悔和纠结失败,以致形成所谓的心压,变得郁郁寡欢甚至堕落。因为好多事情,只有当我们经历过失败后,才听到胜利的召唤。所以正确的态度是做好充分的思想准备,运筹帷幄,谨慎笃行。勇敢面对任何失败的挑战,坚信自己能行,相信风雨过后必有彩虹,绝不是怯懦、逃避、萎靡不振。

其次,人在少年,哪有一帆风顺?挫折与失败、痛苦与寂寞太过寻常。失败是人们的觉醒剂和动力源,身处此境最需要冷静、自信与豁达、乐观与坚毅。只要心中有梦,相信梦的力量,相信有诗和远方,相信失败只是暂时的考验和磨练,是黎明前的黑暗。

在此,借用《孟子二章》作为激励自己的座右铭"故天将降大任于是人也,必先苦其心志,劳其筋骨,饿其体肤,空乏其身,行拂乱其所为。所以动心忍性,曾益其所不能。"

当我们从失败和痛苦中走出来,站到人生成功的基点时,我们回首所经历的一切,失败和痛苦是多伟大、有意义,多么值得感激!或许会顿悟原来失败是如此重要,是那样平常、必须和必然。遇到失败只是短暂黑暗,正是它伴随着成功,督促着自己成长、成熟,走向辉煌。失败变成人生的启迪故事,是一生的阅历和宝贵的财富。正是它激励着那些有梦想的人正确面对一切,更加坚定,行稳致远。

如何督促孩子
从平凡走向优秀,直达卓越

一、学习方面,首先要规范学习流程,做到科学高效

1.预习。

预习就是预习新学知识找出疑难,做到心中有数,上课就不会走神,容易发问,有的放矢,减小听课负担,提高听课质量,保障听课效果,预习提高学生自学能力,做到超前学习。

2.及时整理笔记,做到重点难点分明。

对于当天学过的知识,一定要做到及时复习,哪一些是重点难点? 自己掌握情况如何? 要重新梳理,整理记录。

3.巩固要趁热打铁。

当天学过的知识要当天复习,不留有尾巴。到了初中科目多了,作业也多了,地理、历史、政治、生物就没有时间巩固。如果当天学的不及时背诵,很容易造成问题堆积,形成夹生饭,成绩会大打折扣。最好利用晚上做完作业,或星期六、星期天业余时间统筹计划,搞好复习、预习,保证学习效果。

4.跟踪练习,学以致用。

从课本知识到实际运用,必须要大量练习。自己出题或者做上相应的成题,校对、打分、记录错点,这样及时发现多学习的不足,及时弥补。每做一套题,量化加 10 分,背诵的学科可以口做,不会做的,直接看答案背过。

二、家长巧用提升表,作为督促工具

什么时间? 哪一学科? 做了什么? 效果怎样?

（附表参考）

星期六、星期天

早读 6 点 ~ 7 点

学习内容 ＿＿＿＿＿＿＿＿＿＿＿＿＿＿＿＿＿＿＿

上午

7:30 ~ 8:30 ＿＿＿＿＿＿＿＿＿＿＿＿＿＿＿＿＿

8:30 ~ 9:30 ＿＿＿＿＿＿＿＿＿＿＿＿＿＿＿＿＿

10:00 ~ 10:45 ＿＿＿＿＿＿＿＿＿＿＿＿＿＿＿＿

11:00 ~ 11:40 ＿＿＿＿＿＿＿＿＿＿＿＿＿＿＿＿

下午

1:30 ~ 2:30 ＿＿＿＿＿＿＿＿＿＿＿＿＿＿＿＿＿

2:40 ~ 3:40 ＿＿＿＿＿＿＿＿＿＿＿＿＿＿＿＿＿

3:50 ~ 4:50 ＿＿＿＿＿＿＿＿＿＿＿＿＿＿＿＿＿

5:00 ~ 5:30 ＿＿＿＿＿＿＿＿＿＿＿＿＿＿＿＿＿

晚上

7:00 ~ 8:00 ＿＿＿＿＿＿＿＿＿＿＿＿＿＿＿＿＿

8:10 ~ 9:00 ＿＿＿＿＿＿＿＿＿＿＿＿＿＿＿＿＿

三、检测的方式及家长评价

1.提问 + 默写。

2.做试卷对答案改错。

3.背诵录音发群。

自己的孩子必须自己靠,家长多检查,孩子会认真。班级有奖励,激发起干劲。

四、什么方式最高效

1.出声朗读 > 静静的看和默读。

2.开口读着、画着、列一列 > 只读不动手。

参考依据，只读一遍的记忆效果为 25%，只写一遍为 65%，读 + 写 =25%+65%=90%。读着、画着图、列的要点或导图,学生最顶考。

五、如何处理复习和做作业

1.要先复习再做作业。

2.做作业≠复习≠学习。

六、不同层次的学生如何做

优等层:复习→作业→自觉练习→预习。

中等层:复习→作业→抓弱科→预习→家长检查。

追赶层:复习→抓背科→做练习→家长检查。

七、走向成功

打基础,养习惯,练高效,会学习,靠成绩,提自信。自信是成功的一半。

其实学习是一种品质的潜移。清晰的目标,超人的干劲,科学的策略,高效的方法,哪有不成之理?

如何克服学生惰性思维,培养其创新能力

摘要:日常教学中,相当一部分学生惰性思维严重。调查实践得知:学生目标不明,知识落下;教师的授课方式,剥夺了学生动脑思维的机会;学生没有养成好的学习习惯;机械照抄作业等。本文通过实践得出:做好课前预习;课堂上,教师留给学生足够的思维空间;科学协调地布置作业。

关键词:惰性思维;思维空间;创新能力

一、问题提出

日常教学中,相当一部分学生学习目标不明,干劲不足,厌学、愁学,惰性思维严重。在课堂上表现为不读、不写、不记;不听讲,不看黑板,不勾不画,不动脑思维,易走神,做小动作,交头接耳,或乱写、乱画,打瞌睡,甚至乱吃东西等。一节课下来,书上连画不画,本子上不见写的东西。在这部分学生看来,老师的讲课似乎与自己无关。老师讲什么,他们听不到,老师问什么,他们不知道,老师黑板的板书他们视而不见,他们是课堂的"自由

分子"。是的的确确的课堂惰性思维者,上课对他们是无聊的。

二、分析与探究

惰性思维的根源何在?

1.目标不明,知识落下是主要原因。一开始他们无明确的目标,整日无所事事。目标是前进的动力,目标越高,动力越大,因而应帮他们树立远大目标,并及时将目标内化为自己的行动,才能成为自觉学习的动力。他们开始不知学,没学好,后来想学,但知识落的太大,想赶赶不上了,于是就想放弃了。

2.教师的授课方式是造成学生惰性思维的重要原因。长期以来,我们教师注重了知识的传授,忽视了学生学法的指导。注重了把知识讲完,但忽视了学生学会。教师备课时注重备知识多,备教法少,而备学生学法更少,传统"填鸭式"。因而课堂上常见教师讲得滔滔不绝,学生却昏昏入睡。

课堂上教师对知识讲解的细而又细,精而又精,但大都属知识的罗列,而对"为什么"启发诱导不够。教师的绝大部分提问局限于是什么,学生无须动脑讨论和探究就能答上。有一位物理教师上课,每讲一个问题,总是问学生"是吧?"一节课下来多达六七十个之多,学生的回答只有"是"或者"不是",就能对一半,根本无须动脑。课堂上看起来很活跃,师生配合也很默契,至于"为什么"是最需学生动脑的,却被老师忽视并剥夺了机会,久之造成学生被动接受,养成惰性思维,这是危险的。

3.学生没有养成好的学习习惯是重要原因之一。当前许多学生的学习流程不完整,学法不科学。首先学生学习新课之前,几乎不预习。学生不预习就没有做好充分的思想、知识准备,听课容易眉毛胡子一把抓。教师教什么就是什么,至于为什么则不知。学生没有思维的独立性,很容易走神。现在相当的好学生只知其然,而不知其所以然,同一的问题变一下说法就不知所措。孔子曰:"学而不思则罔,思而不学则殆。"学生长期不动脑,导致思维僵化,而没有思维的学习,就饱尝不到学习的乐趣,自然会无聊、厌学。

4.课后机械照抄的作业,是另一个不可忽视的因素。据调查,教师课下给学生布置的大部分的作业,属机械的照抄照办,根本无需动脑。学生做作业也是应付,书写潦草,任务观点,只要完成即可,至于对不对,自己会不会则不关心。因而有好多的学生,当家长问"你怎么不学习?"都回答"没作业"。也就是在学生看来,有作业就学习,没作业就不学习。换句话说学习就是做作业,就是抄抄写写,很少有预习或探究性的作业。苏霍姆林斯基曾说过,当我们把学生推向死记硬背的边缘是危险的。这多么值得我们反思的。

三、我们克服学生惰性思维的办法

1.做好预习。预习,即学生上新课前对所学内容必须做到预习,并完成相应的预习卡,找出自己的疑难所在,然后听课。预习使学生既明确了学习目标,又懂得了怎样学,更重要的是养成了良好的学习习惯。

现在预习的重要性已被实验班的学生所认识,他们深知,课堂理解好,预习第一招;知识要牢记,预习不可少。预习卡保证了学生的预习效果,同时,学生预习并完成相应的预习卡,也为教师及时准确地把握学生的掌握情况,确定教学的重、难点,指导教师精讲点拨等,提供了现实依据,真正成为教师教学的指挥棒。

通过预习学生感到听课轻松,容易把握重点,便于集中注意力,扎实记忆,质疑较多,增强了学习信心,激发了学习兴趣。

2.课堂上,教师尽可能给学生留下足够的思维空间。教师从备课设计,能让学生自己解决的决不包办,能让学生说的不代替说。改变原来课堂的提问方式,由原来的是什么,变成为什么?学生由原来的静听,转变为积极地参与讨论。教师只做恰当的指导和点拨,并做到"三讲、三不讲"即没有学生的认真自学,不讲授;没有学生的充分独立思考,不交流;没有发现学生的学习障碍不讲解,真正做到精讲点拨,快乐高效。

可能有些老师心存疑虑,担心这样可能会浪费时间,影响教课的进度和效率,极有可能完不成教学任务。

实践证明:一开始,的确如此,但这毕竟是学生动脑思维的开始。倘若学生不动脑,即使我们讲得再好,学生被动接受不会好。毕竟我们的教是为了学生的学,因为只有学生动脑参与,才能会学,学的才扎实,这对学生未来的发展有益,甚至影响学生的终生,因而这是完全值得的。再说一开始的确慢,但过一段时间,学生就会慢慢适应,关键还是教师要放开手脚,放权给学生,相信学生,跟上恰当指导。

3.科学协调地布置作业。我们多布置一些让学生动脑观察,动手操作,课前预习性的作业,如一些小课题、小制作,小发明、英语的造句、改写、写日记、作文、预习等,鼓励他们创造性地完成,这有利于培养孩子的学以致用,动脑动手能力,培养他们的创新意识和创新能力。

尽量减少浪费学生时间,照抄照搬,死记硬背的作业。彻底改变原来的布置作业,是为了占用孩子玩的时间的想法,让学生觉得学习是有用的、快乐的。只要各科都协调好,做起来应该不困难,但对孩子是终身受益的。

四、取得成效

经过我们的实践,往日沉闷的课堂变得活跃起来。学生不仅学到了知识,更重要的是学会了学习知识的方法,养成了自觉预习的习惯,培养了学生的自学能力,调动了学习的积极性,学生寓学于乐,最终得到的是能力,真正实现了活动是课堂的中心,学生是课堂的主人。实现了学习知识与培养创新意识和创新能力的结合,为现在的课堂注入了无限的生机和活力。陶行知先生说:"教是为了不教。"我们真正体会到怎样才能让学生学会学习内涵。

治班育人典点
如何培养学生的观察思维力

一、问题的提出

当前,很多孩子学习无兴趣,被家长、老师逼着学,吼着学,督促学,陪着学,但孩子却不愿学,所谓学习只局限做作业,而作业之外很少涉及。

在课堂上学习知识比较肤浅,只停留在是什么,对于为什么全然不知。

学生做题时,遇到难题或实践探究性题目,多数空着不做,即便是做,也是疲于应付。

纵观老师的课堂,老师注重内容泛讲,很少思考哪一些知识该讲哪些不需要讲?哪些知识孩子能够独立思考解决,只需精讲点拨,授之一法?哪些学生合作就能探究出来需要总结提升?怎样增加适量趣味性题目,激发孩子学习兴趣,培养孩子思维的广度、深度和发散度?

平日孩子做作业,多数的内容不需动脑,机械照搬。若遇到略有难度的题目,习惯性地求现成答案,不是上网搜,就是手机查,或相互传抄。孩子们养成了不动脑,懒动脑,怕动脑的习惯,不思考到底为啥?这种浮华风的蔓延不仅存在于初、高中、大学,就连小学生也普遍存在。我们试想孩子的创新思维、创新品质如何培养?

二、导致结果

学习贵在思考。"学而不思则罔,思而不学则殆。"不动脑,无法致远。由于孩子怕动脑,逃避动脑,生活中的依赖性增强,造成了衣来伸手,饭来张口,不吃苦,生活不能自理,完全依靠他人。凡事求网络,求同学,学过的知识甚至复习了多遍,只要变一下问法就不会了,略微转个小弯就卡住了。

平日常见很多学生学习很自觉用功,也做了大量的练习,但成绩平平,也是不动脑造成的。没有总结反思就没有升华,因此无论做了多少题,只求数量不求质量,不注重总结归纳解题技巧,缺少举一反三,逐类旁通的能力,只能事倍功半。

三、学习的目的是启迪智慧

平日上学太重分数。我们说上学到底为了什么?是为学习文化知识。没错呀,学习知识同时学习分析问题、解决问题的方法,培养解决问题的能力。当生活中遇到现实的问题,不至于束手无策。上学是为增加自信,坚信办法总比困难多,只要肯动脑,无论多难的事总会有克服的办法。上学是为增长个人涵养,开阔眼界,提高自己的思想境界,增进自己对复杂问题的预见、分析判断力,关键时刻立场坚定,原则分明,有正确的世界观、人生观、价值观,能拨云见日,高屋建瓴,有独立解决问题能力,为幸福的人生奠定坚实的基础。总之,学习就是为拥有更好的生活本领,实现自我人生价值。

四、如何启智增慧

我们该怎样做?

1.联系实际,学以致用。如思政课的教学,我们教授学生知识的同时,应该教学生紧紧地联系生活,联系现实,去分析问题,能透过现象看本质。

这样就会避免平日学生课本上的题都背过了,但考试不会答题,答上也不知道对错,只能胡编一气,不会抓要点,丢三落四,得分不高。

2.善于总结归纳。数学课,我们应教会学生如何分析找思路?多注重方法归纳。就拿高考数学最后一题,很多水平中等的学生连做都不做直接放弃。因为平日老师经常说这个题很难,不是一般的学生能做上,所以造成学生认为自己做不出来,形成思维定式,于是就自愿放弃。其实,最后大题的第一问并不难,一般水平学生的很多做出来的。

3.增加生活体验,享受思考乐趣。现在初中的课堂上,对物理科的学习绝大部分的孩子不感兴趣,也是思维慵懒导致。因为孩子们在生活中观察体验太少又缺乏思考,不信问一下孩子生活中的一些常识,如自己在照镜子的时候,左耳朵在镜子里是哪一个耳朵?镜子里的人和现实中的人大小怎样?左右会怎样?假如自己向镜子走半米,镜子里的你向哪个方向走?你离近的一米,镜子里的你离你多少米?当你看到镜子里的你变了形,这说明镜子的质量是怎么样的?在现实生活中,你会怎样挑选一面质量好的镜子?

这些问题与我们生活紧密相连,而且天天发生,但我们的老师没有及时引导,很多孩子只能熟视无睹没有观察和思考,所以导致茫然若失,一无所知。

观察思考为何?打开智慧大门。如水是我们再熟悉不过的,生活中我们一刻也不能离开,问孩子们冬天当我们从寒冷的室外到了温暖的室内,戴着的眼镜会怎样?为什么这样?多少孩子都很茫然。

当我们把一滴墨水滴在清澈的水里,看到了什么?为什么这样?

另外,日常生活中为什么烧水的时候,开水不响,响水不开?这是什么道理?

当我们把一块冰拿到温暖的室外,你发现了什么?为什么会这样?夏天打开冰箱看到"热气"冒出,为何?

还有农民在夏天晒粮食的时候,为什么在不停地翻动?

对于生活在农村的孩子,家家户户都用压井压水,那么压井是怎样把水压上来的?

我们家里都有暖水瓶,为何暖水瓶玻璃是双层的,内部又是白色的,为何暖水瓶的塞子是木头的,而不是用金属的?

我们骑的自行车会前齿轮小,而后面蹬着的齿轮大,如果倒过来会怎样呢?

我们每天回家开门,为什么手总是放在门把手的地方,而非转轴的地方?

路边的法桐树有蜕皮现象,你发现向阳的一面先蜕还是向荫的一面先蜕呢?这到底是什么原因呢?法桐树主干为什么不是那么滚圆的?

我们喝水的时候,水过热,我们会吹一下,这是为什么?

传说古代亚里士多德,在一次跟罗马的战斗中,把大量的民众集合起来,每人一面镜子正对着罗马兵战车,致使他们的战车起火,结果把罗马兵退败,你想想他们是凭什么?这事你觉得相信吗?

我们都知道圆周率约等于3.14,它是中国古代数学家祖冲之发现的,它是怎样被发现的?你验证过了吗?

据说爱迪生为了发明灯泡,灯丝的原料难找,于是他就想到了用老人的胡子做灯丝,你认为可能吗?

综上所述,我们的生活多么丰富多彩,富有乐趣,然而这一切都属于爱观察、爱动脑的人悦享。当我们把孩子引向观察的海洋,启迪他们思维,那是多么富有意义!难道这不比死啃课本,题海战术,五花八门的各种无聊考试,两眼直盯着那点分数,横着比竖着算,鸡蛋里分析出骨头更有意义吗?考试不能给人自信,因为考场上没有常胜将军。即使一次考好了,下一次还能考好吗?随之而来的或许更大的压力。而考得差的只会自卑、自责、自闭,起初会觉得无地自容,抬不起头,长此以往,也便麻木无所谓了。

教育即生活,我们生活的大自然并不缺乏美,而是缺少发现美的眼睛。没有观察,一定没有思考,更没有好奇。发现一个问题往往比解决一个问题更重要,发现、思考是开启智慧大门的钥匙。

五、反思悟道,教育究竟为了什么

从教30多年,我一直在扪心自问:难道上学就只为了考试?不考试就不用学?考试只有分层和排名,死盯分数?它与我们的幸福人生有多大关系?人的发展是需要德、智、体、美、劳全面发展的而非分数万能。

教育的责任不是纯粹地造就高分的英雄,而是把孩子引向思维的海洋,教会孩子们发现美,洞察美,思考美,欣赏美;教育的责任是培养孩子更高的觉悟和涵养,更会享受有温度有品位的生活;教育是培养孩子自信,让他们更有尊严、责任感和家国情怀;教育成功在于把孩子引向幸福美好,实现人生的自我价值。当我们的教师、家长忽视孩子的身心健康和正常的人格发展,忽视孩子的兴趣和精神需求,片面地一味追求分数的时候,我们的孩子已经变成一种分数的机器,渺茫的眼神,僵化的思维,这是一种多么可怕的畸形教育,多么可悲,可见已经病得不轻了。

家庭教育的说与做

教育并非只是口头说教。因为口头说教的作用实在太有限,管用的只是那些自律、自觉、有明确目标和强烈学习愿望的人,他们深知只有学习才有正大光荣的出路,只有自己发奋努力才能实现梦想。

教育贵在践行。家长要长期得做孩子的好榜样,一身正气,善于学习,孩子自然勤奋用功。若父母压根就没有认识到自身学习的重要性,自己平日不读书、不上进,孩子就学习不认真、不刻苦。其实教育孩子很简单,只要家长示范引领到位,天长日久,孩子就会耳濡目染,润物无声。

想让孩子进步,家长先进步。想让孩子变得优秀,家长先做到一流,让孩子折服;想让孩子出人头地,家长先目标在胸,精心培育,默默付出十几年年如一日,不敢懈怠,静等花开。

家长做谦虚好学模范。在信息爆炸的时代,对父母提出更高的要求。每位家长应清晰得认识到自己很多方面已经落伍,知识老化,信息不灵通,眼光陈旧,做法过时。家长不学习,直接导致孩子视学习为儿戏。

学习是生活必须。人只有不断学习才能与时俱进。一些事情多让孩子参与,多倾听孩子的心声,适时地加以引导。若用过时的眼光,僵化的思维,刚愎自用的老一套,是不可能培养出积极乐观,好学奋进,责任担当的新一代。

睿智的家长最大可能地成为孩子思想的指导者,行动的示范者,行为的匡正者,人生的引领者。

家长教育孩子最可怕的是家长自以为是,我行我素,拒绝新生事物,对学习的重要性认识不足,只会向孩子发号施令,敲山震虎,不务实,适得其反。

孩子或优秀、或一般、或落后,其实都是家长影响的具体显现。孩子是家长生命的延续,效仿家长言谈举止,传承优秀家风。因此,家长要求孩子出类拔萃,首先是自己目标十分清晰,精心培养,知行合一,严于律己,严抓常靠,榜样领航,亲子共进。

英语高效识词教学法课堂教学中学生创新思维和创新能力的培养

创新是一个民族永恒不竭的动力。培养学生的创新思维和创新能力,是我们课堂教学的终极目标,也是学生最可贵的思维品质。培养学生的创新思维和创新能力,理应是英语课堂教与学整个活动的核心和长远目标。他们对学生未来的健康成长,做好了充分的思想准备并为成功的人生插上腾飞的翅膀,那么,在英语课堂教学中怎样培养学生的创新思维和创新能力呢? 经过多年的探索我们走出了一条成功之路。

一、树立正确的创新意识

什么是创新思维、创新能力? 二者的关系怎样? 我们认为创新思维是人脑对同一事物和问题思考后所产生的不同想法,而这些想法辅助以行动,在这一过程中形成技能即创新能力。当行动所出现的结果是正确的便得到成功的经验。所出现的结果错误时,我们得到的是宝贵的财富。因为正是这一过程的付出会引起我们的反思,分析失败的原因,总结失败的教训促使我们更快地适应新形势、新情况。这一过程不是笼统的教条的,而是具体的可操作的。

二、具体的操作

1.我们学习单词时运用的音型分析——尝试推断——运用法。

即学生根据所学的读音推断词形,当场推断正确的学生高兴得不得了。对个别推断错的要观察、分析出错的原因。这样学生便更加积极参与,思维也更加活跃。对于单词的运用,教师引导学生造句。再通过造句练习,学生对新学的词汇达到举一反三、触类旁通,学以致用。

2.对于学过的课文学生则通过仿写或者改变原文的时态、人称等更换其中的内容,扩充原来没有的,进行最"原始"的创作,这是引导学生动脑,拓展思维的过程。

3.学了对话学生自己进行合作改编、表演加之以适当的道具、动作表情,这也是思维创新和运用。每学过一阶段,学生根据本阶段的内容进行改编和创新训练,这不仅使学过的内容得以巩固、更新,而且所涉及的面更广,内容更多,更加个性化、系统化。

因为上述过程是学生积极动脑思维和学以致用的过程,也是创新思维得以升华和创新能力提高的过程。

与以往不同的是,传统的单词学习是教师讲学生听,教师讲什么,学生就学什么。这一过程单调,方式单一。无论单词学习还是课文学习其最主要的方式是读、写,是机械重复识记,因而学生感到枯燥乏味。学生学的消极被动的,甚至逃避、厌学、逃学、辍学不足为奇。而现在不同,除学习方式的多样化,即学生通过音、形分析法对比记忆,通过组词、造句加以运用,遇到不会的自己积极想办法解决,或问老师,问同学,或查阅资料解决,整个学习的过程是积极主动的,充满乐趣的。

三、可喜的局面

1.经过训练后,学生的思维方式发生了巨大的转变

首先每学一部分内容,学生的疑问明显得多了,班内讨论问题的风气空前高涨,无论课上还是课下,在办公室还是在教室,甚至在路上,只要一见了面,总有一些问问题的学生,且总有问不完的问题。能提出问题、分析问题更加激发了学生的探究精神,培养了他们的探究能力。我们都深知:提不出问题就是自己没学进去,而不会提问题的学生就不是好学生。他们都争相问问题,而且有的问题问的相当有水平。

2.学生学会学习,养成良好的学习品质

学生无论是新学还是复习都做到动脑在先、积极思维,创新运用。做到先分析、观察,多问自己为什么。因此学生对学习更感兴趣,学过的知识也就更扎实,当然成绩也就更好。有好多的学生很自然地把这种方法应用

到其他学科的学习,同样收效显著。

3.增强了学生的自信心

良好的思维习惯、科学的学习方法以及迅速提高的成绩,学生受到了极大鼓舞,增强了学习的自信心。

通过调查得知:绝大多数的学生由原来的厌学转变为了会学、乐学,且心理状态良好,乐观自信。

总之,教学的实践告诉我们:教学生知识并不是我们课堂教学的全部,而真正使学生终身受益的是"授之以渔"。即教给他们正确的思维方法,培养他们的创新意识和创新能力,他们才能真正体验创新思维所产生的愉悦。

灵活多样记词,扎实高效复习

单词作为语言构成的最基本的要素之一,记住单词是学习语言的最基本要求,也是最低要求。学习语言只有记住单词,才能谈上其它,若单词记不住,则什么也谈不上。

现在毕业班已经进入总复习阶段,怎样才能让学生快速高效地记忆单词呢? 这里就自己的教学实践谈一下自己的具体做法。

学生最常见的复习单词的方式是笼统的读读写写。至于哪些会? 哪些不会心中没底。实践证明:读写识记,机械重复,方式单一,效果不佳,且学生容易感到乏味疲劳。

我们的做法如下。

一、筛选找疑难,重点抓突破

首先让学生利用书后的生词表,盖住英语,露着汉意,迅速默写单词,写对的证明已经掌握,只需简单读写即可达到熟练。而默写错的,或根本写不上的,是自己还没掌握的,这就是复习的重点、难点。现实中由于学生原来的水平不一,学生对单词的掌握差距较大,水平最好的学生能全对或只有个别的不会。这部分学生若再花大量的时间读写单词纯属浪费时间,可多做练习来进一步提高自己。对于中等或中等以下的学生 ,单词不会的多,短时间的读写是不够的,因而需要不断地复习,且对自己易错的词要整理到积累本上,多次跟上循环重现,才能达到长时不忘。

二、利用单词造句,效果倍增

复习词汇之前,先朗读背诵原文,能够达到背诵的一定要背诵,这样做很有必要。一则学生对学过的语言材料迅速达到熟练,二则对提高学生的听力很有好处,因为考试的听力材料大都源自课本,或跟课本的难度相当。其次,学生背熟了原文,对其中包含生词和短语的句子,也就融入一个有血有肉的系统中,不再是孤零零的个体,也就不容易忘记了。朗读甚至背诵了原文,然后复习生词,可边读写单词边回想并说出文中包含该单词的句子,回想文中是怎样运用的,这种做法很有效果。这一过程,是学生积极动脑思维的过程,学生是感兴趣的,不容易厌倦的。

三、对以前学过的词汇及时进行归类,有利于学生系统掌握所学词汇

英语中的很多词汇有规律,但因在文中分散出现,时间间隔又很长,不便归纳和运用。进入总复习阶段,为使学生的知识更加系统化,很有必要进行归类。

四、教会学生学会应用

复习的过程中,一定要跟上相关的习题。尤其对一些重点用法编成练习题,并指导学生完成,让学生不断寻找总结做题技巧,既及时巩固所学,又提高学生学以致用的能力,使学生产生成就感。

五.对词汇中出现的重点短语,应加强汉译英和造句练习,让学生重点把握

Make sb.do/be used to doing…

六、教贵有法,但无定法

复习的方法应灵活多样,切莫机械单一。若学生只是读读而已,那可能有些不会写的未发现,或存在笔下误较多,影响成绩的提高,因为人们普遍存在眼高手低的弱点。也有的只写写而不读,效果也不会很好。因为写的记忆效果只有百分之六十五。若不读,语言声的信息输入不足,直接影响到听力的提高。快速高效的办法就是读写结合,做到读什么就写什么,写什么就读什么,并多问自己为什么?加强学生对知识的运用,及时积累归纳复习、练习中遇到的生词、短语及一些重点的用法及辨析,成功在于积累,好脑筋不如烂笔头。

以上是自己教学实践中的几点做法,高效是我们永远追求的,只有适合学生的才是最好的。

家校携手共育,聚焦能力提升

一、问题和思路

孩子教育方面学校家长仍然面临诸多难题,如何破解这些瓶颈,成为家校教育共同的责任。

学校把锤炼高效课堂作为重中之重,同时强化家校共育,聚焦学生好习惯培养和能力提升,走出家校合育的新路子。

二、具体措施

1.全面推行预习卡,培养学生预习习惯,提升自学能力。

预习就是要求学生在学新课之前,对新学内容进行自我学习。通过预习,哪些会,哪些不会,哪些有疑问,做到心里有数,为上课做好充分的心理、知识准备。

预习后,学生感到听课轻松,容易把握重点,注意力集中,记忆扎实,质疑较多。

为了规范学生预习,我们使用预习卡,把原来的课程表设计成预习表。

具体做法:如语文预习:读课文,写段意,找出生字词并查字典。地理课预习:读原文,图上找,读、写、画、标同时搞。

为保证预习效果,让家长配合参与监督,每天检查孩子预习情况,及时真实评价。

实践证明:预习使学生做到先知,课堂听讲时注意力集中,学会抓重点,减轻听课负担,提高听课效益,提高了自学能力。

教育家陶行知说:“教是为了不教”。自学能力是人的一生中最重要的学习能力之一,会使学生终身受益。

2.培训学生记忆方法,提高记忆效果。

学生成绩好,刻苦用功不能少,但方法很重要。初中阶段,语文、英语、政、史、地、生等需要大量背诵。很多学生平日看似用功，但成绩不理想。调查得知其学习方法不佳，很多学生厌背、背不过，好不容易背过又很容易忘，对学生的学习自信心打击很大。于是，我们经常利用课堂、班会专门进行学习方法培训指导。

地理对大部分学生比较难。我们培训学生以地图为抓手，做到以下几方面。

（1）看图寻找，这如同司机跑路，图是联想记忆的抓手。

（2）自己画图并标注上内容，以图记位置，记忆扎实。

（3）利用透明纸或透明垫板在原图上进行隔印，一次可隔印多张，便于连续多次标记巩固。

以上措施，降低了记忆难度，提高记忆效果，增强了学生自信。

3.创新课堂教学方法，助力能力提升。

（1）强化单词学以致用，激活学生思维。

大多数学生英语单词难记、易忘。我们采用组词、造句，让学生在语境中模仿运用，加深学生对词义理解，增强记忆效果。

（2）师生问答、背诵英语课文，提高学生应变能力。

学生对所学课文，难以背诵。我们采用师问生答，以对话交流方式进行。这实际上是师生思维互动，培养学生专注能力，让学生适当的语境体会理解，降低记忆难度，提高记忆实效。

（3）找准记忆线索，教给学生"导图记忆"。

以时间为主线，动作记忆适合老舍的《茶馆》一课，

1899 年，老舍出生……

1913 年，他的妈妈把她送到……

1918 年，学校毕业，当了……

1924 年，离开家乡去……

1957 年，他写了……他被命名为……

他是 20 世纪中国……。

（4）学生配合，老师导演，让学生亲身演绎所学内容，激发了学生参与的积极性，提高其表演才能。

学习《爱丽丝漫游奇境》一课，我们采用让几个学生配合，现场对话，

动作示意。学生边看、边说、边理解剧情,连续重复二至三遍,他们身临其境,切身体验、感知情节的发生、发展和语言生成。学生很感兴趣,大部分热情高涨,积极参与,能当场记住。

(5)模仿参与,点燃孩子说英语激情。

在学习《亨利和蛇》一课。老师亲自上阵,自扮亨利。上课时,老师把围裙一穿,白帽一戴,刀子往手里一握,厨师亨利立刻涌现在学生面前。伴随自述故事,加上相应动作表演,学生紧跟老师模仿,边说边做,不时边回答老师问题,一气呵成。整堂课笑声不断,学生激情昂扬,气氛活跃。一节课学完一篇课文,顺顺利利,干净利落,十分过瘾,连最差的学生都能背过,让听课教师震撼。

5.为了强化学校教育效果,及时了解孩子在校思想、学习、纪律、安全等状况,我们使用"沟通交流,共同成长"每周互评卡。

家长们,您的孩子听话吗?随着孩子年龄的增长,您是否感到越来越难管理?常言道:话不说不透,意不表不明。沟通加深理解,理解学会感恩。如何更好适应孩子个性成长的需要与孩子共成长,让家庭的氛围变得民主、平等、和谐,让我们从沟通开始。

内容包括

(1)同桌互评献真言。

在自己眼里,同桌的优点、不足,一目了然。为了更好相互促进,共同进步,望你真诚地说出同桌一周来,学习、思想、纪律、安全等方面的优点、不足、如何改进、家长帮扶措施。

(2)家长肺腑箴言汇报一周来,孩子在家表现。

(3)倾听孩子心声,爸爸妈妈我想对你说。

为了孩子更好成长,为了家庭更加和谐幸福,听听孩子的心里话,家长的优点、不足,希望家长如何改进?

家长们,教育孩子是一个长期用心的过程,绝非一蹴而就,"一切为了孩子,为了孩子的一切",我们责无旁贷。孩子优我荣,孩子成功是家庭最大的成功。(附互评卡)

6.培养孩子的自主学习、自我管理能力尤为重要。

为培养学生的自主学习、自我管理能力,保证学生业余时间学习、锻炼的成效,我们尝试了"家长携手,合作共赢"自主管理卡。

内容包括

(1)一周七天,学生在家早读的内容。

(2)晚上自主复习课本、做习题、预习新学、锻炼身体、发展业余爱好等。

(3)自主学习时长。

(4)家长评价:孩子的干劲、态度、学习效果。

(5)班主任评价量化为综合素质。

措施:孩子每天上交,老师及时了解孩子在家的真实表现。对表现欠佳的及时思想沟通,提出自己的建议、要求和希望。

自主卡已成为孩子业余自我管理、自我进步的有力抓手,成为家校沟通的桥梁。

四、成效显现

(1)孩子的各种能力包括自学、综合运用、交际应变、模仿表演、自主学习、自我管理等方面有明显提升。

(2)家校携手共育,及时沟通交流,准确把握学情,,指导有的放矢。

(3)培养学生良好学习习惯,创新学习方式——表演式、互动体验式等深受学生喜欢,是家校合育的有益尝试。

(附自主预习卡)

（附沟通交流，共同成长卡）

（家校携手，合作共赢卡）

孩子上网课，家长如何做

随着科技日新月异，数字化时代的到来，孩子用手机、电脑上课已成为常态。如何让孩子专心高效学习？考验着家长智慧和管理水平。

1.培养高效学习习惯

如 A、自觉预习。B、专心听讲。C、积极参与踊跃发言。D、课堂笔记调理重点难点分明。E、自觉习题巩固。F、善于总结。G、喜欢阅读。H、善于动脑分析。I、学习高效有自己技巧。J、目标明确。K、刻苦努力。L、有很强的毅力，始终如一。不达目标不罢休。M、有强烈的竞优意识。O、有严格的计划和执行力。P、有强烈的家庭责任感。指导孩子们尝试以上方法，提高学习效果。

2.家长管控手机和电脑

和孩子约法三章。

（1）周一到周五不准看电视，玩手机，周六和周日不超过一个小时。家长严格监管。

（2）上完网课，立刻交出手机电脑，尽快脱离依赖和强磁场伤害，进行室外活动和锻炼。避免孩子借此偷玩，家长疏于管理，可能被手机、电脑吃掉。轻者成绩下滑，重者成瘾，学习会前功尽弃。这不是危言耸听，吃其亏的不在少数。

（3）孩子们上课时必须打开摄像头，防止有的孩子偷空玩游戏、看视频。

总之，这个年龄正好是没有数的时候，严格常抓、常靠，让其无机可乘，帮助孩子摆脱网瘾。

若一大意，孩子的好奇心驱使，情不自禁地走上了邪路，学上一些坏习气，消磨了意志，就毁掉了孩子的一辈子。要让孩子变坏，只要给他一部手机就足够了。可见手机的危害有多大。

3.平日多留心

自己手机里的钱是否变少？查看孩子浏览的记录，看看孩子看了什么,是否是不雅视频? 是否玩游戏?

惊觉手机里的交费是否猛增? 银行卡里的钱是否被转走? 手机充电是否过于频繁? 是否在手机充着电的时候打电话、玩游戏等,这无疑是守着一颗定时炸弹,危险就在身边。

以上需要家长特别警惕防范,只要家长立场坚定,原则分明,不妥协、不纵容,我们就会摆脱手机电脑的诱惑,否则会毁了孩子。

4.手机之殇,意想不到

手机真是厉害! 它消除了心中的无聊,荒废了韶华岁月;熬完了眼睛,窃走了健康;消磨了意志,把精力耗得精光。

戒掉手机怎么这么难? 难道它比你的健康更重要, 比你的生命更珍贵,玩了只有后悔和失望。不玩难道会死人? 的确已有多少人,多少家庭,满是创伤!

5.家长拯救孩子,责无旁贷

严就是爱,宽就是害,松松垮垮,害一代。常有严父慈母,严母慈父的美誉,一分严格,一分收获。一分付出,一份成色。优秀孩子的背后一定有优秀的家长;优秀的家长一定培育优秀的孩子。对孩子严格要求,就是对孩子最大的负责。孩子的教育无小事,事事都是大事。孩子成长过程中,略有不慎,疏于管理,结果必逊色。孩子小的时候,无标准,无原则,等小孩子大了,想严管已经严不了。孩子的最佳年龄已经过去。当下是至关重要,恰似火候。

作为家长,平日无论多忙,一定要关注孩子。每天都要过问,孩子干了什么,干得怎么样? 该背的背过了没有? 该写的会写了不? 写的是否认真规范? 要亲自过目,切不可大而化之。只听孩子一面之词,皆大欢喜,到终来自欺欺人。若不务实,让孩子感到好糊弄,有空可钻,一定要警惕,别上了孩子的当。因此要亲自过问,当面检查,做到心中有数,施教有方。

全家人要明确,孩子的事是家庭最大的事。是事关孩子的前途命运的事。让孩子目标和家庭期望结合,树立孩子家庭责任,全家合力支持,帮助其实现自己的理想。

英语"预习—合作运用—表演"法对学生综合能力的培养

教育的重要任务之一就是培养孩子的各功能力,如自学能力、学以致用的能力、创新思维能力等,如何做呢？我们尝试了英语"预习—合作运用—表演"法。实施如下。

1.自学能力的培养

预习培养了学生良好的学习习惯,使学生学会了学习。经预习学生对旧知识是第一遍复习,对新学知识一部分自己预习已会,较难的部分预习已有印象,还有一部分自己不理解,预习使学生为学习新课作好充分的知识准备和心理准备。当进入课堂听课时,教师提到的旧知识是进行第二遍复习,当教师讲授新知识时,对自己已预习过且会了的,学生实际是在进行一次成功的体验;较难但已有印象的部分,能学扎实;原来一点不理解的部分,能学会,易提出自己的疑问。

因此学生感到听课轻松,容易把握重点,便于集中注意力,扎实记忆,质疑较多,增强了学习信心,激发了学习兴趣。

实验证明,预习使学生既明确了学习目标,又懂得了怎样学,更重要的是养成了良好的学习习惯。

2.合作能力和运用能力的培养

合作使学生学会了与人共处,培养了他们的合作意识和集体荣誉感,培养了学生初步运用知识的能力。

教学中,我们学了词汇,进行合作造句;学了对话,合作对话并改编;学了课文,合作改写、课后合作探讨等,可以说合作无处不在。因为英语是一门有声语言,它必须以大量的语言交际为基础,而合作首先提供了交际的可能。合作学习在英语课堂中的广泛运用,促使学生积极参与,课堂气氛活跃。

3.表演,培养了学生的交际能力和创新思维

我们学过的对话,学生将对话中的人名换用自己的名字,所涉及的东

西换用自己身边生活用品进行表演。为了表演成功,他们有时利用业余时间积极排练,仔细推敲每句话,每个动作。有时他们往往把以前学过的对话都用上,遇到困难合作解决,有时主动地问老师或查找有关资料,他们的表演真切自然,如身临其境,他们热情高涨,有时连教师都跃跃欲试。

教学的实践证明,语言不是靠死记硬背而掌握,而是在大量的语言交际的基础上形成的。表演实质上是一种交际,是对所学的知识再加工运用的过程,因而提高了学生的口头交际水平和创新思维的能力。

"教贵有法,但无定法"教学上理应是百花齐放,百家争鸣。教法上应是条条大路通罗马,而不是自古华山一条路。

教学的实践告诉我们,教学的成功莫过于如何培养和激发学生的学习兴趣,并使之保持到最佳状态使之真正成为学习的内驱力。

英语素质教育的最终目的即培养学生的各种能力,做到"授之一渔"。"预习—合作运用—表演"法非常适合英语科的学习,表现出独特的魅力。因此,我们将大胆探索,辛勤耕耘,使其尽快成熟,为我国的英语科的教学开辟新的天地。

如何把工作室的作用发挥至最大化

自从我校"刘建华省优秀班主任工作室"建立,这里已成为老师们共同研讨、进步的俱乐部。在这里我们定期举行班主任座谈,商讨育人、带班方略,分析目前班级管理中出现的新情况、新问题,商讨新的措施,寻找新对策,工作室的家人各抒己见,群策群力,坦诚交流,相互学习借鉴,互相督促提高。

通常我们把问题汇总,归类梳理,创新工作思路,精心打造,推出了"励志体验,亲子共育"专场,组织部分学生利用周末到工作室体验,每次两个半小时,八名学生人及家长共同参与。

活动原则:自愿报名。

活动方式:老师讲授所教过的名生故事,查阅他们当年学习材料,体会、寻找他们如何由普通走向优秀,从优秀迈向卓越的足迹。

活动步骤:

1.透过当年他们的答卷,看其严谨学习态度,明白了什么叫一丝不苟,扎扎实实。

2.通过当年他们的目标三部曲,体会其志向之远大,立志之坚定。体会他们平日学习之疯狂,窥其分秒必争,勤勉拼搏的历程,寻找自己内心的触动。借助榜样的力量,树立自己清新目标"三部曲"。

3.通过家长面对面的采访,探明家长对孩子期望急切,理解何为"望子成龙,望女成凤。"

4.通过采访孩子,探明孩子目前思想现状,激发对未来的向往。

通过家长孩子亲子共情,共同宣誓,"嫁接"家庭希望,达成家校共同目标。

5.通过家长寄语,和孩子合影留念,共同见证美好,共奔美好前程。

6.最后,通过孩子学习品质诊断,找出影响自己进步的因素,让孩子学会舍得,趋利避害,摒弃不良嗜好,轻装前行,专心致志,全力拼搏,走向优秀。

达到目标:

短短两个小时体验,孩子对自己的未来有了清醒的认识,清楚了奋斗的目标,今后的努力方向,更加清晰了自己所担负的家庭责任。消除了多年对家长的误解,增加了相互理解和对父母的感激之情。

体验结束,看到他们个个心态怡然,自信满满,感受到孩子的责任担当,明志于心,不服众托,攻坚克难,勇毅前行的决心。正如他们的铮铮誓言"不仅为自己,更为了父母,为了国家做点事情,将牢记嘱托,勤勉拼搏,感恩父母,报效国家"。

反思感悟:

每当此刻,我会禁不住想,一个教师的真正责任是什么?

那就是把希望的种子播撒在孩子的心田,把孩子的理想点燃;就是给孩子清晰的导航,让他们永不迷航;就是给孩子一个定海神针,即使暗瞧挡道,内心永远坚如磐石,谨慎前行;就是给孩子们一副透亮的眼镜,无论狂风暴沙依然雪亮致远。(附励志体验安排)

"从平凡走向优秀,从优秀步入卓越"

刘建华山东省优秀班主任工作室

欢迎家长携孩子体验"山东省优秀班主任工作室"主持人刘建华35年精心打造"从平凡走向优秀,从优秀步入卓越"励志里程。

"目标、干劲、内驱力,激情奋发,志在必得;

家庭、亲情、责任感,感恩父母,报效国家。"

内容

1.揭秘优秀试卷背后的秘密。

2.理想引领幸福人生,立志高远,乐此不疲。

3.沟通产生理解,责任源自亲情。

4.决心、誓言,激发斗志。

5.目标清晰,勇毅前行。

6.我的大学情缘,奋斗成就美好。

7.分类促进,家校合育创辉煌!

时间

周五晚 7:00 至 9:30

周六　8:30 至 11:00 点

周日　8:00 至 10:30 点

地点　刘建华省优秀班主任工作室(人民路南校区一号 4 楼)

(限定 8 名家长,8 个孩子)

"从平凡走向优秀，从优秀步入卓越"

工作室亲子体验家长问卷调查反馈

家长 __ 秦胜梅 _ 学生 _ 张鑫渝 ____ 2023.5.26　编号 1

1.您（BC）

A.以前参加过类似活动，很熟.没有新意，没有必要。

B.第一次参加，很实用，想不到，家长孩子都收获很大，对孩子立志很有帮助。

C.很急需，很必要。触动、教育了孩子，感动、提高了家长。

2.体验中，您印象最深的是

孩子看到前边好学生的优秀作业和学习成果。

3.对孩子最有触动的是

立目标，找到自己的不足，更加自律的去学习。

4.最感动家长的是

与孩子手拉手传递内心的期望和给他力量。

5.家长感到收获最大的是

通过这次亲身体验，看到孩子眼睛里坚定的眼神，很欣慰。

6.体验后，孩子变化最大的是（学习干劲、自觉性、自律性、学习方式、听话……）

学习干劲，自律性、学习方式都进步很大。

7.家长自我改变的是

多关注孩子的学习，自己也多利用琐碎时间来学习。

8.家长最想说的是

感谢老师这么用心的为孩子找学习方法，激励孩子。

9.您对该体验改进建议是（无）

10.当您遇到身边亲戚朋友对孩子已无计可施，无能为力，爱莫能助时，你会（AB）A.积极帮助　B.向其推荐感谢家长参与,鼎力相助,惠及更多孩子,共奔美好明天。

家长 _ 张珂菡 __ 学生 _ 潘俊宇 ____ 2023.5.26 编号 2

您(BC)

A.以前参加过类似活动,很熟.没有新意,没有必要。

B.第一次参加,很实用,想不到,家长孩子都收获很大,对孩子立志很有帮助。

C.很急需,很必要。触动、教育了孩子,感动、提高了家长。

2.体验中,您印象最深的是

前期学习状元们的完美成果背后的努力和与孩子心与心链接时的感受!

3.对孩子最有触动的是

孩子对大学目标的订立,需要自己恶补的书写和规划以及执行。

4.最感动家长的是

老师用周末时间,让我们家长和孩子一起欣赏学习前几期学习状元的卷面整洁与书写规范,老师赋予孩子们学习方法,让孩子自主发言,说出自己的不足和提升的点,激发孩子内驱力,从内向外用力! 还有一个环节让家长和孩子手拉手,目对目、做心与心的链接,让孩子内心深处感受到家庭是他们坚强的后盾和家长对他们学习的期望!

5.家长感到收获最大的是

孩子的亲身体验感非常强,看到前期学霸们的成果,明确了自己的不足,感受到这段时间孩子内心的一股力量!

6.体验后,孩子变化最大的是(学习干劲、自觉性、自律性、学习方式、听话……)

学习干劲,自律性和学习方式都有很大提升!

7.家长自我改变的是

以身作则,一家人一起学习,做好孩子的表率!

8.家长最想说的是

感谢老师百忙之中为孩子举办这样别具风格的体验式教育,指引孩子立远志,立长志成为心中坚定的目标。

9.您对该体验改进建议是

无改进意见,希望能够多参与几次,我们可以多学习对孩子的教育方法!

10.当您遇到身边亲戚朋友对孩子已无计可施,无能为力,爱莫能助时,你会(AB)A.积极帮助　B.向其推荐

感谢家长参与,鼎力相助,惠及更多孩子,共奔美好明天。

家长 _ 李俊娜 __ 学生 _ 任华泽 ____2023.5.26 编号 3

1.您(BC)

A.以前参加过类似活动,很熟.没有新意,没有必要。

B.第一次参加,很实用,想不到,家长孩子都收获很大,对孩子立志很有帮助。

C.很急需,很必要。触动、教育了孩子,感动、提高了家长。

2.体验中,您印象最深的是

老师对孩子尽心尽责,帮助孩子确立了奋斗的目标。

3.对孩子最有触动的是

各个省份的高考状元努力拼搏而获得的成果。

4.最感动家长的是

老师爱生如子,引领孩子努力奋斗。

5.家长感到收获最大的是

家长也需要读书学习,要与孩子共同进步。

体验后,孩子变化最大的是

(学习干劲、自觉性、自律性、学习方式、听话……)

孩子学习更努力了,学习更自觉了。

7.家长自我改变的是

知道家长也需要读书学习了。

8.家长最想说的是

感谢老师对孩子的精心培育,老师辛苦了,作为家长会全力配合老师共同教育好自己的孩子,不辜负老师的期望。

9.您对该体验改进建议是　无

10.当您遇到身边亲戚朋友对孩子已无计可施,无能为力,爱莫能助时,你会(AB)A.积极帮助　B.向其推荐

感谢家长参与,鼎力相助,惠及更多孩子,共奔美好明天。

家长 ___ 董秀平 　学生 _ 李闻洋 ___ 2023.5.26　编号 4

1.您（BC）

A.以前参加过类似活动,很熟.没有新意,没有必要。

B.第一次参加,很实用,想不到,家长孩子都收获很大,对孩子立志很有帮助。

C.很急需,很必要。触动、教育了孩子,感动、提高了家长。

2.体验中,您印象最深的是

孩子看到优秀卷面的眼神和感触,和孩子手拉手的链接。

3.对孩子最有触动的是

对目标的设定。

4.最感动家长的是

老师的良苦用心。

5.家长感到收获最大的是

孩子自主认识到学习的重要性,能够自发努力。

6.体验后,孩子变化最大的是(学习干劲、自觉性、自律性、学习方式、听话……)

学习干劲、自觉性、自律性、学习方式。

7.家长自我改变的是

少看手机,多看书,和孩子多沟通,一起学习。

8.家长最想说的是

感谢老师用心的付出,孩子亲子体验的感受很好。

9.您对该体验改进建议是（无）

10.当您遇到身边亲戚朋友对孩子已无计可施,无能为力,爱莫能助时,你会(AB)A.积极帮助　B.向其推荐

感谢家长参与,鼎力相助,惠及更多孩子,共奔美好明天。

家长 _ 周建刚 __ 学生 _ 周奕霖 ____2023.5.26 编号6

1.您(BC)

A.以前参加过类似活动,很熟.没有新意,没有必要。

B.第一次参加,很实用,想不到,家长孩子都收获很大,对孩子立志很有帮助。

C.很急需,很必要。触动、教育了孩子,感动、提高了家长。

2.体验中,您印象最深的是

孩子听老师介绍优秀生的学习历程,老师对孩子心理的把握和激励。

3.对孩子最有触动的是

敢于突破自己,敢于展示自我,增强信心。

4.最感动家长的是

老师能针对孩子进行具体分析,能当面指出学生的不足,能有效对孩子进行指引。

家长感到收获最大的是

经历最重要,身教重于言传,目标明确了才会产生积极的内驱力。

5.体验后,孩子变化最大的是

(学习干劲、自觉性、自律性、学习方式、听话……)

目标定位准确了,自律意识强了,学习习惯不断改进。

6.家长自我改变的是

为孩子的学习尽力提供更为坚实的保障。

7.家长最想说的是

感谢老师百忙之中为孩子举办这样别具风格的体验式教育,指引孩子立远志,立长志成为心中坚定的目标。

8.您对该体验改进建议是

无改进意见,希望能够多参与几次,我们可以多学习对孩子的教育方法!

9.当您遇到身边亲戚朋友对孩子已无计可施,无能为力,爱莫能助时,你会 (AB) A.积极帮助 B.向其推荐

感谢家长参与,鼎力相助,惠及更多孩子,共奔美好明天。

"从平凡走向优秀,从优秀步入卓越"学生调查反馈

激发奋进内驱力,共同打造孩子心灵加油站

刘建华山东省优秀班主任工作室

亲爱的同学,很高兴你参加了"山东省优秀班主任工作室"主持人刘建华 35 年精心打造"从平凡走优秀,从优秀步入卓越"励志里程,即"目标、干劲、内驱力,激情奋发,志在必得;家庭、亲情、责任感,感恩父母,报效国家"体验活动。

你体验后一定会有心灵的触动。什么是优秀? 怎样就优秀? 心里有了答案。自己也会从各个方面,寻找自我内心的差距,树立自我目标,激发内驱力,明确自己家庭责任,怀感恩父母之心,培养家国情怀,立下报国之志。参加体验。

1.自己收获最大的是

2.自己感触最深的是

3.自己的"目标三步曲"是

4.长期影响自己进一步的因素是

5.自己的弱点、弱科

6.自己急需克服的是

7.自己的梦想是

8.自己打算怎样做？

9.自己的决心是

10.激励自己奋进的名言是

学生 _____   2023.5.26

第十三部分　立德树人

立德树人,首先要培养有"心"人

教育的根本任务就是立德树人。如何在现实中贯彻落实?这是摆在教育者面前的一个非常艰巨的任务,那就是立德树人,培养有"心"人。

1.有爱心

爱心就是爱家人,爱朋友,爱同学,爱老师,爱公物,爱环境。

如何做到?

需要从日常点滴做起。作为一名学生,首先要干好值日生,卫生脏了及时清扫,掉到地上的垃圾主动捡起。

养成随手拣拾的习惯。捡起的是自己的品格和高尚;在家里经常给父母倒水、洗脚、剪剪指甲等,这些事虽小却让孩子感到对亲人具体的爱心。

从大处着眼,爱心就是要爱祖国,爱人民,爱劳动,爱中国共产党。

有人说:爱祖国怎么爱?

其实,爱祖国就是从爱家人,爱班级,爱同学的小事中做起。在班里尊敬老师,团结同学,严守纪律,刻苦学习,时刻准备着为祖国贡献自己的力量。

2.要有孝心

如何做? 孝心就是孝敬父母,友爱兄长之心。孝就是顺,顺就是孝,就是不顶撞父母。做到:"父母呼,应勿缓。父母命,行勿懒。父母教,须敬听。父母责,须顺承。"孝敬父母天经地义,不孝敬父母天理难容。

3.有耐心

就是无论做任何事,稳得住心,耐住性。心不浮躁,稳扎稳打。三日打鱼,二日晒网,这山看着那山高,会一事无成。

4.要细心

细心即做事一丝不苟,严谨细致。细心就是能力,细心彰显水平。

学习需要细心，才能学会学通。走路需要细心，做到眼观六路，耳听八方，才能确保安全。吃饭更要细心，该吃什么？不该吃什么？哪个有营养？绝不能乱吃，要细嚼慢咽，利于消化吸收。切忌狼吞虎咽，囫囵吞枣，暴饮暴食，偏食怪食。健康是吃出来的，一定要管住自己的嘴。

5.有恒心

做到持之以恒，无论做什么事，忌操之过急，急功近利。妄图今一夜成名，只能歪门邪道，根本不可能。唯有恒下心来，踏踏实实，不好高骛远，探索耕耘，求实创新。要多少年如一日，勤勉不辍，久久为功，方能成功。

6.要专心

即专一做事，不朝三暮四，做到心静如水，痴心不改，坚如磐石，不达目的决不罢休。

7.有感恩之心

人人受之于父母，父母养育之恩大于天。父母辛苦不容易，自己是父母生命的延续，骨子里流淌着父母的鲜血。听父母的话，力所能及帮助父母做事情，要勤俭持家不浪费，不攀比，不讲究吃和穿；不问父母要这要那，吃苦耐劳，自己的事情自己做。

自己要理解父母，心怀感恩，勤奋学习，自觉有恒。从小立志，谦虚上进，善待家人，做事稳重，让父母放心，"母凭子贵"，引以为豪。

8.有责任心

自己对自己负责，希望在自己手里，路在自己脚下。做事雷厉风行，敢于吃苦，善于动脑，出彩自我。

自己身为家庭一员，要对家庭负责，从小为家庭担责分忧。

从小务本求真，踏实做事。无论什么时候，也无论以后身居何职，忠诚为本，恪敬职守，严谨细实，主动作为，勇于担当。对得起自己，荣耀家庭，奉献国家。

9.有自信心

自信心是自己做成一件事的前提和关键。

我自信，我成功。反之，我成功，我更自信！对任何事只要有了自信就会主动想办法，制订计划、措施，把握时机，主动而为。

只要有自信哪怕再大的困难，再不可思议的事都可能成功。

人只要有了自信，困难会变成挑战和机遇，会主动出击，哪怕失败也决不退缩。可能会屡战屡败，但会越战越勇直至成功。

坚信失败是成功之母，失败是成功先声；失败恰好暴露了问题所在，正是失败提供了第一手的素材。自古至今大凡成功的哪个不是历经磨难、失败，千锤百炼而成功的？

因此，对自信的人，失败不可怕。风雨之后必有彩虹，任何事绝非一帆风顺，坐等其成。机遇和挑战并存，失败与成功同行。

数学家陈景润上高中时，有一次，在数学课上，数学老师讲述了自己刚做的一个梦，就是梦见自己班里的一个学生竟然把世界数学难题"哥德巴赫猜想"解开了。坐在课下的陈景润紧攥拳头，暗暗地告诉自己：这个人就是我！果不其然，过了几年，陈景润真的把"哥德巴赫猜想"解开了，轰动了世界。

自信是成功的第一秘诀。

中华人民共和国成立不久，面对当时的国情，周恩来问刚从美国归来的钱学森："我们能否搞出原子弹？"钱老自信地回答："外国人能做的事，咱中国人为何不能做？"是的，只有想不到没有做不到，1964年10月16日我国第一颗原子弹成功爆炸。

中国古代神话中的"嫦娥奔月"，现在的珠港澳大桥、天眼、北斗、高铁等令世界瞩目的成就都是在中国共产党的英明领导下，全中国人满怀自信，众志成城，团结奋斗所取得的。

纵观今天的孩子，好多普遍缺乏的就是自信和不服输的劲儿。

在课堂上，背书的时候，谁背过谁坐下，每次都有背不过站着的总是那几个人。我们不仅要问：他们的自尊心去了？不服输的劲呢？奇怪的是这科背不过、学不会的有他，那科还有他，甚至科科如此？我想这绝不是智商的问题，而自信心严重不足所致。

就此，我曾在背诵某些内容之前让他们进行表决，且不止一次地表决：谁能背过的举手？他们却不敢举手。

由此，在背之前他们的心理就已经烙印"我就是背不过"。这是一种未战而败，未出师先怕死，甘拜下风的不自信。

这种不自信，一旦形成"心理定式"会导致行动不付出。因为在他们看来,反正自己背不过,所以干脆连背不背,躺平了之。

究其原因,这些人经历失败的体验太多了,太深刻了,内心的创伤太严重了。他们的自信已消耗殆尽致使他们已经习惯"背不过了",自己的脸面早已不觉害羞。

人,一旦形成这种不自信,就会大大降低了自己行动的欲望,敢想而不敢为,缩手缩脚,胆怯怕事,害怕失败,自感不如,心生自卑等。

如何才能克服这种不自信?

要想方设法克服这种自信不足,关键还是从小事做起,小目标,小步勤挪。如做数学题从简单入手,两个一组,做对激励,口头为主,或是奖小礼物,反复强化孩子"我能行!""这事不难。"重建孩子自信心。

每成功一次就产生一次内酚酞,多次成功体验,就会多次产生内酚酞,不断成功会连续强化自己成功的自信心。

切忌每次练习量过大,过大想一口吃成胖子,这只会让他们望而却步,自信消退。因为冰冻三尺,非一日之寒。聚少成多,聚沙成塔。不积跬步,无以至千里。坚信万丈高楼平地起,星星之火,可以燎原。

总之,当一个人具备了以上"心"的品质,也就是我们真正落实立德树人根本任务,就是培养胸怀家国,责任担当的一代新人。

铭记先师教诲,严格践行圣训

中国教育已发展了几千年,但发展来发展去,离不开孝悌、谨信、爱众、亲人、学文。现代教育教来教去都是为了培养人,引导人,发展人,成就人,高尚人,其实质是培养好习惯。培养学生自立、自觉、自强是生活品质,做人处世的方法,最终让学生明辨是非、美丑,做到举止文雅,谈吐文明,原则分明,立场坚定,崇贤尚德。其实这一切《弟子规》中做过明确规定。

《弟子规》一书是依据圣贤先师孔子的教诲写成的,是其弟子日常生活、为人处世的规范,是在家、在外、待人接物、学习、说话恪守的规范;是学习古代圣贤,修正自己的行为的践行标准,也是从小崇拜圣贤,学习圣贤,与其心灵对话的重要途径;见贤思齐,见不贤而内省的自我践行。在当前全力实现中华民族伟大复兴,为党育人,为国育才的伟大征程中,弘扬国学精粹,涵养自我,提升个人整体素养至关重要。

具体来说,书中对于做事的标准"事虽小,勿擅为。苟擅为,子道亏"。对于一些不好的事,不要擅自妄为。如果擅自做了,那就是自己的道德品质受到亏欠。

对于文明礼貌明确的规定。"称尊长,勿呼名。对尊长,勿见能。路遇长,疾趋揖"。

对于说话要求"尊长前,声要低。低不闻,却非宜。问其对,视勿移"。

对于作息要"朝起早,夜眠迟。老易至,惜此时"。

对穿衣的标准,"冠必正,纽必结。袜与履,俱紧切。衣贵洁,不贵华。上循分,下称家"。

对于饮食"对饮食,勿拣择。适时可,勿过则"。

对于饮酒"年方少,勿饮酒,饮酒醉,最为丑"。

对于走路"步从容,立端正。揖深圆,拜恭敬。宽转弯,勿触棱"。

遇到事如何做?"事勿忙,忙多错。勿畏难,勿轻略"。对于借人家的东西"借人物,及时还。人借物,有物悭"。

对于交流"凡出言,信为先。诈与妄,奚可焉。话说多,不如少。惟其是,勿佞巧。刻薄语,污秽词。市井气,切戒之"。

对于善恶要"见人善,即思齐。纵去远,以渐跻。见人恶,即内省,有则改,无加警"。

对于有本事之人,"行高者,名自高。人所重,非貌高。才大者,妄自大。人所服,非言大"。

如何与人相处?"人有短,切莫揭。人有私,切莫说。道人善,即是善。人知之,欲思勉"。

对于利益什么原则"凡取与,贵分晓。与宜多,取宜少"。

如何对待争执?"势服人,心不然。理服人,方无言"。

如何读书?"读书法,有三到。心眼口,信皆要。宽为限,紧用功。功夫到,滞塞通"。

如何做?"心有疑,随札记。就人问,求确义"。

对于书房要求"房室清,墙壁净。几案洁,笔砚正"。

对于读书坐姿的要求是什么？"墨磨偏，心不端。字不敬，心先病"。

对于书桌的要求是什么？"列典籍，有定处。读书毕，还原处"。有什么标准呢？"虽有急，卷书齐。有缺坏，就补之"。

对个人自信心如何做到？"勿自暴，勿自弃。圣与贤，可训致"。

只要持之以恒，善于修身养性，不断进步，就一定能够达到圣贤的思想境界，做一个德才兼备的人。

育人实践探究在行动

时时都是教育，莫忘感恩致远

教育是什么？

教育就是抓住契机，把道理讲明白，让孩子明白为什么？为什么会这样不那样？领悟事物内存之道。

教育就是拨去孩子心中的迷雾，让其通达自己的责任义务。

当我们学到 born，其发音是/bɔːn/，即"报恩"。

为何呢？

就是人人受命于父母，应懂得知恩图报，故曰"报恩"。其实该词的原形为 bear，名词"狗熊"，即人刚出生，"人之初，性本善。"

但作为动词就是"忍受"之意，这又是为何呢？就是当我们出生时，母亲遭受巨大临产痛苦。我们看到医院产床两边的钢筋特别粗，但都已经弯曲不堪，说明母亲生产时忍受的痛苦有多大，简直是死去活来，大命换小命。顺产还好，若遇到难产，只好剖腹手术，让"接生婆"抱出来，所以其过去时为 bore /bɔː/。

人出生之后，应该如何做？

那就必须懂得"报恩"。从小听父母的话，好好学习，感恩父母，大了孝敬父母。

通过该词的学习，我们知道了，出生 born 的来龙去脉，既学到了知识，同时明白了道理，知道了自己应该怎样感恩父母，孝敬父母？原来这是我们与生俱来的责任。

其实教书必先育人。育人是会让孩子明确责任,懂得为什么?孩子明确目标,责任担当,会更专心学习,学得会更好。

现实中为何有些学生不愿意学习?

是因为不懂感恩,没有志气。志从何来?从心而生,源自感恩,生于责任。"故天将降大任于是人也,必先苦其心志,劳其筋骨,饿其体肤,空乏其身,行拂乱其所为,所以动心忍性,增益其所不能。"无志者无为,无志者"无知""无智""无治""无质"也。

第十四部分 班级文化建设

班级文化润心,理想信念铸魂

山东省教育厅于 2022 年启动了"山东省中小学优秀班主任建设工程",安丘市东埠中学经过层层叠选荣获殊荣。该项目负责人学校党委书记张宝成高度关注,鼎力支持,亲自谋划,成立了"刘建华省优秀班主任工作室",举行了一系列的活动。

这里推出他的班级文化建设、特色育人的系列内容。

一个人的成长,受环境的影响大吗?

当我们来到北京奥运训练馆,映入脸眼帘的"努力拼搏,为国争光"的金色大字,我们的心立刻被奥运健儿不怕困难,不畏强敌,刻苦训练,汗洒如雨的精神所震撼;被他们赛场上敢打敢拼,激情奋战,为国争光的雄姿霸气所折服。

当然,对班级来说,班级氛围也同样重要。当一个班级充满丰富多彩,昂扬向上,催人奋进的文化,定会营造浓郁的育人氛围。只要学生走进教室抬头就看见后黑板、四面墙上昂扬奋进的班级文化,学生就有了明确的目标,知道了怎么做、为何这么做。学生长期沉浸其中会耳濡目染。天天如此,他们总有被触动心灵时,会发自内心地改变。自然会崇尚明理,学习高尚,激发自我奋进,积极向上的力量。

我们相信,内因决定外因,但外因不可小看,定会通过内因起作用。对于一个学生的改变,最难得、最可贵的事是自我想变。当自己通过某一途径,寻求到主动改变的动力,这种动力是巨大的。它一旦被发现或被触发就是他们真正改变之时,而且几乎没有什么能阻碍自己的进步。因为一个人只有内心的强大才是真正强大,强大的内心必然会促使自己自主作为,所向披靡,无往而不胜。天长日久,整个班级会积极上进,日益风清气正,学风愈浓。那么具体如何做呢?接下来就以班级黑板报和墙壁的标语谈起。

一、治班特色　以文化人,以德润心

黑板报——班级文化的主阵地,班级育人的风向标,更是班级浓厚学习氛围的主要组成部分,也是班风、班貌的主要体现地。

内容包括

1.明确的育人目标

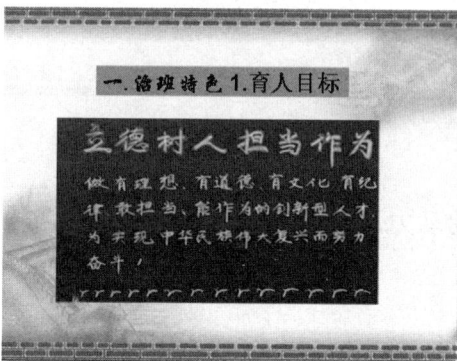

2.健康人生三原则

教育学生无论现在还是将来,不论干什么,都要做到三原则,确保一生不犯错误,拥有健康人生。

案例:牢记三原则,躲过一劫

前几年,班里有一位姓郑的学生突然向我请假,我问他何事请假,他含糊其辞,就是不说,但反复恳求只请两节并保证不给班级找麻烦。于是我就答应了,同时,我告诉他要牢记我们的"做人三原则"。

下午的时候,两节课过去了,我不免有些焦虑,生怕他有什么事儿。第2节下课铃一响,突然楼道里传来了脚步声,我抬头一看,果然是他,真的回来了,我悬着的心终算落下。我问他去干什么了,他说今天下午,他们约了一架。为了朋友义气不得不去。地点在墨溪河桥底下。但由于对方人太多,他们寡不敌众,见势不妙,自己向同伙说肚子痛得很,于是捂着肚子找个地方方便,趁机逃走了。我问他为什么会这样？他说他记住了"做事的三原则"。我表扬他这个事做得非常棒。

3. 树立自信　自信是成功的第一秘诀。我自信我成功,我成功我更自信。

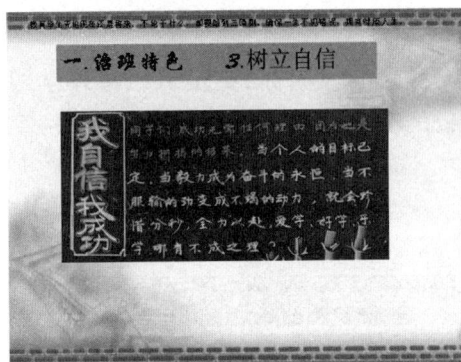

4.高效学法

5.座右铭　帮助孩子找到内心深处的动力源。牢记初心,勇敢前行,激发学习原动力。

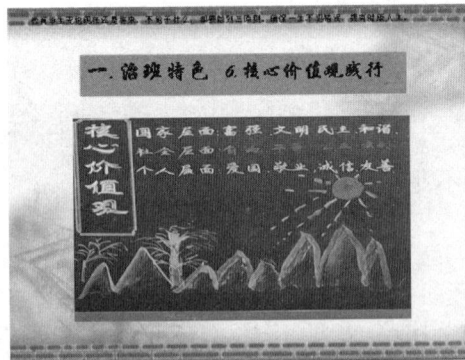

6.核心价值观

牢记习近平总书记社会主义核心价值观,在日常生活学习中践行。

7.墙壁文化 润心无声

教室北墙上是伟大领袖的谆谆教诲,铭记教诲,发奋成才。

8.经典谚语,激励拼搏

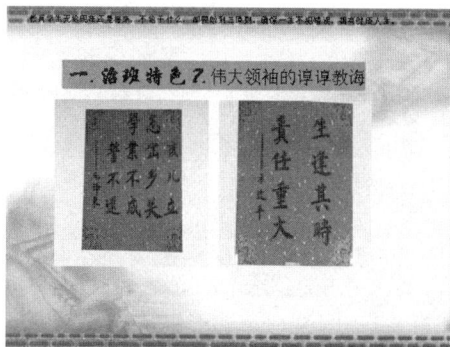

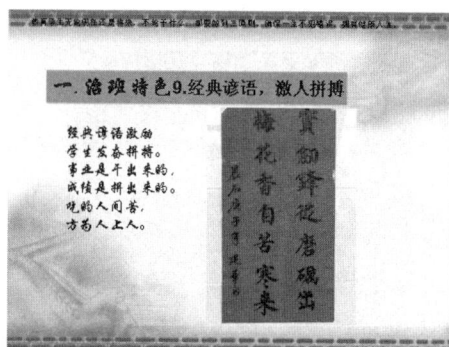

9.黑板左侧标语,立志高远,催人奋进

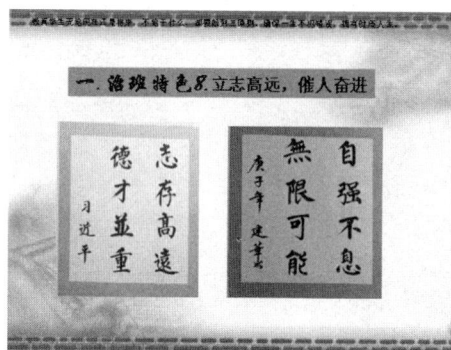

二、育人特色

1.树立明确目标,激发孩子追梦之旅

2.我们的班训

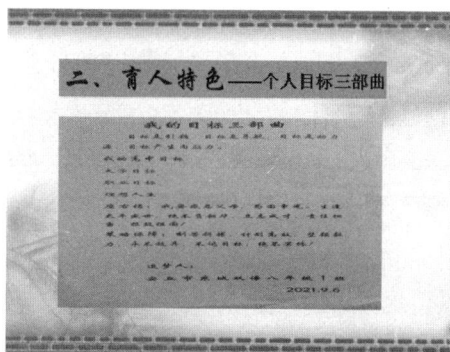

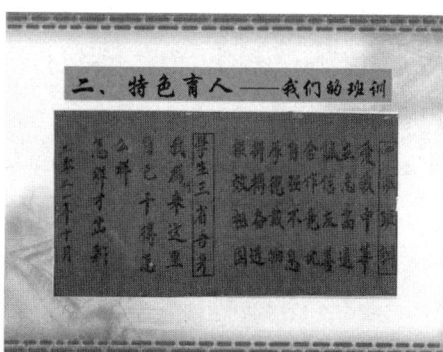

3.实现分层目标育人,军团化管理,激发前进动力

4. 孩子知彼知己,明确奋斗方向

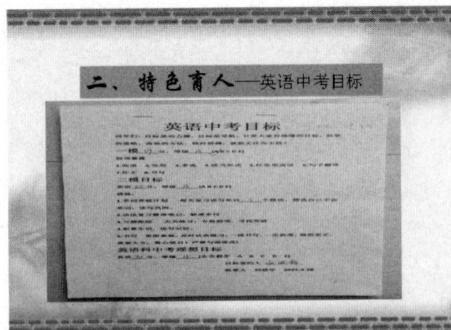

5. 班级监督员汇报孩子在校表现(思想、学习、书写、预习等),全方位向家长汇报。了解孩子的真实表现,采取及时有效措施,确保孩子健康成长。

6. 让学生学有榜样,对照找差距,历练自己优秀品质

三、书写特色

练成一流书写,铸就人生辉煌。汉、英同步,双管齐下,规范大方

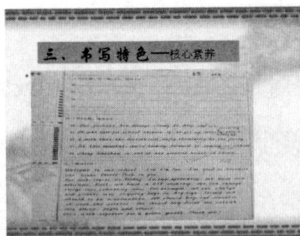

四、家校教育典点

1.自主预习卡
2.家校携手,合作共赢卡
3.沟通交流,共同成长卡
4.认识决定高度,态度决定成败
5.学生寒假自主学习反馈卡
6.家庭目标导育卡

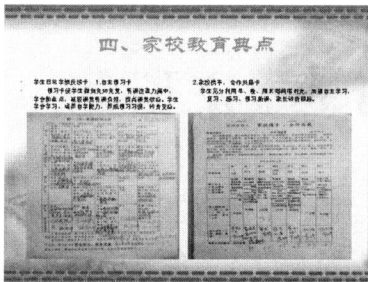

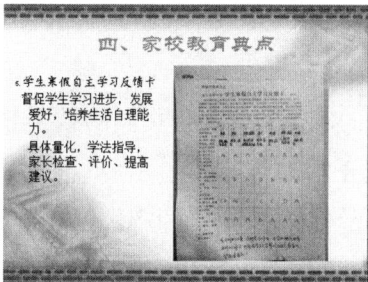

五、名生辈出

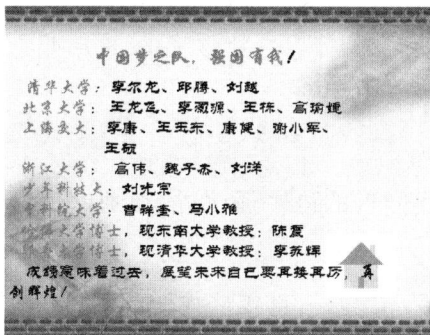

赋诗一首

自题　刘建华

默默无闻三十载,名生辈出震四海。

青出于蓝胜于蓝,桃李芬芳春满园。

老当益壮雄心在,中华复兴育新代。

第十五部分　班级自主管理

新初一开学第1次家长会

向家长全面介绍学校和自己取得的成就,让家长信任、引以自豪;介绍自己的班级管理特色,平日的常规要求,家长应注意的事项,尤其遇到学生问题的处理原则等,家长应如何配合并积极开展工作,做到长心知肚明,日常一以贯之。

家长们,欢迎在百忙之中参加我们的家长会。欢迎我们的孩子来到向往已久的东埠中学,祝贺他们成为一名真正的东埠学生。

东埠中学是安丘初中学校的骄傲,曾创造过无数的辉煌,是成千上万的家庭和孩子梦想成真的地方。今天我们的孩子来这里,带着家人的嘱托,将开启美好人生之旅。

今天我们以学校为荣,明天学校以我们的孩子为荣。相信在家长的密切配合下,在老师的辛勤培育下,经过孩子的奋力拼搏,更加助力学校的荣光,创造新的辉煌。

一、自我简介

我叫刘建华,是我们班的班主任、英语教师。从教 37 年,1992 年,被调到东埠中学。

很荣幸遇见大家! 俗话说,百年修得同船渡在,千年修得共枕眠。也就是说如果能和自己同乘一条船的人,已经修行了百年之久。我们能坐在一起探究孩子成长,至少几百年的缘个分。我们能和孩子相遇,是我一生的缘分。而这恰是孩子人生成长的关键,我跟孩子朝夕相处,教他们知识,育他们成人、做事,我将像对待自己的孩子那样用心、细心、耐心地呵护,这是何等难得的缘分! 让我们彼此真诚相待,真心理解,倍加珍惜。

二、我的为师经历

1988 年,我师范毕业,参加工作。记得我初为人师,教的是两个初二班,我问他们"中国最好的大学是哪所?"他们说是清华,是北大。我说对呀,看看我们在座的各位哪一位能够奋力拼搏,第一个冲进北大、清华实现自己的梦想?果不其然,所教班有个叫李尔龙的学生率先冲进了清华的大门。我觉得很是自豪,我们的孩子只有想不到,没有做不到。

1992 年,工作的需要我被调到了东埠中学,那时一级只有 6 个班,规模很小,很不起眼。我刚接过班,问同学们世界上最好的大学,是哪所?他们有的说哈佛,有的说耶鲁,也有的说麻省理工,还有的说剑桥、牛津。我说对呀,这些都是世界上一流的大学,看在座的各位,谁能冲进去实现自己的理想。又是出乎所料,所教班的陈震不负众望,第一个冲进了哈佛大学,成为一名哈佛大学的博士。由此 ,我悟出:教师最大的责任就是把理想的种子播在孩子们的心田,激起他们冲天之志,他们会无所不能。

家长们,我们的孩子现在就是当年的他们,几年过后,他们也必将成为现在的他们。

三、我们的责任就是把他们培养成人、成才

大家看到我们北教学楼的后面有一棵大白杨,根深叶茂,茁壮成长,现在需要几个人围在一起才能围过来,已成为栋梁。这是 30 年前,我亲自领孩子栽的,当时只有手指那么粗。现在的孩子正如当年的这棵小树,经过老师们精心地栽培,一定会长成参天大树,成为国之栋梁。

四、新目标,新征程,新奋斗,新辉煌

家长们,孩子小学 6 年生活,一定给留下深刻的烙印,现在他们怀揣梦想站在了新的起点。从今天起,他们就是一名真正的中学生。新的起点,新的征程,新的目标,新的奋斗,新的辉煌。在新的起跑线上,发令枪已响,牢记成功应该属于勤勉的有准备的执着人。那些跑快,坚持始终如一地跑在最前面的是冠军。在那儿,他们定会摘得名牌大学的桂冠。若起步较晚,征途逗留甚至停步不前,那肯定得不到想要的结果,势必会留下人生的遗憾。因此 要树立清晰的目标,必须坚持才能胜利 。老天不负有心人,成功永远属于有准备的人。

因此,无论做什么事,都要目标清晰,意志坚定,坚持不懈,矢志不渝,

方能成功。

五、我问孩子:"你们为什么来这里?"

一首儿歌唱得好,"小燕子穿花衣,年年春天来这里,我问燕子为啥来?燕子说,这个春天最美丽"。对呀,是因为这里有最美的春天。

我问同学们:"你们为什么来东埠中学?"

有的说为了学习,有的说为了考大学,也有的说为了自己的梦想。我说:"对啊!你们是为美好的前程而来,你们带着家人的梦想,为了父母的嘱托而来。你们不仅代表自己,更代表自己的家庭,今后能为国家做点事情而来。国家的需要才是我们的出发点,那儿有很多的岗位在等着大家,它需要有扎实的学识,高尚的品德,过硬的本领,因此,我们是为了祖国的召唤,绝不负韶华。现在一定要分秒必争,全力以赴,刻苦拼搏,长大报效祖国。"

六、当自己不想干,遇上太多的诱惑怎么办

我告诉了孩子,当前交友,电脑游戏,手机等都是最大的祸患,他们的影响不言而喻。我向孩子讲了手机的害处。你可以用它聊天,看看短视频,打一打游戏,似乎有干不完的事。它去除了你的烦恼,使你忘掉了一切,即使你有坚强的意志,都不可能完全摆脱它的影响。本想只玩几分钟,可能是几十分钟,几个小时甚至会更长,它始终让你恋恋不舍,爱不释手。有的竟然走着路,吃着饭,睡着觉,深更半夜都在看,这已很正常,通宵达旦也不稀罕。

它到底对你有什么"好处"?

它把你看书的时间占用,学习的东西只能糊弄,学习成绩也是一落千丈。连个高中都考不上,大学梦想只能泡汤,人生的美好前程只能被斩断,世上无数的好事只能眼巴巴地与自己无缘。

现在的痛苦是未来最大的幸福,现在的快乐是未来痛苦加倍。曾有多少人遭受其害?但还是不长记性,因为他们的意志早已被残食。

有资料显示,每玩手机一小时眼睛视力下降50度。长期看手机,脑子记忆将为碎片化。如果连续玩10个小时以上,孩子的精神会恍惚,甚至会有生命危险。

七、立志、立心

从小立志长大成才。大志成大业,无知者无为,人非志则不达,立志当高远。

作为老师,最重要的责任之一就是帮助孩子立下冲天之志。

王阳明,上学时老师问"你为何读书"? 有的人说为了当官发财,有的人说为了改变命运,而七岁的王阳明却回答要成圣贤,老师感到十分震惊,一个年仅七八岁的孩子要当圣贤。当王阳明的父亲回到家中,看到孩子在院子里走来走去,便问道"阳明在干什么"? 他说:"在看星星,圣贤就是天上的星星,光照人间,看下哪一颗是自己。"

家长们,望子成龙,望女成凤是我们的共同心愿。孩子成人成才是我们的共同追求。我们愿同大家携手共育把孩子培养成大家希望的样子,为家庭之兴旺,国家之昌盛,贡献我们的力量。

八、培养家国情怀,立下报国之志

小时候,经常听到:"你长大了干什么?"孩子回答:当解放军,人民警察,科学家、医生……如今,你又会听到什么呢? 成歌星,当老板,成亿万富翁,挣大钱……是啊! 时代变了,人的信仰变了,孩子们的价值也观变了。

现在的孩子不吃苦,不懂感恩,把学习看成苦差事,不思进取,沉迷网络游戏,甚至好逸恶劳。他们的人生观、世界观、价值观被严重扭曲,急需我们正确的引导。以德为先,以文化文,培根铸魂,立德树人,认真践行社会主义核心价值观,培养孩子有理想信念,有道德情操,有高超本领,能担当的创新型人才,为中华民族的伟大复兴,为中国梦的实现,共同奋斗。

黄旭华,中国核潜艇之父。他在童年时目睹了日本的飞机肆无忌惮轰炸我国土,人民流离失所,民不聊生,国将不国。大学毕业受到周恩来总理的委托,潜心钻研三十年,默默无闻,甚至被兄弟姐妹抱怨,没有亲情,忘了自己的父母的不孝之子,研制出了中国核潜艇。有人问他"何为忠孝双全"? 黄老说:"对国家的忠是最大的忠,对国家的孝是最大的孝。"

钱学森早年留学美国,跟从美国原子弹之父卡门学习。在美国科学院享受优厚的待遇和崇高的地位,但学成之后,克服重重困难毅然决然回国,为祖国搞出原子弹,为国家的安全铸就了强大后盾。正是由于他们,我们才有安宁舒适的生活,他们才是我们心中的英雄,是国家的脊梁。

我们管理班级有自己的班训:爱我中华,诚信友善。合作竞优,自强厚德。刻苦拼搏,报效祖国。

九、勤奋出天才

爱因斯坦是世界顶级的科学家,大家都传说爱因斯坦具有超强大脑,有三项思维空间,但殊不知他们的专心和用功是惊人的。他的 A=X+Y+Z（Albert Einstein）激励多少人奋斗成就梦想，而大发明家爱迪生（Thomas Edison)说"天才只不过是 1%的灵感,加上 99%的汗水罢了"。

通过两位伟大科学家的事例,我们不难得出一个人要成才、成功，刻苦是第一位的,在用功的基础上,加上科学高效的方法。成绩是干出来的,成功是拼出来的!

十、学法调整,尽快适应

1.提前预习

要想学习好,预习第一招。要想听课好,预习不能少。要想效率高,预习最重要。

2.先复习再做作业,作业≠学习

3.今日事,今日毕

英、政、史、地、生等背科,当天学必须当天背过,做到天天请,周周清。

4.充分地利用,早读、周末、节假日复习所学,及时跟踪练习

如何高效学习?

五官并用,倍速突破。读、列结合,多思为何？科学高效的方法是加速剂,同样的刻苦用功才能事半功倍。

十一、家校合育

1.严抓常靠,盯住不放

严抓常靠不放松,成绩就在拼搏中。

千磨万击还坚劲,任尔东西南北风。

相信一分严格一分收获,一分要求一分成色。平常做到"望闻问切"即看行动，听声音,问学情,多检查。

2.身体力行,榜样践行

父母好好学习,孩子天天向上。

孩子到了关键时刻,放弃孩子的现在,等于放弃孩子的未来。抓住了孩子的现在,等于帮孩子赢得了美好的未来。

3.常规提醒,配合做好

(1)严格执行学校的要求。

(2)微信群是用来互通孩子教育信息,优秀资源共享。不要涉及教育之外的话题,做到过火的话不说,过头的事不做,拿不准的话不说,反动消极的话不说,现在都是透明玻璃人。

(3)孩子遇到问题。

家长三思而后行,遇到事先找班主任,商讨解决方案。不要越级反映,加重老师精神负担,惹出不必要麻烦。

(4)家长关注班级微信群,有事快做,不拖延,能办的马上办,以免影响班级整体。如各种签字、家长信息及时完成。

(5)安全第一,路上骑车、上下楼、电器、防溺水、食品安全、防欺凌、诈骗等要警钟长鸣。

(6)管住手机,这是教育部的要求。

"要想毁掉一个孩子,给他一部手机即可"。

(7)平日班级管理会用到很多的表格,意在帮助孩子养成好习惯,有预习卡、反思卡、业余闲暇管理卡等等,减轻家长负担,帮助家长做事,共同教育孩子。

(8)早读。做到"三最"即最大声,最快速,最清晰。读有声,写见字。

(9)做好衔接,尽快适应。初中学科多一倍,做好预习,注重好习惯培养。

(10)书写。包括汉字和英语常抓严管,规范大方一流,赏心悦目。现在电脑阅卷,规范漂亮的占优势。

总之,孩子教育无小事,事事都是大事。

孩子是家庭的重中之重,孩子成功了,家庭就成功了。

孩子的成功是家庭最大的成功。

望子成龙,望女成凤是我们最大的心愿。愿和家长们携手共育,共创孩子美好未来。

班级军团化管理

为激发学生学习的积极性,我们班级实行军团化管理,即把学生按学生的成绩,听课的专注度、接受力等分为下列军团

第一军团　全级先锋团

团长

李闻洋　语 __ 数 __ 英 __ 政 __ 史 __ 地 __ 生 __ 总分 __ 级 __

成员

任华泽　语 __ 数 __ 英 __ 政 __ 史 __ 地 __ 生 __ 总分 __ 级 __

潘俊宇　语 __ 数 __ 英 __ 政 __ 史 __ 地 __ 生 __ 总分 __ 级 __

张鑫渝　语 __ 数 __ 英 __ 政 __ 史 __ 地 __ 生 __ 总分 __ 级 __

李　馨　语 __ 数 __ 英 __ 政 __ 史 __ 地 __ 生 __ 总分 __ 级 _

林子轩　语 __ 数 __ 英 __ 政 __ 史 __ 地 __ 生 __ 总分 __ 级 _

王世安　语 __ 数 __ 英 __ 政 __ 史 __ 地 __ 生 __ 总分 __ 级 _

闫荣燊　语 __ 数 __ 英 __ 政 __ 史 __ 地 __ 生 __ 总分 __ 级 _

周奕霖　语 __ 数 __ 英 __ 政 __ 史 __ 地 __ 生 __ 总分 __ 级 _

林慧凝　语 __ 数 __ 英 __ 政 __ 史 __ 地 __ 生 __ 总分 __ 级 _

黄富盈　语 __ 数 __ 英 __ 政 __ 史 __ 地 __ 生 __ 总分 __ 级 _

张子怡　语 __ 数 __ 英 __ 政 __ 史 __ 地 __ 生 __ 总分 __ 级 _

张筠笛　语 __ 数 __ 英 __ 政 __ 史 __ 地 __ 生 __ 总分 __ 级 _

李鑫泽　语 __ 数 __ 英 __ 政 __ 史 __ 地 __ 生 __ 总分 __ 级 _

谭子杰　语 __ 数 __ 英 __ 政 __ 史 __ 地 __ 生 __ 总分 __ 级 _

孙艺源　语 __ 数 __ 英 __ 政 __ 史 __ 地 __ 生 __ 总分 __ 级 _

朱雨欣　语 __ 数 __ 英 __ 政 __ 史 __ 地 __ 生 __ 总分 __ 级 _

班主任寄语

与别人同行,就意味着落后。保持高昂的热情,超人的干劲,自己的目标就一定能达到!

第二军团　优秀突击队

团长

闫荣如　语 __ 数 __ 英 __ 政 __ 史 __ 地 __ 生 __ 总分 __ 级 __

成员

马敬淇　语 __ 数 __ 英 __ 政 __ 史 __ 地 __ 生 __ 总分 __ 级 _

韩政昊　语 __ 数 __ 英 __ 政 __ 史 __ 地 __ 生 __ 总分 __ 级 _

刘梦泽　语 __ 数 __ 英 __ 政 __ 史 __ 地 __ 生 __ 总分 __ 级 _

韩成硕　语 __ 数 __ 英 __ 政 __ 史 __ 地 __ 生 __ 总分 __ 级 _

赵怡然　语 __ 数 __ 英 __ 政 __ 史 __ 地 __ 生 __ 总分 __ 级 _

宋晨歌　语 __ 数 __ 英 __ 政 __ 史 __ 地 __ 生 __ 总分 __ 级 _

李雅娴　语 __ 数 __ 英 __ 政 __ 史 __ 地 __ 生 __ 总分 __ 级 _

闫奕飞　语 __ 数 __ 英 __ 政 __ 史 __ 地 __ 生 __ 总分 __ 级 _

于子龙　语 __ 数 __ 英 __ 政 __ 史 __ 地 __ 生 __ 总分 __ 级

胡佳汇　语 __ 数 __ 英 __ 政 __ 史 __ 地 __ 生 __ 总分 __ 级 _

班主任寄语

成功无需任何理由,因为它是拼搏的结果。当目标一定,当毅力成为奋斗的永恒,当不服输的劲变成不竭的动力,珍惜分秒,全力以赴,哪有不成之理?

第三军团　脱颖飞虎队

队长

高子航　　语 __ 数 __ 英 __ 政 __ 史 __ 地 __ 生 __ 总分 __ 级 __

旗手

楚博寒　　语 __ 数 __ 英 __ 政 __ 史 __ 地 __ 生 __ 总分 __ 级 __

成员

周建宇　语 __ 数 __ 英 __ 政 __ 史 __ 地 __ 生 __ 总分 __ 级 __

韩雅琪　语 __ 数 __ 英 __ 政 __ 史 __ 地 __ 生 __ 总分 __ 级 __

周姿含　语 __ 数 __ 英 __ 政 __ 史 __ 地 __ 生 __ 总分 __ 级 __

田文昊　语 __ 数 __ 英 __ 政 __ 史 __ 地 __ 生 __ 总分 __ 级 __

韩金洲　语 __ 数 __ 英 __ 政 __ 史 __ 地 __ 生 __ 总分 __ 级 __

李晨曦 语 __ 数 __ 英 __ 政 __ 史 __ 地 __ 生 __ 总分 __ 级 __

刘悦涵 语 __ 数 __ 英 __ 政 __ 史 __ 地 __ 生 __ 总分 __ 级 __

孙成余 语 __ 数 __ 英 __ 政 __ 史 __ 地 __ 生 __ 总分 __ 级 __

刘　帅 语 __ 数 __ 英 __ 政 __ 史 __ 地 __ 生 __ 总分 __ 级 __

宋凯歌 语 __ 数 __ 英 __ 政 __ 史 __ 地 __ 生 __ 总分 __ 级 __

禇梦雪 语 __ 数 __ 英 __ 政 __ 史 __ 地 __ 生 __ 总分 __ 级 __

张雅琪 语 __ 数 __ 英 __ 政 __ 史 __ 地 __ 生 __ 总分 __ 级 __

邓翔宇 语 __ 数 __ 英 __ 政 __ 史 __ 地 __ 生 __ 总分 __ 级 __

班主任寄语

人最可贵的是有一种不服输的精神。

最有说服力的是从现在起,聚精会神地听好每一节课,把每一个知识点搞清、搞透,学扎实! 照办,你准行!

第四军团　潜龙勿用团

团长

李雨桐 语 __ 数 __ 英 __ 政 __ 史 __ 地 __ 生 __ 总分 __ 级 __

成员

王彦欣 语 __ 数 __ 英 __ 政 __ 史 __ 地 __ 生 __ 总分 __ 级 __

韩胜奇 语 __ 数 __ 英 __ 政 __ 史 __ 地 __ 生 __ 总分 __ 级 __

班主任寄语

自己不服输的劲,哪去了? 世上没有等待、犹豫,拼搏就会出彩! 干,你就会进步!

第五军团 超能开发团

张业昊 语 __ 数 __ 英 __ 政 __ 史 __ 地 __ 生 __ 总分 __ 级 __

罗子豪 语 __ 数 __ 英 __ 政 __ 史 __ 地 __ 生 __ 总分 __ 级 __

马梓浩 语 __ 数 __ 英 __ 政 __ 史 __ 地 __ 生 __ 总分 __ 级 __

班主任寄语

人,不怕别人瞧不起自己,最怕自己瞧不起自己。其实,自己并不笨,只是学习不勤奋,思想不明,至今还没有确切的目标罢了。加劲吧,成绩是干出来的! 拿出点不服输的劲,用拼搏,换回自己的尊严! 干! 干! 干! 为时不晚。

自主管理释活力，
责任担当换新颜

刘建华省优秀班主任工作室

传统的班级管理就是班主任的事。学生的思想、学习、纪律包罗万象，凡事必管，所以班主任就是"开不完的会儿，说不完的事儿，跑不完的腿儿，生不完的气儿"。

但随着形势的发展，时代的进步，班级管理须与时俱进，不断创新，实现忙中有序，累中有乐，乐此不疲，自主管理。

孩子是班级管理的主体，班主任是主导，孩子才是真正的主人。孩子的事就让孩子负责，否则会越俎代庖。我们只有相信孩子，发动孩子，才能壮大管理力量。只有激发管理的积极性、创造性，才会实现自我管理。

孩子的事由孩子来管，因为他们是当事人，最清楚自己的事。否则，班主任盯得再紧，管得再严，纵有三头六臂，也不可能把所有的孩子绑在身上，盯在眼里。

管理必须强调面又要抓准点，精准发力，各个击破，效果才好。管好班级必须有一个主动负责、敢于担当的班干部团队。当下孩子自理能力不够，班级管理的核心是如何培养和大胆使用班干部，最大限度地予以管理的主动权，激发他们的主人翁意识，提升自我管理能力，最终实现自觉管好自己。

另外，孩子平日动力缺乏，最需要立长志。大志才能成大业。经常观看励志视频并进行班级宣誓，培养爱国情怀，激起他们心灵的那份震撼，激起自我奋进的力量。

为了加强班级管理，提升全校班主任班级管理水平，充分发挥"省优秀班主任工作室"的带动、辐射作用，提高育人实效，培养一批懂管理、会管理的教育行家，形成育人特色。5月9日下午，学校组织全体班主任参加了省工作室主持人刘建华老师提供"自主管理，责任担当"为主题的班会观摩。

本次班会全部由班干部主讲，共有六项内容。

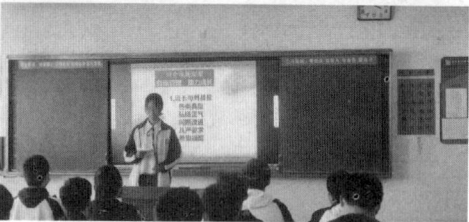

一、班长每周播报

1. 班长就一周来全班同学的思想、纪律、学习等做点评。表扬好的典型，树立学习的榜样，弘扬班级正能量。

2. 客观指出存在的不足，哪些同学自习随便出进、做小动作、随便吃喝东西、课上老师点名批评、回答不上的、作业不按时上交、不完成的等。

3. 提出希望和改进措施。

为何让班长来做？

班长生活在同学们中间，有共同的时空、经历。平日，班长对班级情况留心观察，记录详细，了如指掌。每次班会从严要求、希望提醒。全班同学席耳恭听，无言可辩，心服口服，有则改之，不胜感激。

二、体育委员点评体育工作

在班级管理中，体育课和课间操是最重要的工作之一。上课前，站队要做到快、静、齐；跑步时，队伍左右、前后要冲齐，最后的自动补齐。喊口号要响亮。对个别体育课上嬉戏打闹，随便说话，不守纪律，跑步跟不上节奏，影响整个队伍的及时提醒，从严要求，确保体育课严肃认真，安全第一，保证锻炼质量。

每次班会，体育委员就体育课和两操存在的不足，提出希望和达到的要求。具体到人，要求到位，措施得力。同学们都能心悦诚服，心怀大局，珍惜班级荣誉，积极配合，做最好的自己。

三、卫生委员点评卫生

班级卫生就是班级的脸面。它繁纷复杂，需要天天打扫，到角到位。同时,贵在保持好,关键养成良好的卫生习惯。

每天卫生委员亲自提醒,主动调控,现场指挥,发现不足,立马整改。

班会上,卫生委员表扬好的典型,指出存在的不足。对不尽心、不负责、打扫不到位的点名到人,提出整改意见。保证了班级卫生整洁,空气清新,大家心情舒畅学习。

每天早晨,同学们到教室后,自觉按值日分工,各就各位,积极行动,高标准,严要求,又快又好完成分内工作。看到教室窗明地净,听到朗朗的读书声,让人感到心悦奋进。

如今孩子都已经养成习惯,网格管理,各负其责,督促及时到位,真正实现了教室是我家,静雅靠大家,自我管理的能力大大提高。

四、立志高远,激情奋进

为了激发学生的学习干劲,让学生立志发奋。每周班会听励志故事或看励志视频。

同学们被黄老三十年默默无闻,克服千难万险,精诚报国精神所折服,心灵倍感震撼,敬仰国家功臣。他们纷纷表达了的决心,自己要刻苦拼搏,立志成才,报效祖国。

五、班级宣誓

最后,按照惯例,我们进行每周班级宣誓。

全体起立,举起右拳,左手抚心,一齐大声宣誓:

班训宣誓

爱我中华,立志高远。诚信友善,合作竞优。

自强不息,厚德载物。拼搏奋进,报效祖国。

通过以上,同学们,群情激昂,积极上进,干劲十足。

班会就是孩子思想的加油站。三十分钟的班会,犹如一针兴奋剂,同学们自信满满,群情激昂,蓄势待发,班级面貌焕然一新。

班会结束后,班主任接着进行了热议,达成共识。

他们认为:

1.这次班会组织调理,分工明确,既强调面又抓准了点,精准发力,各个击破,效果良好。

2.管好班级必须有一支主动负责、敢于担当的班干部。班级管理的核心是如何培养和大胆使用他们,最大限度地予以管理的主动权,激发他们的主人翁意识,提升自我管理能力。

3.只有相信孩子,发动孩子,才能壮大管理力量。孩子的事由孩子来管,因为他们最清楚自己的事,他们才是班级的主人。否则班主任盯得再紧,管得再严,也不可能把所有的孩子绑在身上,全程盯在眼里。

4.孩子缺乏动力,最需要的是励志。通过励志视频和班级宣誓,激起孩子们心灵的那份震撼,腾起自我奋进的力量。因此,班会是班级管理的核心地带,是孩子思想的加油站,是冲锋号,是引擎,更是导航,班主任只做好幕后的总指挥。

《班级每日播报》

有一天,教务主任说:"你们班早读秩序井然,学生大声朗读。"

任课老师说:"咱们班课堂纪律一直很好,背书声音很大。"

业务校长也说:"为何你们班的学生有朗朗的读书声,而有的班级沉默不语,你是如何调动学生的?"

听领导、老师这样评价,我微微一笑,倍感欣慰,心想我们实施的《班级每日播报》管用了。为何这么说?

一、《班级每日播报》点滴记录班里孩子在校的一举一动

从此,家长可了解自己孩子在校的真实表现,表现好的在群里表扬,不好的,做了什么事?是哪一些人?在群里点出学号,家长协助教育。

家长非常关注自己孩子的表现。当看到自己孩子表现好,心里就高兴,表现不好被点到学号都会及时过问,对孩子不规行为批评指正。因为他们相信老师所反映的是事实,孩子们无可辩驳,乖乖就从。

二、《班级每日播报》彰显正义,凝聚正气

表扬学习好、纪律好、团结同学,尊敬师长,关心集体的好学生,这些人受到表扬会心里高兴,更规范行事,务本尽责,严谨笃行,再接再厉,好了越好。整个班级充满了积极进取,弘扬正气,班风正,学风浓。

三、《班级每日播报》只报学号,保护隐私,顾忌个人脸面

家长们只知道自己孩子的学号,不知道他人的学号,避免相互取笑,毕竟在群里有些负面影响。对于表扬的好事,家长们都为孩子感到高兴。但对于个别孩子如不完成作业,课堂交头接耳,随便说话,做小动作,甚至画画等影响老师讲课的,家长就会十分重视,及时说教,帮助做好孩子的思想工作。家长十分关注播报内容,及时协助老师做好孩子的各方面工作,实现了家校携手,合力育人。

四、《班级每日播报》及时真实反映客观问题

一个班里 50 多个孩子总会有这样那样的问题和不合规范的学生,尤其在孩子不成熟的年龄,这都非常正常。但作为家长看到发生在自己孩子身上,都会格外关注,大都自觉地参与教育管理和正确引导。作为孩子也会及时认识自己的缺点错误,在家长及时劝导下迅速改正。播报以来班里的问题学生越来越少,大部分乖巧听话,整个班级顺手多了。

五、《班级每日播报》除了播报班级存在的亟待解决的问题,还及时介绍新的教育观点、方法、育儿的好经验供家长们相互学习借鉴,从而提高自己的育人水平。

六、值得注意的是:对于存在问题多次播报而未见好转的孩子,我们还会采取特事特办。

要么给家长电话及时沟通,要么亲自登门拜访,汇报给家长孩子在校的表现,帮助家长分析原因,商讨对策,家校共同破解管理中的"钉子户"。

七、《班级每日播报》关键抓在平常

以往很多家长平日不管孩子,只等考试出来成绩才跟学生算总账。往往总结归纳,感慨万千,这种成顿的"疾风暴雨"式的做法是难以奏效的。因为学习是一个过程,是一个阶段以来学生思想、干劲、纪律等综合表现。当看到成绩不如意,开始着急或者大为恼火,其实是"亡羊补牢",为时已晚。

我们深知教育须持之以恒,关键在抓孩子平日。《班级每日播报》就是引导家长关注孩子日常所作所为,关注教育过程,管得严细到位,结果一定不差。

相反,家长平日忙于自己的事,无暇顾及,等结果出来才横加责备,岂不自欺欺人?会管的家长关注孩子学习过程,不会管的只关注孩子学习结果。

同时,遇到孩子成绩不佳或下滑,首先要反思家长自己的做法。管得上吗?管得严吗?教育方法适合孩子的实际情况吗?

真的,教育孩子既简单又复杂。简单到生活处处是教育,时时是教育。需要我们耐心、细心、恒心,不能半点掉以轻心。复杂使孩子的思想、方法、专注、毅力、交友等方方面面都无时无刻影响着孩子,哪个环节都不敢半点懈怠。

每当看到自己孩子的进步,家长心感欣慰,付出所值,这需家长长期关注,加强日常管理,及时扶正祛邪,更有利于孩子健康成长。

(附播报例样)

"5月6日班级播报"

一、上课认真听讲,专心学习的好孩子

3号,5号,6号,7号,9号,10号,11号,13号,14号,15号,16号,17号,18号,19号,20号,21号,22号,23号,24号,25号,26号,27号,28号,29号,30号,31号,34号,35号,36号,37号,40号,42号。

早读大声专注,严守课堂纪律,稳扎稳打,严谨细实,力争上游。

有较大进步的 25号,38号,50号,52号。

共同关注、鼓励,表扬是孩子进步的动力。

二、现象有整改

1.干劲严重不足,早读不出声。

43号,47号,50号,53号,54号。

长期不出声导致声音储存欠缺,记忆力效果下降。

2.生物课3号,53号,39号不听讲,说话随意。

任何学科都非常重要。家长要通报的孩子，要做深刻反思，课堂如战场,需严肃活泼,认真对待不得半点儿戏。

3.期中考试过后不进状态。个别同学动作迟缓,课前不知所措,说话随便。上课铃响,拖拖拉拉,未进入状态,严重影响学习效果。

考试只是阶段小结,需总结经验,吸取教训,勤勉刻苦,迎难而上。家长帮扶,尽快改正,及时检查,督促思想重视,沉下心来,开始实干。

4.严肃课点纪律

一流的纪律保证一流的学习。

敬畏课堂,尊重知识。也是对老师、同学基本的尊重。

学习知识从来都不是嘻嘻哈哈,要严谨对待,静以致远。

一个班级就如一个家庭,家风正,家风浓,全家所向往,家庭成员人人受益。

三、本周提醒

1.期中考试过后,越来越多的同学马不停蹄,蹄疾步稳。现在是学习最佳的时间,天气不冷不热,正适合学习。

优秀的学生离不开刻苦和执着。部分优秀的学生 5:30 就起床背诵,开始了自己的梦想之旅,到 6:30 他们已经背诵了一个小时,这就是他们优秀卓越的秘诀。

成绩是干出来的,出色是拼出来的。

2.继续治理课堂"三不"现象

不抬头看黑板,不参与老师互动,不记笔记,课堂偷懒,学习效率低下。

课堂是学习的主要战场。抓住了课堂就抓住了关键。

3.学校强调要穿校服、戴校牌、红领巾,要养成习惯,支持配合学校管理工作。家长每天提醒。

教育无小事,生活即教育。家校携手,成就孩子,共奔美好。

4.对于孩子出现的不规范的,家长及时重重告知孩子,认识到其危害,认真去改正。犯点错误不可怕,可怕的是有错不改或屡教不改。

好是相对的,总是比较而言的。

在培养孩子上家庭和学校的目标是一致的,出发点是共同的,那就是培养孩子成才成人。

班主任是和我们本无血缘关系的共同培育孩子的人,他们是导航、是园丁呵护着我们家庭的幼苗茁壮成长。

5.抓好习惯养成

重点抓预习习惯。就是提前读一下课本,找出不会的问题进入课堂。这样效率高,不易走神。

严抓孩子的汉、英书写,从基本的规范一笔一画开始。

规范学习笔记。检查记录学习过程,晚上及时复习。

真实记录孩子在校的一举一动,了解详情,家校共育,施教有方。

培训好值班长,
提高班级自主管理水平

值班长是班级管理的核心,班级管理的好坏与值班长密切相关。为加强班级管理,提高值班长的管理能力,急需要对他们进行方法培训和指导。

首先,值班长要明确职责。

值班长就是全面负责值日当天班级的纪律、卫生、学生思想状况等班级日常工作,就是代表班主任全面管理班级。

因时间上班主任不可能天天早如学生到校,班级情况不能尽收眼底,了如指掌。每天早来的同学可能会下位,自由交谈,乱跑乱跳等扰乱班级秩序现象,致使想学习的学不成,影响班级形象。尤其每天一早及下午入学、课间以及特殊情况下,如老师开会不在课堂,值班长全权代理班主任,负责班级管理。

其次,值班长一定要确定好具体的自习内容,严格要求,迅速稳定班级秩序。自己以身作则做好纪律表率和学习的榜样。

具体要求

1.值班长要思想重视,充分认识自己肩上所担负的责任。要身体力行,做好榜样。值日当天稍提前到校,到讲台上就座,拿出书本大声朗读,做好学习榜样。

2.值日时在黑板上写清楚早读内容。

早读时背什么?从第几页到第几页?如何检查?是小组长检查背诵还是统一默写?让同学们清清楚楚,具体可操作。

3.每天值班长在黑板上写上"早读优秀"和"表现不佳"的字样值班长学习的同时做好全面监视。

写上这个的目的就是告诫学生要严守纪律,专心早读,争当好的典型。如果早读不好,名字被记到黑板上,不仅自己丢脸还要被扣量化分,被老师批评,写说明。

4.值班长每天总结,表扬好的典型。

对表现差的,即自己不读书、经常交头接耳说话、做小动作影响他人的予以警告。

5.早读时,值班长不得随意走动、讲话,更不准大声呵斥别人,甚至用黑板擦子敲桌子等不良行为。

因为这是粗鲁不会管理的标志。如果这样做,自己不仅不是纪律的维护者而成了纪律的带头破坏者,这样对班级会造成很不好的影响。

6.值班长对班级纪律严格而又灵活对待,创新自主管理方式。

调查得知:日常孩子们对"压抑式"的管理,感到相当厌烦。嘴里尽管不说,但心里很不服气。因此,管理不要压制、对抗,硬碰硬,要因人、因事而异。要以班规班纪为准绳,以说服教育为主。

对于个别调皮说了不听,仍我行我素,不服管理的,予以警告和量化减分。对于极个别天不怕地不怕,要动之以情,注意沟通交流。切忌说话高腔、大声呵斥,忌武力征服。发生肢体冲突是最差的结果,既触及红线也是管理最无能的表现。

7.值班长要坚持多汇报。

一旦有事勿冲动。首先要稳定大局,稳定压倒一切,要有超人的耐心。

一个好的值班长,应该做到以下几点。

榜样做表率,责任勇担当。遇事讲原则,言行要高尚。

任务要明确,要求要得当。表扬好典型,关心多沟通。

我的自律宣誓

作为一名新时代中学生,必将立德为先,立志高远。我自愿做到以下几点。

1. 严守课堂纪律,认真听讲,积极回答老师提问,认真笔记。虚心接受老师教诲,绝不胡言乱语,交头接耳,嬉戏打闹,坚决杜绝一切与课堂无关之事。

2. 我不是来凑热闹的,更不是调皮、出洋相的。我怀揣梦想,肩负家庭责任,心怀报国之志。我将时刻不忘初心、牢记使命,全力拼搏,出彩人生。

3.学习是自己之事。立德乃树人之基,立人乃成才之本。

老师是我生命之贵人,育我成才,恩重如山,永远感激。

父母给我生命。养育之恩,永世不忘,必将涌泉相报。

4.学习能力有大小,我必全力而为。成功源自勤奋,聪明在于积累。

5.在校期间,礼貌当先,文明诚信,做事干练,团结同学,尊敬师长,忠实坚毅,乐观向上。堂堂正正做人,规规矩矩做事,踏踏实实学习。做事原则分明,凡事分清好坏,该做不该做? 做了有何影响? 我将牢记心怀,立品为先,笃行不怠。

自律人

见证人

对自律的感悟

1.自律不是孩子的本能,培养孩子具有了自律是育人的本事。

2.自律是孩子成功人生的基石,是最重要的核心素养之一。

3.智慧、有远见卓识的父母,培养孩子的重中之重就是培养其自律。

4.自律是优秀人生的最重要的品质。

5.帮孩子养成自律,就是送给孩子人生成功的基点,是父母"望子成龙,望女成凤"的最好礼物。

6.一切成功归根到底是自律、自立、自强的必然结果。

7.清晰而强大的目标是自律的归宿和动力源。

8.持之以恒,锲而不舍,不达目标不罢休,永不服输,永不言败,是自律的外显。

9.从容不迫,心定如山,心静如水,内心强大,主动做,自觉做,坚持做,任风雨突变,却依然坚如磐石。任花天酒地,蝴蝶飞舞,寂寞孤独,无聊至极,我自岿然不动。

换一种教育方式,便是截然不同的结果

教育是和雅,教育是将计就计,教育是因人而异,教育是智慧化解,教育是倾听理解,消除误解,达成共识,利己利人,共创美好。

打了预铃后,英语课代表把昨晚的英语作业送到我的办公桌上。

我顺便问了她一句:"都交了吗?"

课代表说:"只有高XX没有交。她已经连续几次不交,问她要作业,她就说没写,再问她为什么,她就说不想写。"

听到这里我愣住了:"这不是明着挑战吗?你就让她到教室后面去写完,否则就待在后面,这么点作业用不了几分钟,搞特殊是不行的。"我有点生气地跟课代表说。

课代表照办了,但高XX说:"我就是不写,他说的话我都不想听。"事至如此,气氛骤然紧张,我也感到有点面子上过不去,但仔细一想,她毕竟是个孩子。她平日不善言语,性格内向,若是硬执拗下去,那定不是最佳之策。直觉告诉我,她不想写肯定有其理由啊,于是我话一转,你把她叫来,我问一下究竟是什么原因?

一会儿,高XX情不自愿的,面无表情,撅着嘴,来到了我的办公桌前。我看她面色沉重,一副不快的样子,我先开口了:"这几天身体是不是不舒服?"她摇摇头,没有说话。

"是昨天的作业太多了吗?""不是!"她低声地说。

"那是为何?"他见到我的语气委婉,她的表情不再那么僵硬,瞥了我一眼说："我认为抄单词，背抄课文、句子一点用不管，还不如多做点题，现在的考试题跟课本的学习没有什么关系。"

"噢，原来如此。我突然明白了。"

我说："那好，你就可以根据自己的情况，咱怎么有效果就怎么学，怎么效果好就怎么学，怎么适合你，就要怎么做。你是一个自觉学习的学生，老师很欣赏你个性化地学习。自己做题遇到不会的、不理解的可以及时地来问，做题时，若发现一些比较好的题，可以推荐给老师，让大家都来做一下，你抽时间可以给他们讲一讲，你是怎么思考的，同时，你和班里的同学组成'做题兴趣小组'，大家都行动起来挑战、互相 PK，你看好不好？"

高 XX 听了我这番话，刚才进来时满脸的阴云烟消云散，露出笑容，她抬起头看着我，瞬间打开了话匣子。"其实英语学课本，只要会写单词，课文的意思理解就行了，没有必要浪费那么多时间来背诵课文。"

我说你说得很有道理，学习就是因人而异，找到适合自己的办法。以后有什么想法及时跟老师沟通，我顺便问了一句，"你这次考试的理想目标是什么？"

"英语突破 120 分（满分 150 分）。"

"你认为自己要突破的重点是什么？"

"语法多归纳，扩充自己的词汇量。"她爽快地回答。

"那好，老师相信你！朝着你的目标坚定前行，做出个样子来让大家佩服，老师关注着你的进步，为你加油。"

静心反思

今天的谈话没有批评，没有指责，更没有挖苦，一切都在温和的氛围中，是以尊重为前提，了解问题，分析其因，疏导引领，肯定了孩子的做法，找到自己适合的方法，有个性地学习，因材施教，这不正是我们所需要的吗？

其实，孩子所反映的是有道理的，这也是当前班级集体授课中存在的一刀切的弊端，当下提倡减轻学生课业负担，尊重个性差异，找到适合自己的方法一脉相承。

由此，我开始反思，什么是最好的教育？那就是切合实际的，与时俱进的，有利于促进学生成长和发展的方法。教师应该耐心、细心、平和的心态，绝不是刚愎自用，大气压人，以权制人，让孩子怨气在心，郁气积压。只要大爱在心,以情化人,心情舒畅,心悦诚服地把问题消灭在萌芽之中才是最好的结果。

课堂观察与思考

学生课堂差距及应对策略

一、问题提出

同样的课堂,同一个老师,同样的要求,同样的书本、练习……结果为何会有如此的差距?如何采用相应的改变措施?带着种种疑问,我开始了长期的细致的观察与思考,以求其中的答案。

二、现状观察、分析与应对策略

1.孩子的竞争意识不同

孩子的竞争意识源自何处?

无论是正课还是自习,发现有的孩子竞争意识很强,争先恐后,而有的则无所谓,不争也不抢。

究其原因, 竞争源自孩子的理想和个人上进心以及是否具有争创一流的意识。

这和家庭关系何在?

关系很大。家长从小注重培养孩子的争强好胜意识,多鼓励,多关注,孩子一旦做得出色、取得进步就及时加以表扬肯定。

2.与孩子做事态度有关

孩子本分认真的态度,从哪里来?

最关键来自严谨的家风。家风是一个家庭对人对事的态度和处理习惯方式。无论做什么事情,都需一丝不苟,专心致志。平日生活中家长做事严谨细实、认真条理,会直接影响到孩子,久之会潜移默化。

3.与孩子的听话程度有关

在校发现有的孩子不听话,为何?

孩子在校不听话的,在家一定不听父母的话。父母说了不听,管不了,孩子没大没小,对家长失去敬畏感。

在校调皮捣蛋,专门和老师对着干,我行我素。老师劝导油盐不进,屡教不改。

对学习,不拿当事,心不在焉。课堂上常出洋相,小动作不断,交头接耳,经常嬉皮笑脸,自以为是,引起别人关注,寻求存在感。

实践证明:大多在学校管不了的学生很可能成为日后公检法整治的对象,成为家庭的不幸甚至灾难。

但也发现有很多的孩子在校中规中矩,从不惹事,纪律一流,学习前茅;在家里很听话,对父母毕恭毕敬,言听计从。对父母的话从不打折扣,这些孩子大多没有什么叛逆,他们理解家长,感恩前行,对错分明。

4.孩子的书写为何有好有差?

孩子的书写,有的美观大方,有的极差,潦潦草草,很不成形。

这是为何?

字写得好,首先孩子思想重视,内心标准高,态度认真。这首先归于孩子从小家长要求到位,规范从严,激励及时。

归功于家长。孩子写得好,往往因家长写得好,孩子跟着学,榜样的力量是无穷的。家长平日关注,评价中肯,孩子在小学低年级就已形成良好的书写习惯,认真规范入心。

相反,书写不好的孩子也想把字写好,但出手已如此,自感无奈。甚至连自己看了都讨厌,可现实难改,这是为什么?

因为他们书写已成定式,手不从心,结构不稳,笔画不精,心手协调不够。

怎么改变?

写字起源于心,心想写好,思想就重视。照字帖进行临摹,经常观察,持之以恒练习。

另外,寻求名师指点。"听君一席话,胜读十年书"。老师的鼓励、鞭策非常重要。同时,学会写完之后自我赏析,哪些地方写得好?哪些地方写得不满意?笔画是否规范?结构是否稳妥?大小是否一致?是否做到横平竖直,工整规范?

在家里,家长写字一定规范工整,以身作则带好头,要经常练笔且以规范为本。也要与孩子经常切磋,对孩子书写予以关注、鼓励,及时评价,建议中肯。

家长对孩子写的好的贴在显眼地方,让孩子感到有成就感,心理备受关注,以此,激发练字的热情和写好字的决心。

平日一定要关注孩子写字姿势。"身正则笔正"。姿势不正,气不通,写不好字。要牢记规范,要做到"三个一",身子离课桌一拳头,眼睛离书本一市尺,手离笔尖一寸。

还要选好字帖。选自己喜欢的字体进行练习,平日以作文格大小进行,每天300字为宜。分两次进行,每次150字,10—15分钟写完,圈出自己认为得意的。练字贵在恒常,一般三个月后大有进步。

5.孩子上课打盹怎么办?

首先,了解孩子上课打盹的原因。

可能孩子睡觉不足,家庭配合督促是关键;也许孩子对所学科目不感兴趣,听不懂,跟不上老师的思维。遇到这种情况,教师要及时通知家长,尽快找出孩子打盹的原因,几点睡觉? 是否熬夜玩手机,看大书? 敦促孩子按时休息,因为精力不够充沛,效果折扣,容易课堂落下。

若不感兴趣,听不进去而打盹,则关注该学科学习,做好提前预习,帮助孩子寻找学习兴趣。夏天炎热孩子容易犯困,中午务必让孩子午息,确保充沛精力,迎接下午的学习。因此家长、学校共同关注,配合解决。

6.有的孩子经常脏话连篇,如何处理?

首先,及时告诉指出,让孩子知道自己的错误。同时,要告知家长,孩子有经常说脏话的毛病,引起家长的重视。

家长反思是否大人在家里经常说脏话所以孩子脏话成习?有则改之,以免影响孩子。

话由心生。若出口脏话,心境不高。脏话、粗话不是在脸上贴金,而是笑料之源,是人品低级之映射。

孩子懂得说脏话的危害,内心自觉戒除。脏不出口,话不带粗。语言以高雅为贵,人人敬之,朋友就会亲之近之。

综上,"良言一句三冬暖,恶语伤人六月寒"。孩子从小从,尤其在家里一定语言文明。

7.个别孩子经常逃避值日生,怎么办?

首先,我们分析一下其根源所在。

这些孩子大多不愿意干,有的真的不会干,因为在家里从来没有干过。

这与家长的教育有密切关系,孩子从小家里所有的活都是父母包办,一点儿不舍得让孩子做。在这些家长看来,孩子太小怕孩子干不动,又怕这又怕那,生怕有什么危险。甚至认为劳动乃体力之事,只要学习好就行,甭干这些。

家长压根没有培养孩子的劳动意识。通常不吩咐孩子去做,等到孩子大了再让他们做,结果发现孩子会偷懒了,吩咐时孩子有很多借口了。

很多孩子十几岁了,都是初中生了还依然衣来伸手,饭来张口,连自己的衣、袜都靠父母洗。房间的卫生从来不主动打扫,催几遍都无动于衷,可以说孩子除了学习,啥活都不会。这才意识到原来孩子不干活,是家庭教育出了问题,是家长一手包办造成的。

常言道,历练出来的叫人物,被宠出来的叫宠物。孩子不劳动就不会懂得感恩,就不会保持卫生,也就不会学习,不会生活。

为什么劳动还与学习密切相关呢?

因为劳动出智慧,在劳动时要思考怎么干得快又好?要随机应变及时动脑,所以劳动出智慧。

劳动过后有一种成就感,这是不劳动的人感受不到的。任何事一遍生两遍熟,干的多了就会干了,也就有经验和技巧了,所谓的熟能生巧,这是实践之后的真实体会。

8.孩子经常班上吃零食,怎么办?

零食就是零星吃的东西,包括口香糖,方便面,各种小甜点、糖果等。吃零食时很随心所欲,想吃就吃。

零食在以前贫穷的年代极其稀缺,很少有孩子吃到零食,他们一天三顿饭按时八节,有点钱攒着买学习用品。现在条件好多了,大部分的孩子都吃零食,甚至当饭吃。他们已经形成了一定反射,不吃就难受,以致养成有点儿钱快买着吃了才舒服。

零食的害处有哪一些呢?

首先,零食随意吃,是不该吃饭的时候,打破了吃饭点儿,吃了零食胃就没了饥饿感,吃饭的时候就不想吃了,但过了饭点儿又很快饿了,就再吃零食,形成恶性循环。

其次,零食都偏重口味,所以孩子爱吃,不仅伤了他们的胃口,还致使大部分的孩子都觉得父母做得不好吃,不愿意吃。

还有,好吃零食的孩子存不住钱,有钱就快买点东西吃了满足自己味觉需求,所以花钱大手,无计划不节俭,不会把钱用在该花的地方,随意性大。勤俭是我们的传家宝。孩子从小不节俭,花钱无度,勤俭的品质没有了。

最后,零食的质量普遍较差,"三无"产品、各种添加剂等都伤害孩子的健康,特别长期吃零食的孩子,往往面黄肌瘦,吃出病来。

据科学报道:好吃零食的孩子普遍坐不住,自控力差,不能静心思考。嘴里经常吃的东西,分散注意力,学习成绩较差。

措施:家长不要给孩子零花钱。孩子要钱必问清原因,专款专用,,剩余上交家长,严禁挪用、滥用。

牢记:孩子有钱易变坏。从小乱花钱的孩子,不知节俭,警惕大了孩子败家难管,所以从小严加管理。

9.班里有的孩子和老师对着干,如何处理?

首先,我们要分析孩子和老师对着干的原因。

综合起来无非有下列:可能因为某种原因被老师批评过,孩子感到憋屈,造成心理逆反。老师的话不愿听,甚至厌烦,造成听力屏蔽。

对老师处理的事儿感到不公平,心里觉得委屈、不服又不敢明着和老师干,只能心里忍受,产生情绪上的对立,所以老师叫上东,自己偏上西,弄得老师也无可奈何。

实践证明:一个整日情绪低落的孩子是不可能跟着老师学习好的。因为负面的情绪会产生消极和不信任感。这样的孩子同样的事心里郁闷不愿意接受,当然也就不愿意学,成绩哪有好?

有时或许老师在班上无意的一句取笑,自己觉得老师伤及尊严。让同学另眼看待,也会加剧心理对抗。

有时,自己做了好事,老师没有及时的关注和表扬,孩子在心理上觉得老师不重视,没有充起老师的眼皮,也可能导致情绪低落。

老师不能公平地对待学生。如处理学生违纪时,对学习好的管得松一些,甚至睁一只眼,闭一只眼。而对学习不好的则横加指责,厉声呵斥,另眼相看。孩子感到愤愤不平,极易挤压消极情绪。

又如,有的时候老师找同学谈话,经常找学习好的孩子,而对学习后进生置若罔闻,甚至不理,孩子就觉得被冷落,瞧不起,自暴自弃。

总之,造成情绪的对立是多方面的。一旦某一种原因形成了不好的印象,学生的心理会感到多了一层隔膜,郁气积压,透不过气儿来,这种隔膜又不能及时地被发现消除,学生的消极抑郁、抵制、对抗情绪都会增加。

那该如何处理是好?

首先,作为一名教育工作者尤其是班主任要一视同仁,多关注学习上的弱生,多发现他们的优点、长处,多鼓励表扬、肯定,使他们充满自信。

定期让孩子自我发现自己的优点、进步,和老师经常谈理想、进步和美好未来。这会使孩子多分泌内酚酞,增加自信心。孩子就会热情高涨,主动欲就更强,就会产生积极情绪,从而激发自己的内驱力。

综上所述,一个优秀的班级必定有清新目标,必须上下齐心,人人心情舒畅,自信满满,整个班级才能奋进致远。

尤其注意:慎重对待个别不听话、不学习、纪律成问题的孩子,要从思想上重视,及时化解他们的各种心理问题,防止他们扰乱纪律,影响整体,危害班级。其作用不敢小看,要特别重视他们的思想转化,采取一切可能的措施,千方百计,动之以情,晓之以理,多关心、关注、关爱,共同迈向美好。

如何指导孩子谨慎交友

常言道:"近朱者赤,近墨者黑"。一个人交友非常重要,自己的朋友圈子优秀,自己不优秀都很难。因为自己跟朋友有着共同的语言和爱好。天长日久,见贤思齐,见不贤而内省也,会潜移默化。反之,如果朋友圈子不优秀,自己想变得优秀,那也不可能。可怕的是自己原来是优秀的,也会逐渐地变得不平庸。

如何快速认识一个人?

"不知其人便知其友"。意思是当你想了解一个人,但你之前对他却一点不了解,你便可以了解他的朋友,该人什么个性,为人处世,做事的风格,别人对他的评价,这样你照样可以了解你想认识的人。

为何朋友的作用如此大?

假如你学习一般,但你周围的朋友都学习非常好,品德一流,那么不久你也将成为学习优秀、思想进步的。这是为什么呢?因为学习好的学生视学习为责任。学习好说明责任心强,学习的方法好、习惯好、思想积极上进,听老师的话,学习自觉刻苦。为何很多同学都愿意有一个好同桌就这个道理。和好学生交朋友需志趣相同,否则交不到一起。

只有当自己渴望学习好,心里急需一种正能量来鼓舞自己前行,要交往的人一定要积极上进,学习好,品德好。正因为自己有一颗积极进取的心,萌发了渴望变得优秀的内需,自己和朋友有了共同的语言才能够谈到一起。

人的一生交友必不可少,但交友的质量很重要。交到高雅朋友是一种幸福,是一生的财富,是自己的幸运。他们会赋你正能量,激励你奋发前行,积极向上,这就是"近朱者赤"。

反之,若交友不慎,交了不思进取,游手好闲一类。他们不学好,好逸恶劳,自己早晚深受其害。他们对家庭、社会都是一种麻烦,所以应极早远离以免"近墨者黑"。

综上,我们在交友上应该慎而又慎,擦亮眼睛,交良友,交高雅之友,远离损友,远离伤害。

育人实践探究在行动

不敢小觑的零食之伤

"老师,某某经常带零食,有时上班吃,有很大一个味儿,几乎每天都往垃圾桶里放零食包装。"接到同学的举报,我很吃惊。

带零食到学校里吃,看似是不起眼的事,可是校规明确规定,不准、严禁带零食到学校。但总有孩子一再触犯到学校,这说明了什么呢?

首先,说明这些学生无视学校纪律。在教室公开吃零食,说明"公开挑战"班级纪律底线。因为多次班会强调过,可总有几个认为没有什么事儿,老师不会怎么着,我行我素,屡禁不止,太胆大妄为了。个别行为影响很坏,带头破坏纪律。被点名都不以为耻,反而引以为能,破坏力很大,必须严格要求,决不能搞特殊化。

在教室吃零食整个教室一股浓浓的零食味道，全班都闻到，都在考虑吃零食，还怎么上课？不就成了"吃"课了？怎么保证课堂效果？

吃零食说明只长着吃心眼儿。注意力全集中在咀嚼和品味儿，分走了学习的专注，一心不当二用，课堂不能全力进行思考。学习必须一心一意，三心二意其结果可知。学习的好品质，目光如炬，心无旁骛，专心致志，本需要从小专注力培养都难以养成，更何况有意损之？

大凡吃零食的孩子都坐不住，没有学习好的。

吃零食就是零星着吃东西，不该吃的时候吃，所以吃零食的孩子，吃饭都不正儿八经地吃，因为吃过零食没有了饥饿感。零食里有一些开胃的东西，像是辣、甜、很刺激的，吃了还想吃，但我们平日的饭菜不会加这些东西，所以孩子感到平淡乏味不愿意吃，但平平淡淡才是真。

零食的质量令人担忧，保质期也是个问题，所以吃零食其实就是吃垃圾，因此零食也叫垃圾食品。爱吃零食的孩子大都不健康。长期吃零食的还会上瘾，形成了条件反射。到了时候就想吃，不吃就会难受，嘴巴一时闲着也不舒服，破坏了正常的吃饭点儿。

长期吃零食的孩子，从小养成了花钱的习惯，手里存不住钱，有钱就买着吃了。从小养成不勤俭，缺少勤俭持家的美德。

零食其实是时代的产物，如今大小店铺，零食都是琳琅满目，都是针对孩子。现在条件好多了，一些家长认为不能缺着孩子。仔细想想，这是好事吗？这是在教育孩子还是滋长孩子的坏习惯，是助力孩子成长，还是妨碍孩子健康？有的人说看人家的孩子都在买都吃，自己不买好像同孩子花钱，这是真的吗？经常买零食甚至见什么就买什么，要什么就给买什么？教育还有底线原则吗？

（案例）某某医生收治了一个七岁小病号，面色憔悴，捂着肚子，疼痛难忍，医生诊断是胃癌晚期。其父母交代，自己开厂子，平日忙得很，照顾不上孩子，只能给孩子买着吃。孩子经常吃零食尤其方便面、火腿肠，有时一天三顿饭全是方便面。由此得出，健康是吃出来的。吃零食就是吃亏，吃多了、久了就是亏着自己身体，这就叫花钱买罪受。

以前，物资匮乏的年代饭都吃不上，更谈不上买零食，所以爷爷、奶奶辈的几乎没有吃零食的习惯。他们一天三顿饭，规律饮食，健健康康，而今的孩子零食、辣肠、方便面、各种膨化食品、香料、味精及各种添加剂、汉堡、肯德基,应有尽有。正是这些东西,吃走了孩子的健康,废掉了孩子的专注,破坏了孩子的饮食规律,丧失了孩子节俭的品质,蚕食孩子的健康机体和美好未来。家长们如何看待?

　　《世界教育经典》谈到一个叫 Karl(卡尔)的男孩,他的爸爸为了从小培养他的专注力,不让他吃任何零食尤其糖块。一次,爸爸带 Karl 外出,邻居拿出了孩子们最爱吃的巧克力,但孩子拒绝接收,在大人的反复劝告下,Karl 瞅着父亲的脸色,为了照顾邻居的情面勉强拿着,可不一会 Karl 竟然趁大人不注意,扔给了附近的小狗。父亲看到一切,抚摸着孩子的头说:"你太了不起了,你一定是个了不起的人物。"果然 Karl 十四岁就成了柏林大学最年轻的经济学博士。

第十六部分　我的育人故事

教育是在编辑故事,启迪人生

　　光阴似箭,日月如梭。转眼间,我在教育行里度过了三十七个春秋。一路走来,曾发生过诸多有趣的事。有的似在眼前,不时地会在脑海里涌现。有的被常挂在口头,如口含着一颗巧克力,那是一种享受,美美的,甜甜的、醇香的。

故事一　　　　　　　　　　**打赌输了**

　　37年前的一天,我穿着刚买的一件衬衫走进教室,我的课代表李永义在我身上上下打量,笑眯眯地说:"这衣服好,穿着好帅呀。"我看着他并说:"你若这一次周六英语竞赛考了前五名,我就给你买一件同样的。他顿时瞪大了眼睛说,"啊……你再说一遍。"这时,只见他,从位子上站了起来,双手击掌,把正在读书的同学叫停,大声地喊:"同学们,你们刚才听到老师说什么了吗?"我又抬高了嗓门儿说:"如果李永义这次英语竞赛,考了前五名,我就给他买一件和我的一样的衬衫。"顿时教室里沸腾起来,大家都认为那是不可能的事,只不过是老师的激将法而已。

　　过了周末,我又回到学校,有几个同学早在校门口等着我,据说他们已经等了很久,迫不及待地想告诉我,我跟李永义打赌输了,他这次英语竞赛真的考了第一名。他们关切地问:"我还给他买不买?"我说:"那当然!君子一言驷马难追。做人须诚信,说到做到。"

　　稍作停留,我接着去了乡镇的百货,没有买到。又到了周末,我回家专门又去了那个大商店,给他买了一件一模一样的。一到校,接着送给他。只见他立马穿上,还在镜子面前扭了扭,很是得意和自豪。这件事很快传开了,校园里没有不知道的。

　　说真的,这件衬衫花了14元,我当时一个月的工资只有30元,那相当于半个月的工资。

尽管这个赌打输了,我总觉得值得,老师就应说到做到,诚信无价,尤其教育学生。孩子们只有你想不到,没有他做不到。任何事当他们的积极性被激发,奇迹就会发生。从此,这个学生的英语一发不可收拾,不仅初中一直遥遥领先,还创造了高中"英语无敌"的佳话。

如今三十多年过去,前几天和几个朋友坐在一起,当年和孩子打赌的事又被重提。我好奇地问:"你们是怎么知道的?"他们笑着说:"东半天的人哪有不知道的?"

我默然的想到:何为教育?教育就是抓住契机,激发他们奋进的力量,就是编写育人的故事,编织孩子们的梦想。

故事二　　　　　是菜园也是花园

几年前,我住在教师公寓的壹号楼。楼前有一块不大的三角地,斜坡下去的部分是一个死水湾子,因地势低洼,下雨的时候,四周的雨水便汇集这里。湾子的南北两岸长着几棵很大的柳树,于是三角地变成了柳树底,全被遮阴。

隔壁的王大爷,教师退休,七十多岁,戴着老花眼镜,腿脚不便,常走起来一拖一拉的,很慢很慢。他把其中的三角地开垦了一点,种上了菜,有葱、蒜、椒子、茄子、黄瓜、韭菜不少于十种。

每天早晨,天刚蒙蒙亮,就听到他一拖一拉的脚步声,那是他在从湾里用小桶打水浇菜,那菜长得特别,绿油油的格外喜人。不仅自家自给自足,还经常送别人。

每天起床,我站在自己家二楼的阳台亲眼目睹。于是就拍了几张照片,给班里的孩子们看,问他们看到什么?有什么感想?孩子们七嘴八舌,有的说看到老人在种菜,有的说是老人在浇水。我提醒大家,看看为何这边是菜,紧挨着却是荒草一片?为什么地是一样的地,甚至原本长草的这边没有柳树遮挡,应该更好?而另一边,却是菜园更是花园,这又为何?是的,这位老人的辛勤劳动把草场变成了美景和收获。

孩子们,一切的美好都是辛勤付出的结果,这便是天道酬勤。愿大家用自己的勤勉创造属于自己美好人生!

故事三　　　　　　　　　　**家风对我的影响**

我生长在农村,父母是地道的农民,是地地道道农民的儿子。

在我幼小的记忆里,父母为人忠厚善良,和周围的邻居关系融洽。母亲个性随和开朗,对人彬彬有礼,爱说爱笑,无论遇到长辈还是晚辈,总免不了问道一声"大叔、大婶、大哥、大嫂……吃饭了吗? 去哪里呀"? 这些农村的俗礼很是到位。于是我从小也学着去做,也经常听到邻居的夸奖:"你家的孩子真是有礼貌,无论什么时候见了都是笑面相迎,问长问暖。"每一听到如此夸奖,我也感到心里高兴,因为我是个讲礼貌的孩子,自己没有给父母丢脸。

父母为人厚道,无论对谁总是能帮的帮能助的助。我的父亲是远近闻名的铁匠,别人评价他做的农具特别耐用、好用,服务特别热情细致到位。若有谁家的农具坏了,主动找上门,我父亲即使自己的活儿先不做,也要给人家先修好,因为他怕耽误别人用,他为人着想,做事认真,从不敷衍,也得到了很好的口碑,这点深深地影响着我。他常说:"给人做事就是给自己做事,不能半点糊弄。好不是人家说的,而是自己做的。"我铭记于心,从小总以父亲为榜样,一以贯之,无论大事小事都会认真,我总认为认真就是水平,细心就是能力。

记得小时候打扫自家院子,我扫得特别干净,并把家门口两边很长的一段路也扫得干干净净,经常听到路过的人夸奖,看人家门口都扫得这么干净。

至于学习我更是深受影响,从不草率。不仅学习知识一丝不苟而且写字认真规范,学生时常是老师眼里的"红人",习字也常得 A+,以至于后来我当了老师教学生,深受学生喜欢。不仅喜欢我的课还有好多喜欢我写的字,整天跟着模仿,同学们称之为"刘体"。

我总认为:孩子教育无小事,任何一个小小的疏忽可能造成的影响不可挽回。自己总是严谨从教,探索求新,爱生如子,严慈相济,常常为学生的某一个很小的思想波动调查、分析、判断、追根溯源,直至水落石出,不留半点后患。

总之,家庭是教育的根,父母是第一任老师。榜样的力量是无穷的。孩子其实就是家长的影子,处处效仿践行,乃至培根育魂。

常言道:有什么样的家风,就有什么样的孩子。我的家风就是"忠厚传家,诗书继世"。这也成为我做人做事治家的格言,数十年我家大门的对联固定的内容"忠厚传家久,诗书继世长"。我会永久传承下去。

一、民主和谐的家庭氛围,滋润、助力了我的成长

在我的记忆里,从没有父母的打骂,很少听到父母严厉的训斥。父亲常在外忙碌,家中的一切几乎全由母亲承担,她无论多累多忙,从不发火,尽管她没有上过学,甚至连自己的名字都不会写,但她总和我讲道理,我感到母亲很是伟大,心里无限感激。平日,她嘱咐得最多的"要好好读书,听老师的话,大了为家庭争光,为国家做事"。几十年来,我铭记于心,并早已成为砥砺前行的永恒动力。

二、凝心铸魂,为家争光

对于一个人来说家庭的影响是至深的。从父母的为人厚道,我懂得了以德立身的重要性。

人品才是最大的永恒。这一点我做到了,在单位,我团结同志,服从大局,任劳任怨,关心爱护学生,尊敬家长、同事,为人谦和。

忠厚是我做人的根本。对事业,我热衷钻研,恪尽职守,竭尽全力,探索耕耘,开拓创新,激情拼搏,乐此不疲。虽年过半百,顶着两个班的英语,担任班主任,勤勉用功,默默无闻。

如今还是"山东省优秀班主任工作室"主持人,积极参加各项学习和业务活动,正如自题小诗:"默默无闻30载,名生辈出震四海。青出于蓝胜于蓝,桃李芬芳春满园。老当益壮雄心在,中华复兴育新代。"

我将踔厉奋发,不忘初心,努力践行社会主义核心价值观,为中华民族伟大复兴的中国梦贡献自己的力量。

三、创新笃行,再立新功

当前中华民族伟大复兴正处在关键时刻,正如习近平总书记所说:"生逢其时,责任重大。"我们应该牢记总书记教诲,砥砺前行,再立新功。

我们深知国是千万家,家是最小国,家兴才能国强。处在如此催人奋进的伟大时代,自己深感责任在肩,使命光荣。

我对自己的规划如下。

1.不断学习各种教育新理论,探索新时代儿童成长的规律和家庭育人

规律,科学导育,为党育人,为国育才。

2.加强家校社合育,创新育人途径,充分发挥家庭的主体作用,建立家校导育目标,加强沟通协调,因材施教,培养德智体美劳全面发展的社会主义建设者和创新型人才。

3.科学规划,加强个性引导,多进行案例分析,探索出一条家校社育人的佳径。

4.加强实践探究和实践育人。在实践中潜心探索,形成育人特色,做一名名副其实的"四有"好老师。

故事四　　　　　　　**和孩子一起越野**

记得刚参加工作的第一年初冬,听说学校要举行冬季10公里越野赛,教职工也可报名参加,我是第一个报名的老师。

报名后,我一早一晚、课外活动、体育课和孩子们一起训练。比赛的时候,我凭着多年的跑功,一直在前面领跑。我看到跑在前面的几名同学都是我们班的,心里很是自豪。当时我的课代表一直骑着自行车,在队伍的前方带路。

路程过半,大都出现了体力下降,速度明显慢了,而且气喘吁吁,他问我:"老师,我带你一会儿吧?"我直截了当地拒绝,"那可不行!"就这样,我一路领先,第一个跑完了全程。我回头看见我身后的第二名,已被我拉下了四个电线杆空。我蹦蹦跳跳放松了一下,接着又绕着操场慢跑了几圈。

孩子们好奇地问:"老师,你累不累?"我说,"你们认为呢?"孩子们说:"累!"我说:"对呀,当我累的时候,他们累不累?当然累了,那就是看谁能咬咬牙坚持到底。学习和干其他的事也是如此,你累别人也累,这时最需要坚持,谁坚持到最后,谁就是胜利者。"居里夫人不是说过"人要有毅力,否则将一事无成"。我们一定要做一个有毅力的人。

就在前几天,当年正在那所学校求学的学生回想起当年跑步的事,他说很是敬佩,后来他也跑步,懂得了坚持,练出了毅力和健康,又把这种意志品质用于学习和工作,都取得了成功,如今家庭美满,事业有成。真的没想到参加了一次越野赛,如此平凡的小事竟然给孩子带来如此的人生之变。我突然意识到:教育不是凭口说教,而是实做。

父亲的家教智慧

我叫刘泽恩,1997 年 11 月出生,2021 年 6 月入党,目前是一名光荣的中国人民解放军空军军官。在了解到"优秀家长"评选活动时,我很是激动,从咿呀学语的幼儿,到寒窗苦读的学子,最后成长为钢铁脊梁的军人,埋藏在心中受教感悟不断涌现,父亲的家教智慧贯穿我的人生。

父亲的家教智慧或者说教育智慧(家父是一名从事一线初中英语教学35 年的老教师并一直担任班主任,对我的教育只是他教育事业的一部分),可以总结为 3 句话:忠厚传家、勤俭为本、以身作则。

一、忠厚传家

刘家祖上都是面朝黄土背朝天的农民,父亲是地地道道农民家儿子,忠厚老实从呱呱坠地起就烙进了灵魂。"要懂得感恩,要报效国家"是父亲常挂嘴边教育我的话。父亲经常跟我讲,以前家里条件比较艰苦,结婚的婚房都是找朋友借钱买的,吃年夜饭都是很普通的大白菜,但就算这样,也必须去带着一条鲤鱼、一袋豆腐去看望帮助过我们的人。现在家境好了,"窟窿"也早已补上,我有时很疑惑,为什么几十年前的学生家长还会联系得这么紧密,甚至比一些亲戚朋友还要要好,已经超脱了普通朋友的范畴,可能答案就是母亲所说的那样,"你爸就是实诚、无私,拿别人家的孩子当自己家的教"。到现在,每年春节父亲都会写一副固定的大春联"忠厚传家,诗书继世",随年龄的增长,我渐渐明白其中的含义:忠厚乃家庭美德,立世之本;读书乃智慧之本源,应代代相传;身为军人,对国家的忠是最大的忠,听党的话,永远跟党走。"滴水之恩要涌泉相报""国家的富强才有咱们现在美好安宁的生活"。我也渐渐明白,不要过分计较个人得失,常怀感恩之心,感恩帮助过你的人,感恩国家的富强,不负韶华,努力拼搏,乐于奉献,历练自我。

二、勤俭为本

父亲的拖鞋"鞋龄"15 年了,听说从我出生起就开始穿,直到我考上了军校才"退休"。我有时候问父亲,家里条件也不是很差,为什么还要省吃俭用?我还调侃父亲:"干了这么多年的工作,就不会享受享受?"父亲的回答总是那句"够用就好、健康就好""今家中境地虽渐宽裕,切不可忘却先世之艰难,有福不可享尽,有势不可使尽"。虽然家里的柜子、沙发、洗衣机很旧,但父亲都会扯一些布让母亲改成布罩盖在上面,遮挡灰尘,用的时候再掀开。十几年了,洗衣机、柜子,还是跟新的一样。父亲教育我,勤俭持家是我们的传家宝。吃的、穿的、用的,不要攀比贪多,喜新厌旧,舒心就好,朴朴素素、干净整洁不失为一种高风亮节。

三、以身作则

为什么,人们常说,"龙生龙,凤生凤,老鼠的孩子会打洞"。因为长辈的教育,对子孙后代的影响大于一切。真正的教育是身教重于言教。

父亲不会絮絮叨叨去讲一些大道理,但我总会在日常行动上感受到学习的"紧迫"感。记得在高中的时候,家里竖起了"光荣榜",旨在激励全家人奋进工作和学习,每天回家吃完饭后,我们一家三口都会汇报一天的工作。

在我上高中的时候,最激动的莫过于高三那一年,3次模拟考试的成绩节节攀升,那一年是我"霸榜"的一年,也是我学习激情最猛的一年。

现在我工作了,竞争却越来越激烈,"我几年被评为机关服务基层先进工作者了!""我们科室今年接收病号最多,评价最好!"父亲嘿嘿一笑,我自己的办公室被评为"山东省优秀班主任工作室",马上要举行挂牌仪式啦"。我属实没想到,父母在知天命的年纪,工作的激情热情竟然如此高涨,跟我这马上而立之年的年轻小伙子不相上下,我现在家庭的光荣榜上经常"垫底",我心里也憋了一股不服的劲。每逢战友说我工作很拼,送外号"拼命狂"我总一笑而过,心想:"你来我家试试,你要是生在我家的环境,你也如此。"

我蓦然想起《钱氏家训》里写的:"子孙虽愚,诗书必读,勤俭为本,忠厚传家,乃能长久。"我们虽不是什么大家庭,也不是什么名门望族,但父亲从自身做起,正本清源,宽厚恭谨,塑造了良好的家风,这使我身处基层,依然激情忘我,勤俭为本,严谨务实,忠厚待人,我想这不就是自己对"忠厚、勤俭、务实"家风的践行吗?

"国际货币基金组织招贤纳士"给我们的思考

　　一场激烈的面试竞争,在顶尖名牌大学的学生间展开,有来自美、英、法、德、日,包括哈佛大学、麻省理工、帝国理工、剑桥、牛津、清华、北大的……有本科生、研究生、博士甚至有博士后,可称得上群英荟萃,精英争霸。在此一决高下,他们都已经过笔试、体能考试,一路过关斩将,角逐最后的面试。

　　再看,面试室外的走廊里早已排起长龙,戒备森严的保安人员,让人觉得有点气氛庄严。想必此刻,人人都神经绷紧,面试的房门徐徐打开。伴随着喇叭里传来"1号请到面试室,2号请准备!"

　　片刻间,1号从人另侧的出门口走了出来,面色沉重,直摇脑袋,同样2号3号4号也是一样的结局。正当大家眉头紧皱,迷惑不解之时,5号走出面试室,面色从容。

　　大家在紧张神秘的焦虑中等待着,期盼着。所有的面试结束了,只有三位通过今天的面试,大家更是焦躁不安,甚至感到愤愤不平,不知道什么事就被淘汰了,简直是一头雾水,甚至有的要当场讨要说法。

　　最后权威的人士当面答复:"今天的考试就是考大家主动担当和注重细节及勤俭节约的问题,我们的岗位要求我们必须主动作为,勤俭节约。因为我们掌管世界的钱袋子必须做到好钢用在刀刃上,该花的才花,不该花的一分都不能乱花。

　　第一题是横道的一个拖把,考生看到主动地捡起来。该题预示着我们的工作将不会一帆风顺,大家都要主动作为,克服工作中的困难,扫清工作障碍。

　　第2题是在考生面前的红地毯上,有一枚硬币,需考生捡起来放到考官面前。考题虽特别但与我们的职业密不可分,大家只有按要求做,我们才能做得好我们未来的工作。听到这里,有的考生未免还是有点不服。其实,生活本无大事,都是点点滴滴的小事,细节决定成败。祝大家好运!"考试官最后补充说。

最近一项由哈佛大学对新入学的学生调查中，学习好的学生中会做家务的学生比例比不会做家务的学生高 27 倍，这说明越是学习好的孩子都积极参加劳动。反之，劳动使得他们更懂得努力的意义，更会学习，更会学以致用，由此，劳动是学习的行动体验。

教育无小事，事事都体现着个人的品质和修养。勤俭持家是我们的传家宝，随手捡拾彰显人格的高贵。只有从小事做起，从身边做起，不断修行与正心，才能齐家治国平天下。

第十七部分　活动纪实及影响

创新育人途径，提升育人实效
——育人实践探究活动纪实

我校"刘建华省优秀班主任工作室"成立以来，这里已成为老师们共同研讨、进步的俱乐部。我们定期举行班主任座谈，商讨育人、带班方略，分析目前班级管理中出现的新情况、新问题，商讨新的措施，寻找新对策。工作室的家人各抒己见，群策群力，坦诚交流，相互学习借鉴，互相督促提高。

为发挥工作室的先锋带动作用，使其育人功能发挥至最大化，我们开展了系列活动，收到显著效果。

活动一【三赋教育·教师赋能】工作研讨活动

姹紫嫣红春光好，三赋学堂桃李艳。为落实立德树人根本任务，充分发挥名师、名班主任工作室带头示范作用，推进"三赋教育"深入实施，促进班主任、家庭教育教师队伍专业发展，近日安丘市东埠中学举行名师工作室工作研讨活动为教师赋能，提升了教师队伍专业素养，进一步夯实了立德树人根基。

工作室家人合影

本次活动，由学校组织，"刘建华山东省优秀班主任工作室"具体操办。参加人员包括党委书记、校长张宝成，党委副书记周志刚，名师工作室主持人和成员，各校区学生成长中心主任、班主任及部分来自学校联盟单位业务校长、班主任参加。

内容包括

第一项:观摩自主管理班会"自主管理释活力,责任当换新颜"。

由人民路南校区八年级 5 班工作室成员王之坤老师提供的主题班会观摩《自主管理释活力 责任担当焕新颜》,班会以活泼的形式、显著的效果,给入会者留下深刻印象。

首先班委轮流对班级一周情况进行播报,重点突出,条理清楚,改进要求明白具体,各方典型启发见贤思齐。

此后,进行角色扮演,通过"贴标签"与"摘标签"的方式,让同学们切实体验语言的力量,拒绝语言暴力。

观看《共和国功勋获得者视频》,谈感想体会,树家国情怀,立报国之志,使同学们将内心的触动转变为奋斗原动力。

"班训"宣誓,知行合一,将远大目标落实到实际行动。

班主任王之坤进行简要总结,并介绍班级自主管理模式方法。省优秀班主任工作室主持人刘建华随后点评,充分肯定本堂班会课的方式及效果,对学生进行了鼓励表扬。

第二项:"班级特色文化"展示。

地点在永安路校区,在山东省名班主任工作室主持人刘建华为班主任的七(29)班教室里。

红领巾解说员落落大方地讲解着教室每个细节背后所展现的班级文化。解说员铿锵有力的音调，意气风发的神采，流畅生动的表达，令老师们拍手称赞。

书写要"横平竖直持之以恒"；做人做事需牢记"三原则"；班级军团化管理"五大军团奋斗宣言"；目标引领行动"踔厉奋进新目标"领袖的谆谆教导、班训、经典谚语等班级文化展示，使每一面墙体都成了教书育人的活载体，让大家感受到方寸间潜移默化的育人功效。

刘建华分别从育人目标、做事原则、学法指导、军团管理等方面对班级文化进行介绍，特别对使用自主学习反馈卡督促学生的方法做了说明。大家纷纷表示刘老师的班级管理有真功夫，很值得学习借鉴。

第三项　研讨交流，互学共进。

在"刘建华山东省优秀班主任工作室内，专程来参加活动的工作室成员李树建（山东省优秀班主任、安丘市大盛中学班主任）、孙赛德（安丘市优秀班主任、景芝景城小学教导主任）分别交流了本校工作经验，并高度赞扬我校充分发挥名师工作室带动作用，班级自主管理、特色文化建设、班主任专业提升等方面的特色鲜明，成绩显著，并和大家一起对下一步工作交流合作事宜进行研究，达成共识，决定以此为契机，学习借鉴，尽快行动打造自

己的班级特色管理和文化品牌。

名师引领向远方,立德树人启新航。

本次名师、名班主任工作室工作研讨活动的开展,展示了"刘建华省优秀班主任工作室"成立以来取得的成果,提出了下步目标,激发了工作室成员更大热情,为教师赋能探索了新路子。下一步,学学将大力加强三赋教育"教师赋能,打造有'方'团队"工程,继续推进名师工作室建设,发挥名师工作室引领作用,采取多项举措为教师赋能,建设更强大的"一技多能"教师队伍,为学校高质量发展注入新的活力。

活动二【励志体验,亲子共育】现场体验活动

从2023年4月下旬,我们聚集在工作室,专门针对学生普遍存在的学无目标,动力不足,不懂感恩,家庭责任感不强等把日常班级问题汇总,归类梳理,分析根源,商讨对策,创新工作思路,反复精心打造,推出了"励志体验,亲子共育"专场,组织部分学生利用周末到工作室体验,每次两个半小时,8名学生以及8名家长共同参与。

(附邀请函)

育人实践探究在行动   编号 _____

从平凡走向优秀,从优秀步入卓越(邀请)
刘建华山东省优秀班主任工作室

欢迎家长携孩子体验"山东省优秀班主任工作室"主持人刘建华35年精心打造"从平凡走向优秀,从优秀步入卓越"励志里程。

"目标、干劲、内驱力,激情奋发,志在必得。家庭、亲情、责任感,感恩父母,报效国家。"

内容

1.揭秘优秀试卷背后的秘密。

2.理想引领幸福人生,立志高远,乐此不疲。

3.沟通产生理解,责任源自亲情。

4.决心、誓言,激发斗志。

5.目标清晰,勇毅前行。

6.我的大学情缘,奋斗成就美好。

7.分类促进,家校导育创辉煌!

时间

周五晚 7:00 至 9:30　　周六　8:30 至 11:00 点

周日　8:00 至 10:30 点。

地点　人民路南校区 1 号楼 4 楼,刘建华省优秀班主任工作室

限定 8 名学生、8 名家长

2023.05.17

活动原则:自愿报名。

活动方式:老师讲授所教过的名生故事,查阅他们当年学习材料,体会、寻找他们如何由普通走向优秀,从优秀迈向卓越的足迹。

透过当年他们的答卷,看其严谨学习态度,明白了什么叫一丝不苟,扎扎实实。

通过他们的当年目标三部曲,体会其志向之远大,立志之坚定。体会他们平日学习之疯狂,窥其分秒必争,勤勉拼搏的历程,寻找自己内心的触动。借助榜样的力量,树立自己清新目标"三部曲"。

(附表)

育人实践探究在行动　　　　　　　　　　　　　编号 _____

我的理想三部曲

刘建华山东省优秀班主任工作室

目标是引领,目标是导航,目标是动力源,目标产生内驱力。我的

理想高中

理想大学

理想职业

座右铭:我要感恩父母,为国争光。生逢太平盛世,绝不负韶华,立志成才,责任

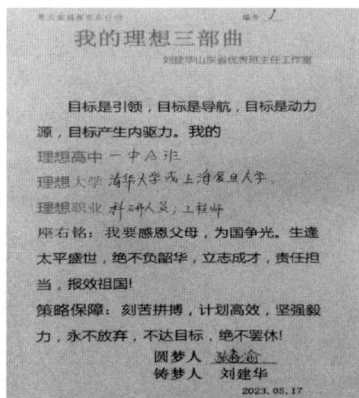

担当,报效祖国!

策略保障:刻苦拼搏,计划高效,坚强毅力,永不放弃,不达目标,决不罢休!

圆梦人 _____

铸梦人 刘建华

2023.05.17

具体操作

通过家长面对面的采访,探明家长对孩子期望急切,理解何为"望子成龙,望女成凤"。

通过采访孩子,探明孩子目前思想现状,激发对未来的向往。

通过家长孩子亲子共情,共同宣誓,"嫁接"家庭希望,达成家校共同目标。

通过家长寄语,和孩子合影留念,共同见证美好,共奔美好前程。

最后,通过孩子学习品质诊断,找出影响自己进步的因素,让孩子学会舍得,趋利避害,摒弃不良嗜好,轻装前行,专心致志,全力拼搏,走向优秀。

短短两个小时体验,孩子对自己的未来有了清醒的认识,清楚了奋斗的目标,今后的努力方向,更加清晰了自己所担负的家庭责任。

消除了多年对家长的误解,增加了相互理解和对父母的感激之情。

体验结束,看到他们个

亲子体验现场

个心态怡然,自信满满,感受到孩子的责任担当,明志于心,不负重托,攻坚克难,勇毅前行的决心。正如他们的铮铮誓言"不仅为自己,更为了父母,为了国家做点事情,将牢记嘱托,勤勉拼搏,感恩父母,报效国家"。

每当此刻,我会禁不住想,一个教师的真正责任是什么?

那就是把希望的种子播撒在孩子的心田,把孩子的理想点燃;就是给孩子清晰的导航,让他们永不迷航;就是给孩子一个定海神针,即使暗礁挡道,内心永远坚如磐石,谨慎前行;就是给孩子们一副透亮的眼镜,无论狂风暴沙依然雪亮致远。

(附家长体验问卷调查)

育人实践探究在行动

从平凡走向优秀,从优秀步入卓越(问卷)

刘建华山东省优秀班主任工作室   2023.5

尊敬的各位家长:

大家好!感谢您百忙中带孩子一起体验"山东省优秀班主任工作室"主持人刘建华35年精心打造"从平凡走优秀,从优秀步入卓越"励志里程,即"目标、干劲、内驱力,激情奋发,志在必得。家庭、亲情、责任感,感恩父母,报效国家"活动。

内容包括

1.揭秘优秀试卷背后的秘密,寻找自己的差距。

2."理想三部曲"引领幸福人生,立志高远,乐此不疲。

3.沟通产生理解,责任源自亲情。

4.决心、誓言,激发斗志。

5.目标清晰,勇毅前行。

6.我的大学情缘,奋斗成就美好。

7.分类建群,家校合育创辉煌。

当前现状分析:

大部分孩子"立志"难,"开口"难。无目标或目标不清。动力缺乏,定力不够。手机、游戏影响严重,玩物丧志。浮华、拖沓、不吃苦。说不听,打不行。孩子的性格孤僻,疫情后抑郁严重。

该如何是好?

我作为一名教育人,看在眼里,急在心里,我应尽自己的一份力来帮助他们。孩子是家庭的未来和希望,孩子成功是家庭最大的成功。

少年本应风华正茂,阳光自信、乐观坚毅,奋发向上。

如何培养有志少年,胸怀大志,心怀家国,感恩父母,报效国家? 单凭口头说教,效果甚微。

长期的教育实践证明:多少次说教,比不上一次身临其境的体验。多少次思想灌输,比不上一次刻骨铭心的感受。多少次向往比不上一次实实在在的行动。

大家参加了体验,定有至深感悟。为了把该项目打造成更加实用、更有效果,恳请家长们协助,出谋划策,说心里话,伸援助手,共同打造新形势下,亲子共成长的精品,惠及更多的孩子,让更多的家庭幸福美好。

(请完成下列调查)

育人实践探究在行动

<h2 style="text-align:center">"从平凡走向优秀,从优秀步入卓越"效果反馈</h2>
<h2 style="text-align:center">"倾听家长心声,共同打造孩子心灵加油站"</h2>
<h3 style="text-align:center">刘建华山东省优秀班主任工作室</h3>

家长 __ 秦胜梅 _ 学生 _ 张鑫渝 ____ 2023.5.26 　　　编号 1

1.您(BC)

A.以前参加过类似活动,很熟.没有新意,没有必要。

B.第一次参加,很实用,想不到,家长孩子都收获很大,对孩子立志很有帮助。

C.很急需,很必要。触动、教育了孩子,感动、提高了家长。

2.体验中,您印象最深的是

孩子看到前边好学生的优秀作业和学习成果。

3.对孩子最有触动的是

立目标,找到自己的不足,更加自律地去学习。

4.最感动家长的是

与孩子手拉手传递内心的期望和给他力量。

5.家长感到收获最大的是

通过这次亲身体验,看到孩子眼睛里坚定的眼神,很欣慰。

6.体验后,孩子变化最大的是

(学习干劲、自觉性、自律性、学习方式、听话……)

学习干劲,自律性、学习方式都进步很大。

7.家长自我改变的是

多关注孩子的学习,自己也多利用琐碎时间来学习。

8.家长最想说的是

感谢老师这么用心的为孩子找学习方法,激励孩子。

9.您对该体验改进建议是　无

10.当您遇到身边亲戚朋友对孩子已无计可施,无能为力,爱莫能助时,你会(AB　)A.积极帮助　B.向其推荐

感谢家长参与,鼎力相助,惠及更多孩子,共奔美好明天。

家长 _ 张珂菡 __ 学生 _ 潘俊宇 ____2023.5.26　编号2

您(BC)

A.以前参加过类似活动,很熟.没有新意,没有必要。

B.第一次参加,很实用,想不到,家长孩子都收获很大,对孩子立志很有帮助。

C.很急需,很必要。触动、教育了孩子,感动、提高了家长。

2.体验中,您印象最深的是

前期学习状元们的完美成果背后的努力和与孩子心与心链接时的感受!

3.对孩子最有触动的是

孩子对大学目标的订立,需要自己恶补的书写和规划以及执行。

4.最感动家长的是

老师用周末时间,让我们家长和孩子一起欣赏学习前几期学习状元的卷面整洁与书写规范,老师赋予孩子们学习方法,让孩子自主发言,说出自己的不足和提升的点,激发孩子内驱力,从内向外用力! 还有一个环节让家长和孩子手拉手,目对目做心与心的链接,让孩子内心深处感受到家庭是他们坚强的后盾和家长对他们学习的期望!

5.家长感到收获最大的是

孩子的亲身体验感非常强，看到前期学霸们的成果，明确了自己的不足，感受到这段时间孩子内心的一股力量！

6.体验后，孩子变化最大的是

（学习干劲、自觉性、自律性、学习方式、听话……）

学习干劲，自律性和学习方式都有很大提升！

7.家长自我改变的是

以身作则，一家人一起学习，做好孩子的表率！

8.家长最想说的是

感谢老师百忙之中为孩子举办这样别具风格的体验式教育，指引孩子立远志，立长志成为心中坚定的目标。

9.您对该体验改进建议是

无改进意见，希望能够多参与几次，我们可以多学习对孩子的教育方法！

10.当您遇到身边亲戚朋友对孩子已无计可施，无能为力，爱莫能助时，你会(AB)A.积极帮助 B.向其推荐

感谢家长参与，鼎力相助，惠及更多孩子，共奔美好明天。

家长 _ 李俊娜 __ 学生 _ 任华泽 ____2023.5.26 编号 3

1.您（BC）

A.以前参加过类似活动,很熟.没有新意,没有必要。

B.第一次参加,很实用,想不到,家长孩子都收获很大,对孩子立志很有帮助。

C.很急需,很必要。触动、教育了孩子,感动、提高了家长。

2.体验中,您印象最深的是

老师对孩子尽心尽责,帮助孩子确立了奋斗的目标。

3.对孩子最有触动的是

各个省份的高考状元努力拼搏而获得的成果。

4.最感动家长的是 老师爱生如子,引领孩子努力奋斗。

5.家长感到收获最大的是

家长也需要读书学习,要与孩子共同进步。

6.体验后,孩子变化最大的是

(学习干劲、自觉性、自律性、学习方式、听话……)

孩子学习更努力了,学习更自觉了。

7.家长自我改变的是

知道家长也需要读书学习了。

8.家长最想说的是

感谢老师对孩子的精心培育,老师辛苦了,作为家长会全力配合老师共同教育好自己的孩子,不辜负老师的期望。

9.您对该体验改进建议是　无

10.当您遇到身边亲戚朋友对孩子已无计可施,无能为力,爱莫能助时,你会(AB)A.积极帮助　B.向其推荐

感谢家长参与,鼎力相助,惠及更多孩子,共奔美好明天。

活动三 【学生有序习惯养成】评比现场会

育人实践探究在行动

如何让教室变得整洁有序
刘建华省优秀班主任工作室

今天大课间我们对全体学生进行了整洁有序现场观摩评比。

方法是一下第二节课,让同学们把自己的名字写好,放在自己课桌的位置,然后到走廊里站好队。依次进教室查看同学们桌凳是否整洁有序,我们的标准是桌凳里书、练习册、本子、学习用具等分类整齐排放,自己看到的最好的和最差的各写一个,最后评出全班最整洁有序个人和脏乱差个人。

为何搞这个活动?

日常，我们强调桌凳内要整整齐齐，但总有一些同学思想不够重视，老样儿难改，凳里书、练习册、卷子等混杂在一起，有的塞得满满的，似乎伸头出头要跑出来似的。当需要的时要从里面翻箱倒柜，半天找不到，经常如此，同时整个教室弄得乱七八糟。

《弟子规》所言，"列典籍，有定处。读书毕，还原处。虽有急，卷束齐。有缺坏，就补之"。这是先师孔子对圣贤的教育。可现实中多数孩子没有养成整洁有序的习惯，无论用什么，哪里用，哪里随手放，再用时就难以找到了。常见家里的书桌上、书包里、学校的书桌上，桌凳里同样凌乱。这如同孩子头脑的知识杂乱无章，什么重点、难点、易错点，混杂在一起，很不条理。

现实中，我们发现优秀孩子，记笔记得非常条理清晰，奇怪的是大多桌凳里都摆放有序。而学习不好的学生往往凌乱不堪，平日随拿随放，无固定地方。

教育无小事，培养孩子整洁有序习惯意义重大。开展本次活动意在让学生亲自去体验、观察、对比，然后写出自认为好的和差的，对比鲜明，感悟触动，整洁有序的好处，自然联想到平日学习、做事，应该怎么做，意在督促其养成做事整洁有序的好习惯。

这个活动我们持续三周，全班总动员，共参与，评选出我眼中的最佳和最差学生。

该活动收到明显效果，绝大部分学生平日都能把自己的东西自觉归类，整齐排放。从此，学生关注自己的桌凳摆放，大部分认认真真有条有理，看上去很舒服。学生用时，很容易找到，用完了自觉放回原处，桌凳里始终整齐划一，整个教室美观极了。

随后我们又进行了"我的地盘我负责的活动"。意在让学生养成，随时清理自己身边的卫生，自觉捡拾垃圾，做到无纸屑杂物，地面干干净净。班里除了正常的值日外，个人的保持十分重要，否则，值日生前面刚刚打扫过去，后面有同学随手乱扔，加之一些角角落落难以清扫彻底，卫生你我他，静雅靠大家。这都需要全班共同行动，养成讲卫生，爱整洁的好习惯。我们开展了"班级争做班级卫生小卫士"活动。活动主题是"我的地盘我负责"。如今我们的教室地面整洁，加之课桌整齐排放，全班桌面桌凳书籍整整齐齐，桌面干干净净，卫生工具整齐摆放，教室里实现了"教室清，地面净。桌里整，桌面洁的效果。

开展此次活动,极大调动了孩子的劳动主动性,提高了主人翁意识,做到了教室是我家,整洁靠大家。这对孩子今后无论干什么,都要高标准严要求,做到整齐有序,顾全大局非常必要。

其实,教育又无大事,一件不起眼的事往往孩子的影响是深刻的,或许一个小小整洁有序的习惯会让孩子受益终身。教育即生活,就是让孩子通过亲身的体验养成讲卫生,爱整洁的好习惯,助力孩子的成长,通往幸福人生。

活动四【家校合育实践探究】现场征答活动

实践育人探究

家校合育,共同破解孩子成长难题
刘建华山东省优秀班主任工作室

家庭是孩子的第一所学校,父母是孩子的第一任老师。家庭氛围、家长的管理方法、管理水平直接影响到孩子的成长进步。

常言道:优秀孩子的背后一定是优秀的家长,而优秀家长教育方法毕竟有其过人的地方,所谓"教子有方",与众不同。教育只有更好,没有最好,我们永远和孩子相伴,教育永远是永恒的课题,我们永远在亲子共成长的路上。

在此交流分享孩子管理的好做法、好经验,取长补短,相互借鉴,破解孩子教育中共性的问题,探讨最佳的途径,促进孩子更好成长,问题梳理:

1.如何督促孩子学习?

2.如何培养孩子自律?

3.孩子的优点是什么? 我将怎样放大其优点促进孩子成长?

4.孩子的弱点是什么? 急需破解方法。

5.教育孩子力不从心或无能为力的是什么?(是说了不听,孩子逆反,还是辅导不上)

6.我成功的育儿经是什么？

7.我当务之急需要怎样做才能跟上孩子的发展？

8.我对孩子的渴望目标是什么？

9.教育孩子我最担心的是早恋、手机、交友、网瘾还是孩子变坏？

10.下一步我的打算是什么？我急需哪方面的帮忙？

（附活动图片）

1.探究现场　　　　2.坦诚告白　　　　3.优、缺点对比

4. 真心劝学　　　　5.见招拆招　　　　6. 答疑互动

7.边听边记　　　　8.督贵有方　　　　9.借鉴提升

（家长感悟）

参加刘建华山东省优秀班主任工作室
"家校合育实践探究"有感
姓名 李建升 2023.2

1.自己感触最深的是：

自己没能以身作则,缺乏对孩子的检查,只对孩子提出了要求,有时候没兑现孩子的承诺。

2.自己收获最大的是：

老师和三位优秀学生家长的经验分享,如何让孩子戒除手机? 采用循序

渐进式。

　　3.三位优秀孩子的家长在管理教育孩子方面的经验、做法可借鉴的是：

　　孩子做作业时,陪同阅读,付出实际行动。

　　4.自己打算怎样做?

　　和孩子制定下次考试目标,晚上监督孩子作业,逐渐减少孩子拿手机的时间。

　　5.这种方式你喜欢吗? 好在哪里?

　　很好,方法灵活新颖,太多可以借鉴,寻找适合自己孩子的教育方法

　　6.你有哪些育人的妙招和大家分享? 无。

　　7.你对"家校合育实践探究"有何期待?

　　建议每月组织一次。

李雅娴家长对本次"家校合育会"的感悟

　　昨晚的"家校合育会"对我来说感触颇深,相信在座的家长都会感同身受。特别是和几位优秀学生家长交流后,我也总结了一下我家孩子的缺点同时也对我自己进行了剖析和反思,每一位优秀学生的背后都有一个优秀的家长,确实是这样!

　　年后通过考试和你的反馈发现了孩子存在的问题, 如果要是划分责任的话,我觉着孩子占 2 成,我作为家长占 8 成,和优秀学生家长相比,我需要改进的地方有很多,从时间、精力和方式、方法都需要做出调整。

　　昨晚我和孩子也做了沟通,沟通过程顺畅而深刻。我的孩子其实底子不差,相信再加上你的关心和呵护一定会知耻而后勇,大踏步地提高自己的成绩,全面提高自己的水平,做一个德智体美劳全面发展好学生。

　　最后感谢一直以来你对孩子的关心照顾,我们多多交流沟通。

　　除以上专场,工作室的家人各尽所能,凝心聚力,开拓创新,强化实践育人探究,提高班级育人效果,取得一定成绩。

　　今后将以更大的热情,踔厉奋发,再接再厉,探索创新,破解当前教育瓶颈,走出一条新形势下有自己特色的班级管理、家校合育新路子而努力!

东埠之"魔"

刘东亮老师领我走进了安丘市唯一一处"省级优秀班主任工作室",把我介绍给了刘建华老师。看了刘建华老师留存十几年的育人资料,我被深深感动了!

1.真心真情,笔耕不辍

中间工作台的北侧,摆放着刘老师近几年累积的一本本随笔。刘老师说,他坚持每天写一篇,及时记录一天的经历及感受。每本的封面上,还贴有一张红色纸签,上写"追根求源 求真悟道""导育之道 源自实践""理论充电 追根求源 多思善悟 灵感再现""反思感悟 星火计划"等励志词句。这么多年,能做到如此,可见刘老师的恒心与毅力。

2.探索耕耘,务实求真

工作台上,还整整齐齐摆放着两列体现刘老师精心设计的"育人实践探究在行动"的材料,有《课程预习表》《班级亮点》《认识决定高度 目标引领未来》,有《我的目标三部曲》《阶段反思总结卡》《期中反思卡》,有《家庭培养目标 家长问卷》《家庭目标激励成长法》《家校携手 合作共赢》等,还有《班主任怎样与学生谈心》等书籍。这些材料的顶端,大都写有"从平凡走向优秀 从优秀步入卓越"等励志语,可见刘老师工作之细致入心。

3.播种习惯,圆梦未来

刘老师指着一摞一摞的材料,逐一告诉我这些材料的使用方法。其中,有一份初一年级的《"学生好习惯培养"专题研讨》,每一周都有具体目标,如第一周是"礼貌待人""整洁有序""良好卫生习惯",第二周是"规范书写""高效课堂听讲""大声朗读习惯",第三周是"一分钟收作业习惯""积极主动参与课堂习惯""如何高效背诵""课堂笔记如何记"……

关于收缴作业,刘老师说:"以前,早上收作业的那段时间,教室里比较混乱,学生大声喊叫,你拥我挤,好半天静不下来。后来,我就想改变这种状况。一开始我预设的时间是一分钟,可经过训练,后来40秒钟就能收齐,再后来是30秒,有时20秒就可完成。这里面主要是培养同学们良好的习惯——教室里保持安静,学生的各科作业如何摆放,负责收作业的科代表该怎么摆,哪种动作最省时,大家经过多次实践、摸索,最终采用了最科学的方法。现在那段时间,教室里静悄悄的,大家配合默契,很快就能完成任务。"刘老师常说,教育就是培养好习惯:朝朝暮暮历练优秀习惯,岁岁年年培养优秀品质。

刘老师打开学生的英语试卷,那书写潇洒漂亮,人一看,那就是一个舒服啊,简直就是一种艺术享受啊!

我突然意识到,刘老师的所作所为,正印证了那句话:播种行为,收获习惯;播种习惯,收获性格;播种性格,收获命运。

4.励志体验,责任担当,立志高远,激发内驱力

还有一份《激发奋进内驱力,共同打造孩子心灵加油站》,内容如下:

亲爱的同学:

很高兴你来参加"山东省优秀班主任工作室"主持人刘建华历经 35 年精心打造的"从平凡走向优秀,从优秀步入卓越"励志里程,即"目标、干劲、内驱力,激情奋发,志在必得;家庭、亲情、责任感,感恩父母,报效国家"体验活动。

体验后,你一定会有心灵的触动。什么是优秀?怎样就能优秀?心里有了答案,自己也会从各方面寻找到自我内心的差距,树立自我目标,激发内驱力,明确自己的家庭责任,怀感恩父母之心,培养家国情怀,立下报国之志。通过体验:

自己收获最大的是＿＿＿＿＿＿＿＿＿＿；

自己感触最深的是＿＿＿＿＿＿＿＿＿＿；

自己的目标三部曲是＿＿＿＿＿、＿＿＿＿＿、＿＿＿＿＿；

长期影响自己进步的因素是＿＿＿＿＿＿＿＿＿＿；

自己的弱点、弱科是＿＿＿＿＿＿＿＿＿＿；

自己急需克服的是＿＿＿＿＿＿＿＿＿＿；

自己的梦想是＿＿＿＿＿＿＿＿＿＿；

自己打算怎样做?＿＿＿＿＿＿＿＿＿＿。

刘老师说,平时,他每次都是邀请八组学生及其家长来工作室参加体验活动,每次体验约两个半小时。守着孩子和他们的家长,他就一个一个详细介绍孩子怎么优秀,如何使孩子变得优秀,孩子有什么理想等等。家长也敞开心扉,谈孩子在家的表现和他对孩子的期望。这样一来,家庭目标和学校培养目标有机结合,教育孩子真正成为家校共同责任。最后一个环节是"宣誓",刘老师动情地说:"你握着父母的手,这双手你很熟悉,这是抱大你的手;你看着父母的脸,这张脸你很熟悉,是从小关心你爱护你的脸;你看着父母的眼神,他们在慢慢变老,你在逐渐长大……"刘老师说,当时的情景很感人,往往是好几个孩子都痛哭流涕地与家长紧紧拥在一起……他说,无数次的口头说教,不如一次亲身的触及心灵的体验,这或许是他们真正改变的开始。

"通过体验活动,学生明白自己为什么来这里,知道有什么责任了,感觉心里有方向了。接下来,我让他们填一下体验反馈表,留下他们的真情实感。上次省教育厅在威海荣成召开的山东省优秀班主任工作室分阶段总结大会上,我在作典型发言时,重点谈到了我们工作室开展的'亲子励志体验'法,得到了与会专家们的一致肯定。

5.精心育人,共奔美好

"育人如育花啊。栽上这棵花,你看它叶黄了,可能是缺少某种营养,你得给它改善改善;哪个地方蔫了,有可能是有了虫子,你要想方设法予以除掉;这里出了杈子,你要给它掰去……最后这棵花才会开出娇艳的花朵。学生也是这样,需要老师精心呵护、管理,想办法给他们解决问题。教师要有信仰,不能走进'我陪你长大,你陪我变老'的怪圈,应该与学生相互成就,共同成长。

6.与时俱进,教学相长

"形势是不断变化的,当班主任的也得不断充电。二十世纪九十年代,魏书生老师在市招待所礼堂作报告,我也去听了,他的班级'自动化'管理,我印象很深。平时,我经常出去开会,会从好多专家那里学到很多新理念。我还特地去北京师范大学拜访博导乌美娜、褚金丽教授,与他们沟通,向他们取经,受益良多。上次在江苏开会,我聆听了全国知名班主任于洁老师'见招拆招'的讲座。当然,管理办法不能照搬,需要在自己的教育教学实践中去摸索、积累,总结出适合自己的一套切实有效的方法,那才是最实用的办法。我们这个团队,经常组织起来进行交流、畅谈,相互学习,共同提高。

北大博士王栋、周逸然曾在‘中国基础教育现状调研’时采访过我,当时我所讲的是我的真实做法,充满了对未来教育的展望。我把当时采访的内容通报给了工作室的老师,大家一起讨论,并进行了补充与完善。”

活到老学到老,刘建华老师就是如此。他每天激情四射,始终乐此不疲,从此就可以折射出他深深的教育情怀。

7.家校共谋,见招拆招

对于家长会,刘老师有他独到的见解:家长会不是公布分数会,不是学生排名会,更不是“批斗会”“指责会”,而是“集众多家长智慧”的会议,是“给学生发展指招”的会议。众人拾柴火焰高,有些解不开的疙瘩,大家总能想出破解它的锦囊妙计。

是呀,以学生为重,替家长着想,把孩子当成自己的孩子,把教育事业当作自己的事业,这是刘老师的一贯作为。他坚信办法总比困难多。在平凡的工作中,他的一些奇思妙想总让人感到眼前一亮。

8.持之以恒,精益求精

刘建华老师稍微顿了顿,又继续说:“湖南教育专家黄老师说过,要做到‘一事精致’。比比人家,咱做得还差远了!”他拿起北侧墙根处桌子上的一沓稿子说:“这是我已经整理出来的一些材料,有些是我在多次班主任培训会上的发言稿,包括这一篇《强化班级文化建设 营造浓厚育人氛围》,谈的就是我们打造的班级特色文化,都是获奖论文。我准备出一本‘实践育人探究’方面的书,对自己的工作进行一下阶段性总结。从 1991 年我来到东埠中学,至今校龄已达 30 多年,可我觉得自己的工作才刚刚开始……”我心里暗暗钦佩刘老师:他是何等的谦虚呀!

我虽然是一名“老教师”,班主任也干了十几年,但听了刘老师不紧不慢地叙说,依然感到了与刘老师之间存在的巨大差距。刘老师执着的探究精神,一心想把班主任工作做到极致的境界,深深打动了我。刘老师反复说,教育是润心,是润物无声,是成就学生共向美好。只有成就了学生,才能成就自己。

9.胸怀家国,真情育人

在往人民路北校区走的路上,我一提起刘建华老师,马修霞老师就抢话说:“我退了休,我原先那个班初二升入初三时,刘建华老师接了过去,担任班主任。我以前的语文科代表后来到我家——自己的科代表,我拿她当亲闺女似的——她对我说,老师,你还记得我以前为什么总成绩老是上不去吗?主要是英语拉了后腿。后来,刘建华老师当了班主任,并且教我们英语,是刘老师的鼓励给了我信心,是刘老师教给我的一些巧办法,才使我的英语成绩及时赶了上去,最后考上了我心仪的高中……"何为因材施教,授之以渔?我服了刘老师!

我突然发现了刘老师的一个侧页,上面记录着他曾经教过的名徒,有北大、清华、上海交大的,有浙大、少年科技大的,也有哈佛、耶鲁大学的……刘老师真不愧是桃李芬芳,名生四海。

刘老师的笔记本上,有好多富含哲理的话,现抄录几段与大家分享:

何为教育? 教育就是抓住契机,激发孩子们奋进的力量,就是编写育人故事,启迪人生,编织他们的梦想。

教育的功能在于引导,教师的责任就是引领并点燃孩子们心中的梦想,给孩子们指到哪里,相信他们就能打到哪里。

一个老师的责任是什么?那就是把理想的种子植于孩子们心田,做学生远大理想的播种者。把孩子心中的梦想点燃,用希望之光照亮其前行的路,激发他们永远奋起的力量。

我突然明白了,刘建华老师教育特别用心:他在用真心、爱心、耐心续写着他的教育故事,他在用真诚、真情、热情绘制孩子、家庭乃至国家之美好!

当下,刘建华老师作为东埠中学"三赋教育"忠实的实践者,正搭乘"山东省优秀班主任工作室"的平台,向着"四有"好老师的目标,全力奋发,务实求新,勇毅前行。